자녀교육,
은혜를 만나다

아이에게 은혜를, 부모에게 힐링을!

엘리즈 M. 피츠패트릭, 제시카 톰슨 지음
박상은 옮김

생명의말씀사

GIVE THEM GRACE: Dazzling Your Kids with the Love of Jesus

Copyright © 2011 by Elyse M. Fitzpatrick and Jessica Thompson
Published by Crossway
a publishing ministry of Good News Publishers
Wheaton, Illinois 60187, U.S.A.

This edition published by arrangement with Crossway through rMaeng2.
All rights reserved.

This Korean Edition Copyright © 2013 by Word of Life Press, Seoul, Republic of Korea

본 저작물의 한국어판 저작권은 rMaeng2를 통하여
Crossway와 독점 계약한 생명의말씀사에 있습니다. 신 저작권법에
의하여 한국 내에서 보호받는 저작물이므로 무단 전재와 무단 복제를 금합니다.

자녀교육, 은혜를 만나다

© 생명의말씀사 2013

2013년 2월 15일 1판 1쇄 발행
2024년 8월 27일   10쇄 발행

펴낸이 | 김창영
펴낸곳 | 생명의말씀사

등록 | 1962. 1. 10. No.300-1962-1
주소 | 서울시 종로구 경희궁1길 6 (03176)
전화 | 02)738-6555(본사) · 02)3159-7979(영업)
팩스 | 02)739-3824(본사) · 080-022-8585(영업)

기획편집 | 박영경
디자인 | 조현진, 윤보람
인쇄 | 영진문원
제본 | 다온바인텍

ISBN 978-89-04-14130-2 (03230)

저작권자의 허락 없이 이 책의 일부 또는 전체를
무단 복제, 전재, 발췌하면 저작권법에 의해 처벌을 받습니다.

자녀교육,
은혜를 만나다

Give
Them
Grace

추천사

"너무나 많은 그리스도인 부모들이 오직 은혜로만 가능한 것들을 율법에서 찾는 함정에 빠진다. 그들은 위협과 통제와 죄책감으로 무장한 채, 오직 예수 그리스도의 십자가로만 가능한 변화를 시도한다. 부모들에게 십자가의 은혜를 보여주고 자녀의 삶 속에서 그 은혜의 도구가 되는 법을 알려주는 자녀교육서를 읽는다는 것은 참으로 고무적인 일이다."

폴 데이비드 트립 폴 트립 선교회 회장

"우리는 자녀를 착하고 경건한 아이들로 키우려는 인간적인 마음에서 하나님이 우리에게 가장 좋은 은혜를 베푸신다는 사실을 종종 잊곤 한다. 자녀뿐만 아니라 우리 자신도 은혜가 절실히 필요하다. 엘리즈 피츠패트릭과 그녀의 딸 제시카 톰슨은 은혜로운 자녀교육의 길로 안내해주는 참으로 유용한 도구를 제시했다. 일독을 권한다."

제임스 맥도널드 하비스트바이블교회 담임 목사

"엘리즈 피츠패트릭은 은혜가 넘치고, 그리스도 중심적이며, 복음에 흠뻑 젖은 책들을 끊임없이 내왔다. 이제 그녀는 딸 제시카와 함께 이 훌륭한 자녀교육서를 냄으로써 또다시 그녀의 오랜 여정을 이어가고 있다. 당신이 부모라면 오늘 인터넷에 들어가 이 책을 주문하라!"

디팩 르주 캐피톨힐침례교회 목사

"저자들(어머니와 딸)은 온전한 자녀교육이 단순히 어려울 뿐만 아니라 불가능하다는 것을 상기시킨다. 우리는 자녀를 양육하고 가르치고 훈련시키고 그들을 위해 기도하며 그들에게 본이 되어주어야 한다. 그러나 그들의 마음을 변화시키기 위해 우리 자신의 자녀교육 기술에 의존해서는 안 된다. 저자들은 우리의 대제사장이신 예수님의 신실하심에 의지하라고 조언한다. 이 책 전체에는 부모와 자녀 모두를 위한 은혜가 넘친다. 내가 아이들을 키우기 시작할 때 이 책을 읽지 못한 게 아쉬울 따름이다."

로즈 마리 밀러 선교사, 『두려움에서 자유로(From Fear to Freedom)』의 저자

"이 책은 단순한 자녀교육서가 아니라 복음을 깊이 체험하고 훈련하게 하는 책이다. 엘리즈 피츠패트릭은 부모들에게 진노와 율법이 아니라 은혜로 자녀를 변화시킨 하늘 아버지를 본받는 법을 알려준다. 복음중심주의에 대해 이론적으로 이야기하는 책은 많지만 이 책은 복음중심주의를 인생의 가장 소중한 관계에 적용하는 법을 알려준다."

J. D. 그리어 서밋교회 목사, 『복음: 기독교를 혁명적으로 만든 능력의 회복
(GOSPEL: Recovering the Power that Made Christianity Revolutionary)』의 저자

Give Them Grace

차례

튤리안 차비진의 서문 _10

머리말 – 그리스도인 부모 맞습니까? _15
간편한 자녀교육법, 그 끝은? | 자녀는 복음을 들었는가? | 선을 위한 선 | 기독교인 부모의 비기독교적 양육 방식 | 하나님은 신실한 아버지시다

PART 1. 선한 의도로 율법을 강요하다

1. 시내산을 떠나 갈보리로 _31
우리의 순종과 규칙 | 하나님의 아주 특별한 율법 | 율법이냐 복음이냐

2. 예수님을 모르는 '착한' 아이 _50
우리가 지녔던 선 | 착한 아이로 만들기 위한 거짓말 | 인간의 순종과 그리스도의 의 | 은혜로 받은 선 | '참 잘했어요' 스티커보다 중요한 것 | 온전히 선한 부모가 될 수 없다면

contents

3. 우리가 할 수 있는 일이 아니다 _68
구원은 주께로부터 온다 | 모든 게 다 당신 책임은 아니다 | 우리를 돌아보게 하는 하나님의 은혜 | 하나님의 주권을 향한 믿음 | 잠언 22장 6절 말씀은? | 믿음의 길 | 우리가 해야 할 단 한 가지

4. 어린 탕자와 어린 바리새인 _90
따뜻하게 맞아주는 아버지 이야기 | 내가 선하므로 네가 악하게 보느냐 | 복음은 죄인을 위한 것이다 | 모든 죄인을 부르셨다 | 어린아이들이 내게 오는 것을 금하지 말라 | 하나님에게는 불가능한 일이 없다

contents

PART 2. 은혜에서 '진짜' 답을 찾다

5. 은혜는 우리를 훈련시킨다 _ 113
은혜는 우리를 징계한다 | 주의 양육과 훈계 | 감독하고 양육하고 사랑하라 | 구약에서의 자녀교육 메시지 | 바울의 양육법

6. 솔로몬의 지혜보다 더 큰 지혜 _ 134
잠언에서 예수님 찾기 | 체벌과 복음 | 불순종의 원인을 구별하라 | 가정 안에서 감싸주기 | 너는 내 사랑하는 아들이란다, 너답게 행동하거라 | 당근과 채찍 이론 | 잠언의 심오한 지혜

7. 위대한 왕과 왕자, 그리고 당신 _ 155
복음에서 얻는 답 | 다양한 의견들 | 세상으로부터 구별되되 세상과 조화를 이루라 | 비그리스도인들과의 밤샘 파티 | 왜 자녀들에게 세속적인 영화나 음악을 접하게 하는가? | 이방인을 사랑하기

8. 하늘 아버지와 대화하라 _ 177
'깐깐한 숙모'에게 기도하기 | 사랑하는 아버지에게 기도하기 | 절망은 기도하는 부모를 만든다 | 이제 선교사처럼 기도하라 | 하나님은 늘 아들의 기도를 들으신다

9. 연약한 부모, 그러나 강하신 구주 _ 194
하나님을 영화롭게 하기 위한 자녀교육 | 하나님의 기묘한 방식 | 연약함을 자랑하기 | 하나님의 능력과 우리의 연약함 | 그리스도를 위해 기뻐하기 | 아버지여, 아버지의 이름을 영광스럽게 하옵소서

10. 은혜 안에서 안식을 누리라 _ 214
은혜를 받아들이기 | 자녀교육에 관한 무수히 많은 책들 | 다시 한 번 하나님의 은혜를 기억하며 | 그리스도 안에서 겸손한 동역자 되기 | 은혜의 복음이 자녀를 압도하게 하라

PART 3. 이야기를 마치며

부록 1. 단 하나의 기쁜 이야기 _ 233
부록 2. 내 생애 최고의 소식을 듣다 _ 238

주 _ 247

튤리안 차비진의 서문

"복음의 속성을 그대로 담은, 가장 훌륭한 자녀교육서!"

이 서문을 준비하면서 마이클 호튼의 『그리스도 없는 기독교』의 서두를 다시 읽어 보았다. 거기에는 이렇게 쓰여 있었다.

만약 사탄이 도시를 지배한다면 어떻게 될까? 이런 상상은 이미 반세기도 더 전에 장로교의 도널드 그레이 반하우스 목사가 주일 설교에서 이야기한 바 있다. (이 설교는 CBS라디오를 통해 미국 전역에 방송되기도 했다.) 만약 사탄이 필라델피아(반하우스가 목회하던 도시)를 접수한다면 모든 술집이 문을 닫고, 음란물이 사라질 것이며, 깨끗해진 거리에는 서로 미소를 건네는 단정한 옷차림의 보행자들이 가득할 것이다. 욕설을 입에 담는 사람도 없을 것이고, 어린이들은 질문에 공손하게 대답할 것이다. 그리고 교회는 주일마다 사람들로 가득할 것이다. …… 다만 그 가운데 어디에도 그리스도가 선포되지 않을 것이다.[1]

무서운 일이다. 위에 묘사된 내용은 우리 대부분이 자녀에게 바라는 것이기 때문이다. 설교에 그리스도가 등장하든 등장하지 않든, 우리는 자녀가 순종적이고 예의 바르며 욕설을 입에 올리지 않고 음란물을 보지 않기를 바란다. 또 좋은 직장에 취직하고 좋은 사람과 결혼하고, 나쁜 짓을 하다가 붙잡히는 일이 없기를 바란다.

그러나 놀랍게도 하나님은 우리의 자녀를 위해 훨씬 더 많은 것을 원하신다. 우리 또한 그러해야 한다. 하나님은 우리의 자녀가 복음을 알기 원하신다. 이것은 부모가 자녀에게 하나님의 풍성한 은혜를 가르쳐야 함을 의미한다.

사탄이 그리스도인 부모에게 심어주고자 하는, 은혜에 관한 가장 큰 거짓말은 '은혜란 위험한 것이어서 늘 점검해 봐야 한다'는 생각이다. 우리는 때로 이런 생각을 받아들여 은혜를 이해하지 못하고 있음을 드러낼 뿐만 아니라 자녀의 삶에 복음이 스며들지 못하도록 방해하고 있다. "은혜, 좋긴 하지만……."이라는 유보적인 태도는 우리를 도덕주의에 휩쓸리게 한다. 그러나 하나님은 이 '도덕주의'를 싫어하신다.

나 또한 은혜에 대한 두려움을 이해한다. 세 자녀(16살인 게이브와 14살 네이트, 9살 센나)의 부모로서 내가 해야 할 일은 그들이 순종에 대해 더 깊이 이해하도록 돕고, 또 하나님이 싫어하시는 일은 하지 않고 기뻐하시는 일을 하도록 가르치는 것이다. 하지만 나는 자녀의 반항적인 심성을 바로잡을 유일한 방법은 더 많은 규칙을 제시하는 것이라는 잘못된 결론에 도달할 때가 너무도 많았다. 그러나 사실 반항적인 사람들이 순종하기 시작하는 순간은 오직 죄인들에 대한 하나님의 근본적이면서도 무조건적인 용납하심에 눈뜰 때다.

이것은 복음에 기초한 성화(聖化)의 아이러니다. 하나님과의 관계를 이루는 근거가, 자신들의 순종이 아닌 그리스도의 순종에 있음을 깨닫는 이들이 오히려 더 기꺼이 순종한다. 다시 말해서 하나님을 더 잘 믿는 자녀는, 하나님과의 관계가 그들이 예수님을 위해서 한 일이 아니라 예수님이 그들을 위해서 하신 일에 달렸음을 이해한다는 것이다.

나는 두려움과 죄의식을 적절히 이용하여 짧은 시간에 나의 세 자녀를 순종하게 만들 수 있다. 그러나 내가 바라는 것은 그들이 5분 혹은 5일 동안 순종하는 것이 아니라 50년간 순종하는 것이다. 그리고 이를 위해서는 두려움과 죄의식이 아닌 그보다 더 크고 긍정적인 무언가가 필요하다. 우리 아이들이 제대로 행하지 못하는 주된 이유는 예수님이 이미 하신 일들을 마음 깊이 이해하지 못해서이다. 때때로 그들은 순종하려는 노력을 포기하는데, 이는 예수님이 그들을 위해 하신 일보다 자신들이 예수님을 위해 하는 일에 더 마음을 쓰기 때문이다. 이것은 우리도 의식하지 못한 채로 그들을 그렇게 훈련시킨 탓이다.

사도 요한(또는 예수님)이 우리가 예수님을 사랑하는지를 알 수 있는 방법으로 '하나님의 계명을 지키는 것'을 말했는데(요일 5:2), 그것은 하나님의 계명이 우리를 순종하게 하는 수단이라는 의미가 아니다. 그는 단순히 사실을 말했을 뿐이다. 하나님을 사랑하는 사람은 계명을 지키기 마련이기 때문이다. 중요한 것은 어떻게 지키느냐 하는 것이다.

어떻게 하면 지속적으로 순종할 수 있을까? 하나님의 계명을 따르게 하는 힘은 어디서 나오는가? 부모라면 누구나 알겠지만 마음이 따르지 않는 순종은 오래가지 못한다. 게다가 그러한 순종은 하나님이 원하시는 것이 아니다. 하나님은 마음에서 우러난 지속적인 순종을 원하신다.

복음에 기초한 지속적인 순종은 우리가 해야 하는 일에 대한 두려움이 아니라, 예수님이 우리를 위해 하신 일을 믿는 믿음에서 비롯된다. 복음에 기초하고 있지 않거나 복음으로 동기 부여가 되지 않는다면 그 어떤 순종도 오래 지속되지 못한다. 우리를 순종으로 이끄는 요인이 복음이 아니라면, 우리가 아무리 애를 써도 시간이 지남에 따라 순종하려는 노력은 줄어들고 만다.

하나님의 율법은 하나님이 명하시는 것들(물론 좋은 것들이다)을 보여주지만 율법에는 우리로 하여금 그 율법을 따르게 할 힘이 없다. 율법은 우리를 인도해주지만 우리에게 그를 준수할 힘을 주지는 않는다. 즉, 율법은 성화된 삶이 어떠한지를 보여주지만 우리를 성화시킬 힘은 없다. 우리에게 하나님을 경외하는 마음을 불어넣어 지속적으로 순종하게 하는 것은 오직 복음뿐이다. 다시 말해서 우리는 예수님이 우리를 위해 하신 일로부터 동기를 부여받아 순종하게 되는 것이다.

이 책을 쓴, 나의 소중한 친구 엘리즈 피츠패트릭과 그녀의 딸 제시카는 이 점을 잘 이해하고 있다. 엘리즈는 내게 복음에 대해 많은 것을 가르쳐 주었다. 그녀는 여러 권의 탁월한 저서들을 통해 내가 복음을 더 깊이 이해할 수 있게 도와주어 내 삶을 변화시켰다. 내가 가장 힘들었던 2009년, 엘리즈는 복음에 기초한 통찰력 있는 상담을 해주었는데 이는 진정한 의미에서 나를 구원해주었다.

지금 당신의 손에 들린 책도 다르지 않다. 이 책은 내가 읽어 본 책 중에 가장 훌륭한 자녀교육서로, 놀라우면서도 근본적이고 타협하지 않는 복음의 속성을 자녀교육에 적용하였다. 이 책은 복음에 대한 시각이 대단히 새로워서가 아니라 오래되어서 무척 혁신적이다.

이 책은 우리가 오직 그리스도께서 우리를 위해 하신 일을 믿는 믿음 안에서 오직 은혜로 의롭다 일컬음을 받았으며, 하나님이 끊임없이 의롭다 말씀하심으로써 우리를 성화시키신다는 사실을 단순하면서도 심오하게 환기시켜 준다. 이 영광스러운 사실은 우리가 자녀를 양육하는 방식에 근본적인 영향을 미칠 것이다.

부디 당신도 이 책을 읽으며 함께 변화를 경험하길 바란다.

머리말
그리스도인 부모 맞습니까?

놀이방에서 끔찍한 비명 소리가 들렸다. 제시카가 화들짝 놀라서 달려가 보니 네 살배기 큰아들 웨슬리가 동생을 타고 앉아 주먹을 휘두르고 있었다. 그녀는 웨슬리를 끌어내린 후 "웨슬리, 동생을 사랑해야지!" 하고 말했다. 그러자 웨슬리는 눈물까지 글썽이며 이렇게 말하는 것이다.

"엄마는 저 녀석이 어떤지 몰라요. 도저히 사랑할 수 없다고요!"

부모라면 누구나 아이들의 이런 상황을 어렵지 않게 상상할 수 있을 것이다. 만약 당신이 웨슬리의 부모라면 뭐라고 대답하겠는가? 몹시 화가 나 반항적으로 구는 자녀에게 그리스도인 부모는 어떻게 반응해야 하겠는가? 그리스도인 부모의 반응은 자애로운 모르몬교도 어머니나 양심적인 유대교 신자 아버지와는 어떻게 달라야 하는가? 물론 부모라면 누구나 아들이 동생을 때리지 못하게 하고, 그것이 잘못된 행동임을 깨우쳐줄 것이다. 하지만 그다음은? 그다음에는 어떻게 해야 하는가? 그리스도인의 반응을 그리스도인답게 만들어주는 무언가가 있는가?

이제는 두 아이의 엄마인 제시카를 아들 제임스, 조엘과 함께 키울 때, 나(엘리즈)는 동생을 사랑할 수 없다는 그녀의 말에 이런 식으로 대답하곤 했다.

"아니, 너는 동생을 사랑할 수 있고 또 사랑해야 해. 하나님이 그렇게 말씀하셨으니까. 당장 가서 사과하지 않으면 혼날 줄 알아!"

당신이라면 다른 대답을 했을까? 만약 그렇다면 당신의 대답은 어떤 점에서 그리스도인다운 대답인가? 그리고 그것이 그리스도인다운 대답인지는 어떻게 아는가? 그리스도인이라고 해서 자녀교육 방식 역시 그리스도인다운 것만은 아니다. 아니, 오히려 그리스도인다운 것과는 거리가 멀 때도 많다.

간편한 자녀교육법, 그 끝은?

자녀교육은 직접 해보지 않으면 배울 수 없기에 이와 관련한 책이나 세미나들이 인기가 높다. 그리고 우리 대부분은 시간이 부족하므로 아이들이 친구들과 노는 동안 옆에서 간편하게 암기할 수 있는 3단계 자녀교육법 등을 좋아한다. 당신은 위에서 제시한 것과 같은 질문들에 대한 답을 찾기 위해 이 책을 집어 들었을지도 모르겠다. 자녀가 잘못된 행동을 할 때 뭐라 말해야 할지 궁금할 것이다. 그리스도인 부모는 자녀의 반항적이고 이기적인 언행에 어떻게 반응해야 하는가? 혹은 속으로는 교만하고 위선적임이 분명한데도 겉으로는 순종하는 듯 보일 때 어떻게 해야 하는가?

당신에게는 이런 문제에 대한 답이 필요할 것이다. 당신은 신실한 부모가 되길 원해서 이 책을 집어 들었을 것이다. 당신처럼 우리도 신실한 부모가 되기를 원한다. 그러나 우리는 신실한 부모가 되고자 하는 어머니일 뿐만 아니라 은혜의 복음에 의해 변화된 사람들이다. 따라서 이 책에서 우리는 물론 "그런 식의 행동에 어떻게 반응해야 하는가?" 같은 질문들에 대답하겠지만 그것이 이 책을 쓴 주된 목적은 아니다.

우리는 성공적인 자녀교육을 위한 3단계 공식 이상의 것을 제시할 것이다. 비록 직관에 반하는 것처럼 들리겠지만 누구에게도 더 이상의 율법은 필요하지 않기 때문이다. '쉽게 따라할 수 있는 단계별 자녀교육법'이나 '성공적인 자녀교육을 위한 도움말', '자녀교육의 비밀 공식' 같은 표현에 가려 눈에 잘 띄지 않지만, 사실 그 밑바닥에는 율법이 있음을 알아야 한다. 모르몬교도나 이슬람교도, 도덕적인 무신론자들은 율법이 우리를 온전하게 해주리라 믿지만, 그리스도인은 아니다.

그리스도인은 율법으로는 우리를 구원할 수 없으며, 우리에게는 구원자가 필요하다는 것을 안다. 우리 모두는 율법을 지키지 못했기에 구원자가 필요하다(롬 3:23). 우리에게는 완벽한 율법이 주어졌으나 누구도 율법을 지키지 못했다(롬 3:10; 7:12). 그런데 어떻게 또 다른 율법을 적용함으로 자녀교육에 성공할 수 있다는 식의 생각을 하겠는가?

이와 같은 암울한 현실에 비추어볼 때, 우리와 우리 자녀의 구원은 율법이 아니라 다른 누군가에게서 비롯되어야 한다. 우리를 구원해 줄 이는 더 많은 율법이 아닌 '다른 무엇'을 제공해야 한다. 그것은 바로 '은혜' 다. 우리를 구원하신 분이 베푸시는 것이다. 은혜는 우리가 당신에게 전해 주고 싶은 것이기도 하다. 당신이 그것을 다시 자녀에게 전해줄 수 있도록 말이다. 우리의(그리고 우리 자녀의) 구원은 오직 은혜에 의해, 그리스도를 믿음으로써만 가능하다. 오직 은혜에 의해서만.

우리 대부분은 우리가 완벽한 부모가 아니라는 사실을 고통스러울 정도로 잘 알고 있다. 그리고 우리 자녀가 완벽한 자녀가 아니라는 사실에 마음 아파한다. 그러나 이를 바로잡을 수 있는 것은 더 많은 율법이 아니다. 물론 율법이 자녀를 보다 단정하고 예의 바르게 만들어 주는 것처럼 보일 수 있기는 하다.

그리스도인 자녀(그리고 부모들)는 '착한 사람이 되는 법'을 배워야 하는 것이 아니다. 그들에게 필요한 것은 그들을 대신하여 완벽한 삶을 살다가 완벽한 죽음을 맞으신, 신실한 대제사장의 죽음과 부활이다. 그들에게 필요한 것은 그들을 온전히 용서하시고 전적으로 의로우시며 모든 믿는 이들을 용납하시는 구세주다. 이것이 우리 모두에게 필요한 메시지다.

우리에게는 은혜의 복음과 복음의 은혜가 필요하다. 우리에게 더 이상의 율법이 필요하지 않듯 자녀에게도 더 이상의 율법이 필요하지 않다. 그들 역시 율법에 대해 우리와 같은 방식으로 반응할 것이기 때문이다. 그들 역시 율법을 무시하거나, 곡해하거나, 이기적인 목적을 위해 겉으로만 지키는 체할 것이다. 가장 분명한 것은, 바로 우리 자녀가 마음으로부터 율법을 지키지는 않으리라는 것이다. 그들은 그렇게 할 수가 없다. 그리스도께서 죽으셔야 했던 것도 그 때문이다.

지금쯤 당신은 살짝 불편한 마음이 들지도 모르겠다. 그리고 우리가 말하는 '율법'이 어떤 의미이며, 우리가 왜 자녀에게 율법이 필요하지 않다고 말하는지 의아해할지 모르겠다. 그러나 너무 실망하지 마라. 우리는 당신이 그러한 의문을 품으리라는 것을 예상하고, 이제 이 책에서 그러한 의문에 대한 답을 제시하고자 한다. 우리의 방법이 당신의 방법과는 많이 다를지는 모르지만, 자녀에게 반응하고 그들을 훈련시킬 방법을 알려 주지 않고 넘어가는 일은 결코 없을 것이다.

자녀는 복음을 들었는가?

그리스도인들은 복음이 비그리스도인들이 들어야 할 메시지임을 안다. 우리는 그들에게 선행이 아니라 오직 그리스도를 믿는 믿음으로 천국에 들어간다고 말한다. 그러나 집에 있는 어린 비그리스도인들을 훈련시킬 때에는 이상한 일이 벌어진다. 선행을 의지하는 것이 옳지 않다는 것을 까맣게 잊어버리고, 기독교의 핵심이 마치 행위에 있는 것처럼, 그리고 그들이 하나님을 기쁘시게 해드리냐 아니냐가 특정한 날(주일)에 있는 것처럼 가르치는 것이다. 그러니 많은 아이가(최소 60%에서 많게는 88%)[1] 자신의 종교를 스스로 선택할 기회가 주어지는 즉시 기독교를 등지거나, 모르몬교처럼 선행에 기반한 종파로 옮겨 가도 전혀 이상할 게 없다.

이런 말을 하기는 쉽지 않지만 그럼에도 불구하고 꼭 말해야 할 것 같다. 그리스도인 부모와 교회는 자녀에게 굳건한 믿음과 교회에 대한 헌신을 물려주지 못하고 있다. 비록 많은 아이가 훗날 교회로 돌아온다는 사실에 위안을 얻을 수는 있겠지만 그리스도인 부모와 교회는 스스로 다음과 같은 어려운 질문을 던져야 한다.

"우리의 믿음과 헌신이 자녀의 삶에 뿌리내리지 못하는 이유는 무엇인가?"[2]

이 책은 기독교 가정에서 성장한 아이들 대다수가 믿음을 잃는 주된 원인이, 복음을 제대로 들어본 적이 없거나 믿음생활을 시작할 만큼 복음에 대해 잘 알지 못하기 때문이라는 전제하에 쓰였다. 그들은, 하나님이 우리가 선하게 살기를 바라시며, 그들의 불순종이 예수님을 슬프게 한다고 배운다. 그리고 예수님을 마음속에 모셔 들이는 것이 복음의 전부라고 배운다. 실제로 주변의 젊은이들을 살펴보면 기독교의 가장 기본적인 교리조차 잘 모른다는 것을 알게 될 것이다.

이 사실은 기독교 가정에서 성장하여 꾸준히 교회 생활을 해온 한 20대 여성과 나눈 최근의 대화를 통해서도 드러났다. 나는 먼저 그녀가 구원받았음을 확인한 후 이렇게 물었다.

"그리스도인이 된다는 것은 어떤 의미인가요?"

"예수님을 마음속에 모셔 들이는 것입니다."

"맞아요. 하지만 그게 무슨 뜻이지요?"

"예수님께 용서를 구한다는 뜻입니다."

"그렇군요. 하지만 무엇에 대한 용서 말인가요?"

"나쁜 일을 한 것에 대해서요. 음, 나쁜 일이나 죄를 지은 것들에 대해 용서를 구하는 게 아닐까요?"

"예를 들면요?"

그녀가 멍한 표정으로 나를 바라보기에 나는 질문을 달리했다.

"예수님이 왜 당신을 용서해주실 거라고 생각하죠?"

그녀는 어쩔 줄을 몰라 했다.

"음, 우리가 용서를 구했으니까요?"

나는 다시 한 번 시도해보자고 생각했다.

"하나님은 당신이 무엇을 알기를 원하시는 것 같아요?"

그녀는 얼굴이 밝아졌다.

"하나님은 내가 자신을 사랑해야 한다는 것과 또 마음만 먹으면 무엇이든 할 수 있다는 것을 알기를 원하세요."

"하나님은 당신이 무엇을 하기를 원하실까요?"

"좋은 일을 하기를 원하시지요."

"예를 들자면요?"

그녀는 또다시 멍한 표정이 되었다.

"글쎄요, 다른 사람들에게 친절하게 대하고 나쁜 사람들과 어울리지 않는 것 아닐까요?"

선을 위한 선

물론 당신은 이러한 모습이 특별한 경우이고, 기독교 가정이나 교회의 아이들에게 일반적인 모습은 아니라고 말할 것이다. 그러나 우리 아이들 대다수가 선택의 기회가 주어지는 즉시 믿음을 저버리는 지금의 세태에서는 무언가가 크게 잘못되었음을 인정해야 한다. 2,000년간 박해를 받아 온 교회가 버틸 수 있게 한 믿음은 분명 "사과해."라든가 "착하게 굴어야지.", "저 애들처럼 되면 안 돼." 같은 말들처럼 얄팍하고 따분한 것은 아닐 것이다. 대체 어느 누가 그처럼 공허한 것들을 위해 자신을 부인하거나 목숨을 내어놓거나 고통을 당하려 하겠는가? 예수님을 마음속에 모셔 들인다는 부분만 빼면 이런 말들이 불신 가정의 아이들이나 유대교인 젊은이들이 매일 듣는 말과 뭐가 다른가?

현실을 바로 보자. 우리 아이들 중 대다수가 '선을 위한 선'을 행하면 하나님이 기뻐하시리라고 믿는다. 우리는 성경에 나오는 거룩하고 공의로우시며 사랑이 많으신 하나님을 산타와 요정들로 바꿔 놓고 말았다. 그리고 자녀에게 삶을 변화시키는 복음의 진리를 전달하는 대신 하나님이 도덕적이고 예의 바른 행동을 원하신다고 가르쳐 왔다. 착하게 사는 것이(적어도 겉으로는) 믿음의 전부라고 말해온 것이다.

이것은 복음이 아니다. 우리는 자녀에게 기독교를 가르쳐 온 것이 아니었다. 우리에게는 예의범절이나 도덕에 관한 이야기보다는 하나님이 인간을 만드셨고 또한 죽으심으로써 우리 죄를 대속하셨다는 놀라운 메시지가 훨씬 더 많이 필요하다.

우리가 자녀에게 가르치는 것은 '도덕주의'라 일컬어지는 것이다. 다음은 신학교 교수가 어린 시절 교회에서 겪은 경험이다.

> 내가 다니던 교회의 설교자들은 그리스도에 초점을 맞추지 않은 채 성경을 해석하고 설교하곤 했다. 아브라함이나 바울 같은 이들은 믿음과 순종의 본을 보인 인물로 칭송되었던 반면, 아담이나 유다 같은 사람들은 도덕적으로 옳지 못한 행동을 했다고 비난받았다. 그리하여 성경은 그리스도인의 삶에 대한 도덕적 교훈을 주는 자료집과 다를 바 없게 되어 버렸다.[3]

성경 이야기를 『이솝우화』같은 도덕적 교훈이 담긴 책으로 바꿔 놓을 때 모든 것이 어그러진다. 믿지 않는 자녀는 허물과 죄로 인해 영적으로 죽은 상태임에도(엡 2:1) 성령의 열매를 보여야 하고, 잘못을 뉘우치지 않는 아이들은 미안한 마음이 없어도 미안하다고 말하고 용서를 구해야 한다. 거듭나지 않은 아이들이 스스로 성취한 '도덕적 승리'로, 그들이 하나님을 기쁘시게 했다는 칭찬을 듣는다. 예의범절이 기독교적인 의의 차원으로까지 격상되는 것이다. 부모들은 자녀가 반성의 태도를 보일 때까지 벌을 주고, 또 다른 부모들은 자녀의 내면에 존재하는 악을 그들이 성경공부 모임에서 한 번 기도한 것으로 해결되었다 여기며 자녀를 세상의 악으로부터 보호하려고 애쓴다.

만약 우리의 믿음이 자녀에게 뿌리내리지 못했다면, 그것은 그들이 믿음에 대한 말씀들을 지속적으로 들을 기회가 없었기 때문이 아닐까? 우리는 자녀에게 은혜의 복음 대신 "자기만족적인 도덕주의의 바다"[4]에서 헤엄치게 해왔다. 그리하여 그들은 율법에 대해 잘못된 방식으로 반응하게 되었다. 즉, 가장 빠른 탈출구를 찾아 도망가는 것이다.

도덕주의적 자녀교육을 하는 이유는 대부분 성경에 대한 잘못된 시각을 가지고 있기 때문이다. 성경 이야기는 셀리 로이드존스가 『스토리 바이블』에서 지적한 것처럼 착한 아이들을 더 작하게 만드는 이야기가 아니다. 셀리의 말을 들어보자.

어떤 사람들은 성경을 무엇은 해도 되고 무엇은 하면 안 되는지를 알려 주는 율법서처럼 여긴다. 확실히 성경에는 율법이 들어 있으며, 그것들은 가장 좋은 삶의 방식을 보여 준다. 그러나 성경은 우리와 우리가 해야 할 일을 주로 다루는 책이 아니다. 성경은 하나님과 하나님이 하신 일에 관한 책이다. 성경에는 영웅들이 등장한다. 하지만 성경에 나오는 사람들 대부분은 영웅과는 거리가 멀다. 그들은 큰 실수를 저지르고는 두려워서 달아난다. 때로는 드러내 놓고 악을 행할 때도 있다. 성경은 율법서나 영웅담이 아니다. 성경은 무엇보다도 하나님의 이야기다. 성경은 잃어버린 보물을 되찾으러 먼 나라에서 온 젊은 영웅의 모험 이야기다. 그것은 사랑하는 사람을 구하기 위해 왕궁과 왕위, 모든 것을 포기한 용감한 왕자의 사랑 이야기다. 성경은 삶 속에 실제로 일어난 가장 신기한 옛날 이야기 같은 것이다.5)

이것이 우리 아이들이 들어야 할 이야기다. 우리처럼 아이들도 이 기쁜 소식을 듣고 또 들어야 한다.

기독교인 부모의 비기독교적 양육 방식

은혜, 즉 그리스도를 통해 우리에게 부어주신 은총은 우리의 자녀교육 방식을 새롭게 해야 한다. 비그리스도인의 양육 방식과는 근본적으로 다르도록 말이다. 은혜의 복음은 자녀와의 관계를 포함한 모든 인간관계에 스며들어 이를 변화시키기 위한 것이다. 이를 이루기 위해서, 그리고 다른 사람들이 우리의 뜻에 따르도록 하기 위해 우리가 일반적으로 사용하는 방법들은, 우리 모두(부모들과 자녀)가 근본적으로 죄인이고 근본적으로 사랑받는 사람이라는 복음 메시지를 무너뜨린다. 우리는 반항하는 자를 너그럽게 받아들여서 사랑받는 아들딸로 변화시키시는, 사랑과 은혜의 하나님 아버지의 심장 소리를 들어야 한다. 이것이 우리가 부모로서 행할 가장 깊은 차원의 일이다. 만약 당신이 매일같이 자녀에게 들려주는 메시지가 복음이 아니고 당신을 실망시키지 않도록 착하게 행동하라는 이야기뿐이라면, 당신은 복음으로 당신의 자녀교육 방식을 변화시켜야 한다.

이제 머리말의 서두에서 제시한 예화로 돌아가 보자. 당신은 동생을 사랑할 수 없다는 웨슬리의 말을 기억할 것이다. 여기에 대한 기독교적 반응은 "아니, 너는 동생을 사랑할 수 있고 또 사랑해야 해. 하나님이 그렇게 말씀하셨으니까." 같은 말이 아니다. 그보다는 다음과 같은 말에 가깝다.

> 맞아! 네가 그렇게 말하니 기쁘구나. 그 말은 하나님이 네 안에 계신다는 걸 보여 주니까. 하나님이 동생을 사랑하라고 말씀하시는 건 사실이야, 웨슬리. 하지만 네 말대로 너는 그렇게 하지 못하지. 그래서 구세주가 필요한 거야. 그런데 참으로 기쁜 소식은 하나님이 이미 구세주를 보내 주셨다는 거란다. 바로 예수님 말이야! 예수님은 너와 형제들을 정말 사랑하셔. 네가 예수님을 믿으면 예수님은 네가 동생에게 한 것처럼 너를 벌하시지 않을 거야. 그분은 십자가에서 죽으심으로 네가 받아야 할 모든 벌을 대신 받으셨단다. 예수님은 네가 얼마나 화가 났는지, 네가 동생에게 심술 맞게 구는지 모두 아셔. 그럼에도 너를 사랑하신단다. 바로 그렇기 때문에 웨슬리, 예수님을 믿으면 동생을 점점 더 많이 사랑하게 될 거야. 예수님이 너를 위해 이미 하신 일 덕분에 너는 그분이 너를 그토록 사랑하신다는 것을 믿을 수 있고, 또 사랑하는 법을 배울 수 있는 거야. 혼자서는 결코 할 수 없는 일이지.

제시카는 이처럼 영혼을 위로하는 말을 한 뒤, 웨슬리를 훈계하고 그를 위해 기도하는 시간을 가졌다. 그녀는 예수님이 웨슬리를 사랑하시고 그의 잘못을 용서하신다는 것과, 예수님이 도우셔서 웨슬리가 다른 사람들을 사랑할 수 있게 하심을 그가 믿게 해달라고 간구했다.

하나님은 신실하신 아버지시다

오해는 없기 바란다. 우리가 늘 이렇게 은혜로 반응할 수 있는 것은 아니며, 우리 자녀 또한 늘 우리의 말을 경청하지도 않는다. 그들은 한눈을 팔거나 한 귀로 듣고 한 귀로 흘릴 때도 있고, "매일 은혜가 어떻고 복음이 어떻고……." 하면서 구시렁거릴 때도 있다. 하나님의 놀라운 은혜를 체험할 수도 있었을 순간이 꾸지람과 (은혜를 청하는) 기도의 시간이 될 때도 많다. 바쁘거나, 낙심이 되어 아이들에게 은혜를 베풀 마음이 나지 않을 때도 있다. 때로는 아이들 일에 상관하지 않고 오후 시간을 조용히 보내고 싶을 때도 있다.

우리는 신실한 부모가 되기 원하지만 우리의 신실함이 자녀를 구원하지는 못한다는 사실 또한 잘 알고 있다. 자녀에게 은혜를 베푼다고 해서 그들이 저절로 구원받거나 순종하게 되지는 않는다. 은혜에 기초한 자녀교육을 완벽한 자녀교육을 위해 마스터해야 하는 또 하나의 율법으로 오해해서는 안 된다. 자녀는 신실하신 하늘 아버지께서 인도하시는 대로 일하시는 성령의 신실하심을 통해서만 구원받을 수 있다. 하나님은 신실하시고 전능하시며 영혼을 변화시키시는 분이다. 그렇다. 하나님은 그분의 목적을 이루기 위해 우리를 도구로 사용하시지만, 구원은 오직 주께로부터 온다(욘 2:9).

　이 머리말에 제시된 복음의 메시지가 새롭거나 낯설게 느껴진다면 이 책 뒷부분의 '부록 2. 내 생애 최고의 소식을 듣다'를 보라. 우리가 이야기한 것과 같은 사랑을 알 수 있다면, 그리고 자녀를 잘 양육할 수 있도록 능력 주시는 하나님의 신실하심 안에서 쉼을 누릴 수 있다면 참으로 근사한 일이 아니겠는가?

　끝으로, 이 책에서 '나'라는 단어가 나온다면 (따로 명시되어 있지 않은 한) 그것은 '엘리즈'를 가리키는 것이다. 딸 제시카와 나는 수년간 함께 이 책을 준비해 왔고, 제시카의 '현실에 입각한' 시각은 이 책을 조용하고 정돈된 집 안에 앉아 글을 쓰는 할머니의 몽상 이상의 것으로 만들어 주었다. 우리가 이야기하고자 하는 은혜가 싹을 틔우고 꽃을 피워, 그리스도 안에서 하나님의 위대하신 사랑에 눈뜬, 은혜와 기쁨이 넘치는 자녀로 결실을 맺길 기도한다.

PART 1

선한 의도로
율법을 강요하다

시내산을 떠나 갈보리로
예수님을 모르는 '착한' 아이
우리가 할 수 있는 일이 아니다
어린 탕자와 어린 바리새인

Give Them Grace
Dazzling your kids with the love of Jesus

1. 시내산을 떠나 갈보리로

삶의 가장 유익한 가르침인 하나님의 율법은
인간을 의의 길로 나아가게 할 수 없고, 오히려 이를 방해한다. 마르틴 루터 [1]

어머니와 세 아이가 밝은색의 놀이방에 앉아 있다. 성경 게임 시간이었다. 두 아이는 답을 척척 알아맞히곤 했기에 이 게임을 좋아했지만, 가운데 아이인 조던은 시무룩한 표정으로 앉아 있거나 딴청을 하곤 했다.

"누가 먼저 카드를 뽑을까?"

엄마가 묻자, 두 아이가 동시에 손을 들었다.

"저요, 저요!"

"좋아, 조슈아, 너부터 해보렴."

조슈아는 카드를 한 장 뽑아서 거기 쓰여 있는 문구를 읽었다.

"요나 이야기를 자기의 말로 들려주고, 어떤 교훈을 얻었는지도 말해봅시다."

조슈아는 요나가 하나님의 명령에 따르지 않아서 고래 뱃속에 들어갔으며, 나중에 고래가 그를 육지에 토해 놓았을 때에야(이 대목에서 아이들은 일제히 낄낄댔다.) 하나님께 순종했다고 이야기했다.

"잘했다, 조슈아! 이 이야기가 주는 교훈은 뭘까?"

엄마가 물었다. 이번에는 칼렙의 손이 먼저 올라갔다.

"하나님이 우리에게 무언가를 하라고 하실 때, 예를 들면 사람들에게 하나님 이야기를 들려주는 것 같은 일 말이에요. 그 말씀에 순종해야 한다는 거예요."

"맞아, 칼렙! 그렇다면 사람들에게 하나님 이야기를 들려줄 방법이 뭐가 있을까?"

두 아이가 앞다투어 대답했다.

"쿠키를 구워서 사람들을 교회로 초청하는 거예요!"

"이웃을 위해 심부름을 해줄 수도 있어요!"

그러자 엄마가 말했다.

"그래, 아주 좋은 방법이구나. 조던, 너도 말해 보렴."

조던이 작은 소리로 웅얼거렸다.

"잘 모르겠어요."

"아무 방법도 생각이 안 난단 말이야?"

조던은 도전적인 태도로 말했다.

"아무 생각도 안 나요. 생각하고 싶지도 않고요!"

"하지만 조던, 고래 뱃속에 들어가고 싶지는 않잖아, 안 그래? 하나님은 이웃을 섬기고 그들에게 하나님에 대한 이야기를 들려주라고 말씀하셔. 착하게 굴지 않으면 엄마가 만든 과자를 먹지 못할 줄 알아!"

안타깝게도 많은 그리스도인 부모들도 이와 크게 다르지 않다. 자녀에게 순종을 유도하기 위한 수단으로 성경 안에 나오는 이야기들을 사용할 때가 많은 것이다. 당신은 어떤가? 순종을 이끌어내기 위해 성경을 사용했던 기억이 있는가? 나 역시 그런 적이 있다. 사실 이것은 내가 아이들을 키우며 성경을 활용해온 방식이었다. 그때 우리는 다음과 같은 노래를 부르곤 했다.

고래 뱃속에 들어간 요나처럼 되고 싶지 않아요.
나는 니느웨에 갈 거예요. 주께서 말씀하셨으니까요.
가서 "거듭나십시오!" 하고 외칠 거예요.

나는 거의 모든 성경 이야기를 아이들이 해야 할 일들에 관한 이야기로 바꿔 놓았다. 그리고 은혜와 자비에 관한 이야기들(요나 이야기 같은)을 율법과 도덕에 관한 이야기들로 바꾸곤 했다.

머리말에서 살펴본, 성경을 도덕적 교훈의 자료집처럼 해석하고 설교한 설교자들처럼 나는 아이들에게 복음을 전하지 않았다. 아이들이 복음에 대해 이미 충분히 들어서 잘 알고 있으리라 여겼기 때문이다. 예수님과 십자가? 그건 이미 오래된 뉴스였다. 실생활에서 중요한 건 복음을 기억하는 게 아니라 순종하는 것이라고 생각했다.

당시 나는 중요한 사실을 알지 못했다. 예수님의 순종과 죽음에 관한 이야기가 내 아이들이 마음으로부터 순종하게 하는 유일한 동기라는 것을 말이다. 우리는 과자를 나누어 먹고 요나에 관한 노래를 부르며 고래 뱃속에 들어갈 것을 걱정했다.

"그렇다면 부모가 자녀에게 아무 명령이나 지시도 할 수 없다는 말인가?" 하는 생각이 들지도 모른다. 이런 오해는 하지 않길 바란다. 우리가 말하려는 것은 그게 아니다. 모든 신실한 부모는 자녀에게 안내자가 되어 주어야 하고, 명령을 내리고 지침과 규칙을 제시해야 한다. 다만 이러한 것들이 자녀교육에 있어서 첫 번째는 아니라는 것이다. 자녀교육에 있어서 가장 중요한 것은 예수 그리스도와 그분이 우리를 위해 이미 하신 일이다.

다음 몇 페이지에서는 부모가 자녀에게 하는 여러 명령과 이러한 명령이 어떤 순종을 이끌어내는지에 대해 다루고자 한다. 우선 당신이 규칙을 말하는 데 얼마의 시간을 쓰고, 성경 이야기를 말하는 데 얼마의 시간을 쓰는지 자문해 보라. 물론 아이들이 아직 어리다면 대부분의 시간을 규칙을 말하는 데 할애하는 것도 이해할 만하다. 세 살배기 아이에게 '의'(義)에 대해 길게 설명할 수는 없는 노릇이니까. 하지만 자녀가 말귀를 알아들을 수 있게 되면 곧바로 복음을 기쁘게 이야기해줄 수 있을 것이다.

자녀에게 더 강조하는 것이 규칙인지, 아니면 복음인지에 대해서 생각해 보았다면 이제 복음에 대해 생각해 보기로 하자. 아마도 다음과 같이 생각해 볼 수 있지 않을까?

하나님은 우리를 너무도 사랑하사 우리 죄를 대속하게 하려고 독생자를 보내셨다. 우리의 죄란 어린 시절에 지은 죄와 그리스도인이 되기 이전에 지은 죄, 그리고 오늘날까지도 짓고 있는 죄를 말한다. 하나님은 우리의 모든 죄(이기심과 분노, 게으름, 교만)를 보시고도 우리를 사랑하신다. 그리하여 우리를 구원하시려고 아들 예수 그리스도를 보내셨다. 예수님은 인간의 몸으로 태어나 완벽한 삶을 사시다가 갈보리에서 치욕스러운 죽음을 맞이하신 후 사흘 만에 부활하셔서 하나님 우편에 앉으셨고, 거기서 우리의 자녀교육 방식을 비롯한 우리 삶의 모든 국면을 지켜보고 계신다. 그분은 우리 삶의 모든 것을 우리의 유익과 그분의 영광을 위해 사용하겠노라 약속하셨다. 이것이 주께서 우리에게 베푸시는 자상하고 아버지다운 사랑이다. 하나님은 완벽한 부모이시고, 우리가 그분을 믿을 때 이 같은 완벽함이 우리에게로 전이된다. 우리 자녀의 구원은 우리의 구원과 마찬가지로 우리에게 달려 있는 게 아니다. 하나님은 비할 데 없이 훌륭한 아버지이시니, 이제 우리는 그분의 영원하신 품 안에서 쉼을 누릴 수 있을 것이다.

우리가 자녀에게 이 이야기를 하지 않는 한 가지 이유는 우리 스스로도 마음으로부터 이를 공감하지 못하기 때문이다. 네 명의 자녀를 둔 한 어머니는 이렇게 말했다.

"전에는 아이들에게 복음을 가르칠 수 없었어요. 도무지 실감이 나지 않았기 때문이지요. 나는 그리스도인이면서도 율법을 따르는 삶을 살아 왔고 내 아이들 또한 그렇게 살기를 기대해 왔어요. 하지만 이제는 날마다 아이들의 뒤치다꺼리를 하느라 힘든 와중에도 그들이 착한 일을 해서 나를 기쁘게 해주기보다는 예수님을 알아가도록 가르칠 수 있게 되어 얼마나 기쁜지 모른답니다."

이어서 살펴볼 규칙과 순종은 부모가 자녀에게 말해주어야 하는 전부는 아니다. 여기에서는 단지 규칙과 순종의 다양한 형태를 소개하고

이를 진정한 기독교적 의와 구별하는 방법을 이야기하려 한다.[2]

우리의 순종과 규칙

기초적 순종

책임감 있는 부모라면 누구나 자녀에게 가르쳐야 하는 것들이 있음을 안다. 우선 어린 자녀는 "안 돼."라는 말의 의미를 이해하고 여기에 즉시 따를 줄 알아야 한다. 어린아이들이 가장 먼저 배우는 말 중의 하나가 "안 돼."인 것도 그 때문이다. 동일한 이유에서 "그만해."와 "이리와."라는 말도 배워야 할 말이다. 이러한 말들의 중요성에 대해서는 굳이 언급할 필요가 없을 것이다. 어린아이가 교통이 혼잡한 거리로 달려나갈 때 그 아이의 생명은 그가 부모의 목소리에 반응할 수 있는지 여부에 달려 있다. 그리스도인이든 비그리스도인이든 책임 있는 부모라면 누구나 아이들에게 이러한 개념에 대해 가르치며, 이것은 하나님과의 관계와는 별 상관이 없지만 그렇다고 해서 중요하지 않은 것이 아니다. 이러한 개념은 아이들을 위험으로부터 보호해 주고 그들이 가정과 사회에서 제 기능을 할 수 있게 해주기 때문이다.

사회적 순종

어린아이들은 성장해가면서 "부탁해요."라거나 "감사합니다." 같은 말을 배우게 된다. 특정한 문화의 '사회적 규범'이라 일컬어지는 것들을 배우게 되는 것이다. 예컨대 어떤 문화권에서는 식사를 마친 후 큰 소리로 트림을 하는 것이 맛있는 음식을 대접받은 데 대한 고마움의 표시다. 하지만 동일한 행동이 미국에서는 교양 없는 행동으로 간주된다. 이렇게 예절의 규칙이나 규범은 지역마다, 나라마다 다르다. 미국 남부의 예절은 북동부나 남서부의 예절과 많이 다르다. 성경에서는 예의범절에 대한 별도의 가르침을 주고 있지 않은 까닭에 예의는 기독교의 의와는 상관이 없지만, 그렇다고 해서 자녀에게 예의를 가르치지 않아도 되는 것은 아니다.

물론 저녁식사를 할 때 트림을 하는 게 아니라는 말을 듣고도 고집스럽게 트림을 해대는 아이가 있다면 그 불순종은 단지 예의의 문제가 아니다. 그것은 권위에 대한 순종의 문제다. 그리고 만약 그 아이의 불순종이 고의적인 것이라면 그것은 죄와도 관련이 있다.

여기에 대해서는 나중에 다시 이야기하기로 하고, 지금은 어떤 특정한 문화의 사회적 관습은 거룩하신 하나님과의 관계와는 아무 상관이 없다는 점만 기억해 주기를 바란다. 어린 조니가 식탁에서 트림을 한 적이 한 번도 없을지라도 그것이 곧 그 아이가 하나님과 올바른 관계를 맺고 있음을 의미하는 것은 아니라는 뜻이다. 조니는 단지 소화가 잘 안 되거나, 다른 사람들을 불쾌하게 만들고 싶지 않았던 것뿐일 수 있다. 천국은 트림을 하거나 쩝쩝거리는 소리와는 아무 상관이 없다.

시민의 순종

아이들은 법을 지키는 시민으로 성장해야 하며, 이는 그들이 사는 지역의 법을 지키도록 배워야 함을 의미한다. 이 법은 기독교 신자냐 아니냐를 떠나서, 부모라면 누구나 자녀에게 가르치는 또 다른 범주의 법이다. 모든 아이들은 그리스도를 믿든 안 믿든, 물건을 훔치거나 시험에서 부정행위를 하지 않도록 배워야 한다. 또한 거짓말에는 응분의 대가가 따르며 부모나 교사, 경찰관 등의 권위에 불순종하는 것은 있을 수 없는 일이라는 것을 반드시 배워야 한다.

웨슬리는 자신을 괴롭힌다고 해서 다른 이를 함부로 때릴 수는 없다는 것을 배워야 한다. 그러나 이것 역시 기독교적인 의의 문제는 아니다. 이것은 남을 괴롭히거나 남의 장난감을 망가뜨리는 사람들이 존재하는 세상에서 다른 사람들과 어울리는 방법을 배우는 문제다. 자기 마음에 안 든다고 해서 아무나 때릴 수 없는 것은 사실이지만, 거듭나지 않은 평화주의자 역시 거듭나지 않은 불량배와 똑같이 하나님의 진노를 느끼리라는 것 또한 사실이다. 물론 가정과 사회가 폭력적이기보다는 평화로운 것이 더 낫겠지만, 궁극적으로는 오직 그리스도의 의만이 하나님의 진노를 가라앉힐 수 있다.

종교적 순종

우리는 자녀가 믿음을 갖게 되기에 앞서 믿음생활의 일부로서 종교적 순종을 가르친다. 예컨대 식사를 하기 전에 하나님께 감사 기도를 드리도록 가르치는 것이다. 이러한 것들은 대개 종교적 의식으로 받아들인다. 아이들은 교회에서 언제 일어서고, 언제 찬송을 부르며, 언제 조용히 앉아 있어야 하는지를 배운다.

우리는 이러한 순종들을 믿음의 실천과 연관이 있다는 점에서 '종교적 순종'이라고 부르지만, 그렇다고 해서 그것이 꼭 믿음의 열매라는 보장은 없다. 그것은 벌을 피하고 싶은 마음이나 가장 나쁘게는 스스로의 순종에 흐뭇해하는 마음 등 여러 가지 것들의 열매일 수가 있다. 물론 진실한 믿음의 열매일 수도 있다. 하지만 가정예배에서 기도할 때 눈을 감고 있다고 해서 그 아이가 거듭났다고 말할 수는 없다. 외형상의 순종은 거듭났다는 증거가 못 되기 때문이다. 유대인 가정의 자녀도 예배를 드릴 때에는 경건한 마음으로 임하고 기독교를 믿지 않는 가정의 아이들도 결혼식장에서는 조용히 하지 않는가.

자녀에게 종교적 순종을 훈련시키는 것은 잘못이 아니다. 사실 하나님은 우리에게 그렇게 하도록 명하셨다. 자녀에게 성경을 가르치고 하나님의 성품에 대해 이야기해 주도록, 또 함께 기도하고 자녀를 예배에 데리고 가도록 명하신 것이다(출 12:26-28; 신 4:9-10; 6:7-9; 시 78:4-8; 엡 6:4 참조). 그러나 그것만으로 자녀에게 착하다고 말하거나 기도 시간에 눈을 감고 있어서 하나님이 기뻐하셨을 거라고 말하는 것은 위험하고 잘못된 행동이다. 그렇다면 늘 가만 있지 못하고 산만한 다섯 살배기 벤자민이 가정예배 시간에 마침내 5분간 조용히 앉아 있게 되었다면 부모로서 뭐라 말해 주어야 할까? 아마도 이렇게 말할 수 있을 것이다.

벤자민, 오늘 밤에 주님이 너를 조용히 앉아 있게 해주시니 얼마나 감사한지 모르겠구나. 네게는 힘든 일이었을 거야. 너는 가만히 앉아 있는 걸 잘 못하는 데다 기도가 뭔지 아직 모르니까.

그렇지만 오늘 밤엔 하나님이 너에게 순종하는 법을 가르쳐 주신 것 같아. 언젠가는 너도 하나님이 얼마나 놀라우신 분이고 얼마나 너를 사랑하시는지 알게 되겠지. 그렇게 되면 너도 하나님과 대화를 나누고 싶어질 거야. 오늘은 네가 조용히 앉아 있었던 것을 통해 하나님이 네 안에 역사하고 계신다는 것을 깨달았다고 말해 주고 싶었단다.

반면에 벤자민이 기도 시간 내내 소리를 내고 움직여댄다면 뭐라 말해 주어야 할까? 그런 경우에는 이렇게 말할 수 있을 것이다.

벤자민, 우리도 너와 같은 마음이었단다. 우리는 하나님께 말씀드리는 데 단 5분도 쓰고 싶지 않았지. 재미있는 일을 하고 싶은데 하나님께 말씀드리는 건 재미없는 것 같았으니까.
그러나 하나님이 우리 마음을 변화시켜주셔서 우리는 하나님이 얼마나 놀라우신 분인지 알게 되었지. 하나님은 우리가 그분을 사랑하지 않거나 그분께 말씀드리는 것을 좋아하지 않아도 우리를 사랑하신다는 것을 보여 주셨어. 너도 누군가가 너를 얼마나 사랑하는지, 또 너에게 얼마나 큰 친절을 베풀었는지 알면 그에게 말을 걸고 싶어질 거야. 솔직히 나도 가만히 앉아서 하나님께 말씀드리고 싶은 생각이 들지 않을 때가 있단다. 하지만 그런 때에조차도 하나님은 나를 사랑하시지.
기도할 때 가만히 앉아 있는 것보다 더 중요한 게 뭔지 아니? 바로 어떤 상황에서도 너를 사랑하시는 하나님이 계신다는 사실이란다. 하나님의 도우심이 없었다면 네가 얼마나 말을 안 듣고 고집을 피웠을지 아는 게 중요하지. 그리고 무엇보다 중요한 것은 예수님께 네가 그분을 사랑하도록 네 마음을 변화시켜달라고, 또 여태까지 그분을 사랑하지 않은 것을 용서해달라고 청하는 거란다.
자, 기도 시간에는 조용히 해야 한다고 말했었지? 아직은 기도하는 동안 네 마음이 하나님께로 향하지 않는다는 걸 알아. 그리고 네가 우리와 함께 기도하는 체하지 않아서 기뻐. 실제로는 기도하지 않으면서 겉으로만 그런 체하는 것은 거짓된 행동이니까. 나는 하나님이 네 마음을 변화시키셔서 네가 가족들과 함께 기도하고 싶어하게 해달라고 기도하고 있단다.

하지만 그때까지는 기도 시간에 조용히 앉아 있어 주면 좋겠구나. 너 때문에 모두의 기도가 방해되니까 말이야. 만약 계속해서 기도를 방해한다면 벌을 받아야 할 거야.

이런 종류의 은혜로운 자녀교육 방식과 내가 아이들을 키울 때 했던 것 같은 도덕적 자녀교육 방식에는 뚜렷한 차이가 있다. 나는 아이들이 조용히 앉아 있으면 착하다고 칭찬해주고 시끄럽게 굴면 혼날 줄 알라고 엄포를 놓곤 했다. 이런 나의 자녀교육 방식은 복음과는 아무 상관이 없었다. 나는 아이들이 어느 시점에 기도를 하게 되었고 또 평소에 종교적인 순종을 요구받아 왔기에 그들의 영혼이 거듭난 줄로 알고 있었다. 하지만 그로 인해 아이들은 위선적인 태도를 보이거나 반항적인 행동을 하게 되었다. 그들은 위선자와 반항아들까지도 사랑하시는 구세주를 사모하지 않고도 기도하는 체하게 되었던 것이다.

종교적인 순종은 하나님의 법에 대한 순종과 혼동하기 쉽다는 점에서 가장 어렵고 위험한 형태의 순종이다. 대부분의 그리스도인 가정이 크나큰 잘못을 범하기 쉬운 부분이 바로 이 부분이다. 그렇다. 하나님은 우리로 하여금 자녀에게 말씀과 기도와 예배를 가르치도록 하셨다. 그러나 이런 것들을 가르친다고 해서 자녀가 구원을 받는 것은 아니다. 그들은 오직 예수 그리스도의 의로운 삶과 죽음, 그리고 부활에 의해서만 구원받을 수 있다.

위에서 설명한 네 가지 차원의 규칙과 순종을 다시 한 번 정리해 보자면 기초적인 지시나 명령에 대한 이해와 순종, 사회적 규범과 예의, 시민으로서 지켜야 할 법과 권위에의 순종, 그리고 종교적인 훈련과 순종으로 요약할 수 있을 것이다. 그러나 이 중 어느 하나도 천국 시민이 되기 위한 공로로 인정받지는 못한다. 다시 말해서 이러한 순종으로는 하나님의 인정을 받지 못한다는 뜻이다. 게다가 이러한 유형의 순종은 아이들에게 구세주에 대한 필요성을 느끼지 못하게 할 위험이 있다.

하나님의 아주 특별한 율법

유대인 랍비로서 하나님의 율법에 대해 잘 알고 여기에 대한 깊은 존경심을 지니고 있던 사도 바울은(행 22:3) 그리스도를 믿고 난 이후에 율법에 대해 매우 놀라운 생각을 하게 된다. 그는 율법이 거룩하고 의로우며 선하다는 것을 인정하며(롬 7:12), 또 하나님이 주신 율법의 아름다움에 대해서도 잘 알고 있었지만 율법을 지킬 수 있는 사람은 아무도 없으니만큼 율법으로는 죄인들을 살릴 수 없다는 것 또한 알았다. 그는 자신의 모든 순종이 배설물과 다를 바 없다고 고백한다(빌 3:8). 그는 이렇게 말한다.

> 그러므로 율법의 행위로 그의 앞에 의롭다 하심을 얻을 육체가 없나니
> (롬 3:20)

> 그러면 어떠하냐 우리는 나으냐 결코 아니라 유대인이나 헬라인이나 다 죄 아래에 있다고 우리가 이미 선언하였느니라 기록된 바 의인은 없

나니 하나도 없으며 깨닫는 자도 없고 하나님을 찾는 자도 없고(롬 3:9-11)

모든 사람이 죄를 범하였으매 하나님의 영광에 이르지 못하더니(롬 3:23)

생명에 이르게 할 그 계명이 내게 대하여 도리어 사망에 이르게 하는 것이 되었도다(롬 7:10)

무릇 율법 행위에 속한 자들은 저주 아래에 있나니 기록된 바 누구든지 율법 책에 기록된 대로 모든 일을 항상 행하지 아니하는 자는 저주 아래에 있는 자라 하였음이라 또 하나님 앞에서 아무도 율법으로 말미암아 의롭게 되지 못할 것이 분명하니 이는 의인은 믿음으로 살리라 하였음이라(갈 3:10-11)

돌에 써서 새긴 죽게 하는 율법 조문 …… (고후 3:7)

율법 안에서 의롭다 함을 얻으려 하는 너희는 그리스도에게서 끊어지고 은혜에서 떨어진 자로다(갈 5: 4)

하나님의 율법과 우리의 비참힌 상태를 말하는 이 성구들은 우리로 하여금 우리와 자녀의 삶 가운데에 율법을 어떻게 사용할 것인지를 진지하게 생각하게 한다. 율법을 지키는 것만으로 거룩하신 하나님 앞에 떳떳하게 설 수 있으리라 여긴다면 어떨까? 아마도 우리는 예수 그리스도의 은혜와 의로부터 끊어지고 분리된 죄인으로 거룩하시고 전능하신 하나님의 앞에 떨어지고 말 것이다. 자녀에게 율법만을 따르도록 가르친다면 우리는 그들을 '죽음의 가르침'에 빠뜨리는 셈이다. 왜 '죽음'인가? 죄인들이 예수 그리스도를 무시하고 스스로 거룩해지려 한다면 그 필연적인 결과는 죽음이기 때문이다.

이것은 매우 중요한 문제다. 위대한 개혁가 마르틴 루터가 "삶의 가장 유익한 가르침인 하나님의 율법은 인간을 의에 이르지 못하게 하며, 오히려 이를 방해한다"[3]고 쓴 것도 당연한 일이다. 하나님의 율법은 아름답고 유익하지만 우리를 의에 이르게 하지는 못하는데, 그 이유는 우리가 율법을 지킬 수 없기 때문이다. 율법은 오직 두 가지 영역에서 완벽을 요구하지만 우리 중 그 누구도(필요하다면 위에 인용한 성구들을 다시 읽어 보라.) 이를 충족시키지 못한다. 그 두 가지 영역이란 무엇인가? 예수님은 마태복음 22장 36-40절에서 이렇게 말씀하신다.

> 네 마음을 다하고 목숨을 다하고 뜻을 다하여 주 너의 하나님을 사랑하라 하셨으니 이것이 크고 첫째 되는 계명이요 둘째도 그와 같으니 네 이웃을 네 자신같이 사랑하라 하셨으니 이 두 계명이 온 율법과 선지자의 강령이니라

하나님에 대한 순수하고 일관된 사랑과 다른 사람들에 대한 순수하고 일관된 사랑은 하나님이 신약과 구약 모두에서 우리에게 주신 모든 율법의 총합이다. 물론 문제는 우리가 이 단순한 명령에 순종한 적이 없다는 것이다. 우리는 늘 하나님이나 다른 사람들보다는 자기 자신을 더 사랑한다. 그리고 마음속에 우상을 세워 놓고 그 우상을 섬긴다. 하나님을 사랑하고 다른 사람들을 위해 목숨을 내어놓기보다는 우리가

원하는 것들과 그것을 얻기 위한 방법에 더 관심을 집중하는 것이다. 율법은 올바른 삶을 사는 방법을 알려 주지만 우리 중 그 누구도 율법을 지키지 않는다. 단 일 초도.

자녀가 하나님의 율법을 지키지 못하고 또 지키려고도 하지 않을지라도 우리는 거듭거듭 율법을 가르쳐야 한다. 그리고 자녀가 하나님이나 다른 사람들을 순수하고 일관된 사랑으로 사랑할 수 없다고 말하더라도 그들과 언쟁을 해서는 안 되며, 그들의 말에 공감하여 주라. 오히려 그 때문에 더욱 구세주가 필요함을 일깨워 주어야 한다.

하나님의 율법이 우리를 의에 이르지 못하게 하는 또 한 가지 이유는, 교만하게도 우리가 열심히 노력하거나 깊이 뉘우치면 율법을 지킬 수 있으리라고 생각하기 때문이다. 우리는 순종하면 생명을 얻으리라는 약속의 말씀을 읽고 그것이 곧 우리가 순종할 수 있음을 의미한다고 여긴다. 하지만 그러한 약속들은 자기 확신을 위한 것이 아니라 우리로 하여금 순종하게 하고, 또다시 순종에 실패할 때 우리를 쳐서 그리스도에게 인도하기 위한 것이다. 여기에 더하여 율법은 우리 안에 있는 죄를 일깨우며 우리를 좌절하게 한다. 바울이 말한 그대로다.

> 율법으로 말미암지 않고는 내가 죄를 알지 못하였으니 곧 율법이 탐내지 말라 하지 아니하였더라면 내가 탐심을 알지 못하였으리라 그러나 죄가 기회를 타서 계명으로 말미암아 내 속에서 온갖 탐심을 이루었나니 (롬 7:7-8)

다시 말해, 우리를 생명으로 인도해야 할 율법이 우리 안에 죄를 짓고 싶은 마음을 일으켜 우리를 죽음으로 내모는 것이다. 하지만 그렇다고 해서 자녀에게 하나님의 율법을 가르치지 않아도 된다는 뜻은 아니다. 우리는 자녀에게 율법을 가르쳐야 하지만, 그들을 착하기만 한 아이들로 만들어서는 안 된다.

우리는 자녀가 율법으로 자신들의 비참한 상태에 눈뜨고 구세주를 필요로 할 수 있도록 그들에게 율법을 가르쳐야 한다. 율법은 자녀를 착한 아이들로 만들어 주지 않는다. 율법은 그들을 좌절하게 하고, 그리하여 구세주이신 예수 그리스도의 사랑과 희생에 마음을 열고 기쁜 마음으로 그분을 영접할 수 있게 해준다.

자녀에게 하나님의 율법을 가르치고 하나님이 그들에게 순종을 명하셨음을 이야기하라. 하지만 그러기에 앞서 먼저 그리스도께서 그들을 위해 하나님께 온전히 순종하신 아름다운 이야기를 들려주는 은혜를 베풀라. 예수 그리스도는 '착하다'는 말을 들을 자격이 있는 유일한 분이었지만 율법 및 하나님 아버지와의 올바른 관계를 포기하고 죄인으로서 고통받으셨다. 이것이 우리 모두가 들어야 하는 메시지이고, 우리 마음을 변화시킬 유일한 메시지다.

율법이냐 복음이냐

복음이 아닌 것은 모두 율법이다. 다시 한 번 말한다. 복음이 아닌 모든 것은 율법이다. 예수 그리스도의 삶과 죽음, 부활, 승천에 근거한 복음에 뿌리내리지 않은 모든 자녀교육 방식은 좌절과 절망을 낳는 바리새적인 율법이다. 율법을 통해서는 우리가 원하는 결과를 얻을 수 없다. 율법을 통해서는 오직 얄팍한 자기 의나 불타오르는 반항심, 혹은 그 둘 다를 얻을 뿐이다(심지어 같은 날 같은 아이에게서 보게 될 때도 많다). 율법은 우리 자녀를 냉담하고 위선적이며 다른 사람들을 경멸하는 (그리고 쉽게 모르몬교도가 되는) 아이들이나, 반항적이고 자기중심적이며 하루 빨리 집에서 나가려고 하는 아이들로 만든다. 그러나 거듭나지 않은 자녀의 삶 속에 율법이 주어진 것은, 오직 그들의 자기 확신을 무너뜨리고 그리스도에게 인도하기 위함이라는 것을 기억해야 한다. 율법은 또한 믿는 자녀에게 복음이 가져다주는 감사가 어떤 것인지를 보여 주기 위해 존재한다.

그러나 분명한 사실은 바로 자녀를 착한 아이들로 만들기 위해 율법을 가르쳐서는 안 된다는 것이다. 율법은 자녀를 착한 아이들로 만들어 주지 않는다. 그것은 절대로 불가능하다.

이 장의 서두에 등장했던 성경 카드 게임을 기억하는가? 그 게임의 아이디어는 모르몬교도를 위해 만든 웹사이트(MormonChic.com)에서 빌려온 것이다. 모르몬교도가 당신과 똑같은 방식으로 게임을 할 수 있다면 그것은 기독교적인 게임이 아닌 것이다.[4] 그것은 도덕적인 게임이고, 우리는 도덕주의자가 아니라 그리스도인이다. 같은 맥락에서 모르몬교도가 당신과 똑같은 방식으로 자녀를 양육할 수 있다면 당신의 자녀교육 방식은 기독교적인 것이 아니다.

이제 성경에 나오는 모든 이야기가 예수 그리스도와 복음을 통해 하나님이 우리에게 보여주신 은혜에 관한 이야기임을 떠올렸더라면 그 게임이 어떻게 달라졌을지를 생각해 보자.

조슈아가 요나 이야기에 대한 기본적인 줄거리를 이야기한 뒤에 그의 어머니는 그 이야기의 진정한 의미를 이끌어내려 했을 것이다. 요나 이야기는 순종을 배우거나 불순종의 결과에 직면하는 것에 대한 이야기가 아니다. 요나 이야기는 자기 의에 사로잡혀 이웃을 사랑할 줄 모르는 바리새인(요나)과 폭력적인 이교도 모두를 하나님이 얼마나 큰 자비로 대하시는지를 보여준다. 그것은 영혼을 구원하시고 또 우리가 불순종할 때에조차 우리를 사용하시는 하나님의 능력에 관한 이야기다. 우리의 순종에 관한 이야기가 아니라 하나님의 자비에 관한 이야기다. 우리가 율법 대신 복음에 초점을 맞추었더라면 대화는 아마 이렇게 달라졌을 것이다.

"잘했다, 조슈아! 이 이야기가 주는 교훈은 뭘까?"

칼렙의 손이 먼저 올라갔다.

"하나님이 우리에게 무언가를 하라고 하실 때, 예를 들면 사람들에게 하나님에 대한 이야기를 들려주는 것 같은 일 말이에요! 그 말씀에 순종해야 한다는 거예요."

"맞아, 칼렙! 우리는 하나님께 순종해야 하지. 하지만 그게 이 이야기의 주된 메시지는 아니란다. 또 다른 메시지를 떠올릴 수 있겠니?"

조던이 말했다.

"사람들은 하나님 말씀에 순종하고 싶지 않을 때가 많아요."

"그렇단다, 조던! 바로 그거야. 나도 순종하기 힘들 때가 있지. 요나처럼 말이야. 또 다른 메시지가 뭐가 있을까? 잘 모르겠다고? 이 이야기는 하나님이 얼마나 친절하시고 자비로우신지에 대한 이야기란다. 하나님은 니느웨의 악한 사람들에게 친절을 베푸셨어. 그들을 멸하시지 않고 요나의 말을 믿게 하셨으니까. 하지만 하나님은 요나에게도 친절을 베푸셨지. 요나가 이웃(니느웨 사람들)을 사랑하지 않았지만 하나님은 그를 고래 뱃속에서 죽게 내버려 두지 않으셨어. 요나는 하나님과 그분의 자비로운 성품을 진정으로 사랑하지 않았지만 하나님은 요나에게 다시 기회를 주시고 그 후에도 계속해서 기회를 주셨지. 하나님은 자비로우시고 또 우리를 사랑하셔서 우리에게 순종할 기회를 주신단다. 그래서 하나님의 사랑하는 아들인 예수님도 요나처럼 아주 캄캄한 곳에서 사흘을 보내셨어. 우리 죄를 대신해서 돌아가신 후 사흘간 무덤 속에 계셨던 거지. 하지만 예수님은 다시 부활하셨어! 덕분에 우리는 하나님이 얼마나 좋은 분인지를 다른 사람들에게 알릴 수 있게 되었지. 다른 사람들이 하나님의 사랑에 대해 알게 할 좋은 방법이 뭐가 있을까?"

아이들이 대답했다.

"쿠키를 구워서 사람들을 교회로 초청하는 거예요!"

"이웃을 위해 심부름을 해줄 수도 있어요!"

"맞아! 이제 하나님의 자비를 기뻐하며 맛있는 과자로 파티를 하자꾸나."5)

2. 예수님을 모르는 '착한' 아이

믿음은 율법을 온전히 이루며,
믿는 사람들에게 칭의를 위해 다른 어떤 것도
필요하지 않게 하는 그런 의로 채워준다. 마르틴 루터[1)]

혼돈하고 공허한 가운데 하나님이 "빛이 있으라!" 하고 말씀하시니 빛이 생겨났다. 오색찬란한 빛이 우주 공간에서 춤을 추었고, 희미하게 반짝이는 빛의 프리즘이 대기 중으로 퍼져나갔다. 성부와 성자와 성령이 보시며 기뻐하셨다. 하나님은 미소 지으며 말씀하셨다. "보기에 좋구나!"[2)]

날이 갈수록 하나님이 만드시는 것들에 깊이와 복잡성이 더해 가면서 텅 빈 우주가 하나님의 영광으로 가득 찼다. 빛과 어둠, 하늘과 땅, 바다와 육지, 별과 달, 이 모든 것이 아름답고 사랑스럽고 보기 좋았다. 물고기 떼가 바다를 헤엄치고 새들이 무리를 지어 하늘을 날았다. 독수리와 앵무새, 거대한 바다 생물과 자그마한 새우가 하나님이 기뻐하시

편집자 주: 본 장에서는 원문의 'good'이 '좋다', '선하다', '착하다' 등으로 번갈아 번역되었다.

는 세계에 편입되었다. 하나님이 지으신 세계는 생명과 지혜와 능력을 축하하는 웅장하고 조화로운 찬송가였다. "참으로 좋구나! 생육하고 번성하고 땅에 충만하라! 기뻐하라!"는 하나님의 말씀에 가축과 기는 것과 땅의 짐승들이 생겨나 순전한 기쁨에 사로잡힌 채 각자의 목소리로 노래했다.

그리고 마침내 여섯째 날이 되자 모든 준비가 끝났다. 하나님이 지으신 아름다운 새집은 장려하고 풍요로웠으며, 이제 근사한 축하연이 시작될 참이었다. 가장 중요한 손님이 도착할 때가 된 것이다. 하나님은 흙으로 인간을 만드신 후 생기를 불어넣으셨다. 그러고는 이렇게 말씀하셨다.

"나처럼 되어라! 너는 나의 형상대로 지음 받았고, 따라서 다른 어떤 피조물보다 나의 선(善)을 더 잘 나타내 보일 것이다."

아담은(그리고 나중에는 하와도) 숨을 들이쉬었다. 아마도 가장 먼저 그의 눈에 들어온 것은 하나님이었을 것이다. 하나님은 미소 지으며 아담에게 말씀하셨다.

"너는 나의 모습으로 만들어졌다. 나는 선하니 너 또한 선을 사랑하고 선을 행하고자 하리라. 이 땅은 네 것이다. 땅을 지키고 가꾸어라. 그리고 나처럼 선한 것들로 충만하게 하라. 내가 너로 하여금 나를 알고 또 사랑하게 만들었으니 이제 나와 함께 기쁨의 노래를 부르자. 너는 내가 만든 그 어떤 것보다 더 축복받은 피조물이다."

그런 다음 하나님은 만드신 세계를 굽어보셨다. 오래 준비한 잔치를 베푸는 주인처럼 하나님은 그가 만드신 모든 것을 감상하며 "참으로 좋구나!" 하고 말씀하셨다. 하나님의 이 말씀에 하늘과 땅에 울려 퍼지는 합창의 장엄한 멜로디와 화음과 리듬이 온 세상을 가득 채웠다. 새벽별이 노래하고 들판의 나무들이 손뼉을 쳤으며, 산들이 고개 숙여 하나님을 경배했다.

"하나님은 선하시고 그분이 지으신 우리 또한 선하도다! 선하신 하나님 만세! 하나님이 만드신 선한 피조물 만세!"

우리가 지녔던 선

그러다가 어느 한순간에 인간은 거짓말에 속아 모든 것을 잃었다. 그리하여 하나님으로부터 받은 선을 기뻐하기보다는 허무한 데 굴복하고 썩어짐의 종노릇을 하게 되었고, 이제까지 함께 탄식하며 고통을 겪게 되었다(롬 8:20, 22). 불행과 의심과 질병과 혼란이 장엄한 음악과 축하연을 대신하게 되었으며, 빛은 그림자로 바뀌었다. 하나님이 지으신 아름다운 집은 죽음으로 가득 차서 더 이상은 전적으로 선하지 않게 되었다. 그 집은 무너져 내렸고, 하나님이 만드신 모든 것에 악이 침투했다. 주님의 축복과 인정 대신 분노와 저주가 임했다.

인간은 본향에서 쫓겨나 유랑하게 되었으며, 하나님과 서로에게서 분리되었다. 그들은 선을 되찾기 위해 필사적으로 노력했다. 선을 되찾고자 하는 그들의 고통스럽고 헛된 노력이 "참으로 좋구나!"라는 축복의 말을 대신하게 된 것이다. 그리하여 그 축복의 말을 다시 한 번 듣고

자 하는 간절한 바람에서 그들은 스스로에게 그 말을 들려줄 방법을 찾게 되었다. 그리고 그 말을 듣지 못한 큰아들이 그 말을 들은 동생을 질투하여 그를 살해했다.

"아벨이 드린 제물은 좋고 제가 드린 제물은 나쁘단 말이죠? 좋습니다. 하나님이 아벨을 그토록 좋게 여기시니 제가 그를 죽여 없앨 것입니다."

이것은 단순한 고대의 역사로 흘려버릴 이야기가 아니다. 사도 요한은 오늘날의 우리에게 "가인같이 하지 말라"(요일 3:12)고 경고한다. 가인은 하나님으로부터 받는 인정을 우상화했고, 하나님의 인정을 받은 자를 다루는 방법으로 살인을 선택했다. 그리고 가인의 후예는 하나님의 인정을 받으려고 애쓰는 사람들을 경멸스러운 이름으로 부르며, 마음속으로 그들과 경쟁하거나 그들을 살해하여 죄의 유혹을 잠재운다(마 5:21).

인간은 선해지는 데 하나님의 도우심이 필요하지 않다는 것을 입증하기 위해, 그리고 스스로를 영예롭게 하고 축복하기 위해 바벨탑을 세웠다. "우와! 저것 좀 봐! 우리는 정말 대단해! 정말 훌륭해!" 하고 그들은 말했다. 그러나 하나님은 그들의 노력을 칭찬하는 대신에 어떻게 하셨는가? 언어를 혼잡하게 하여 서로 알아듣지 못하게 하셨고, 그리하여 사람들은 사방으로 흩어지게 되었다. 이것이 우리의 역사고, 스스로가 꽤 괜찮은 사람임을 입증하려 한 모든 사람으로부터 전해 내려온 유산이다.

이러한 악에 대해 하나님은 어떻게 반응하셨는가? 하나님은 우리 모두를 쓸어버리거나 흙으로 되돌리실 수도 있었지만 그렇게 하지 않으셨다. 하나님은 그가 지으신 세상에 최상의 선(예수님)을 보내셨다.

예수님은 모든 선과 의를 이루기 위해 세상에 오셨다. 우리가 선과 의를 이루는 데 모두 실패한 이곳에서 그분은 성공하신다. 예수님은 우리를 위해 할례와 세례를 받으셨다. 그리고 그분의 선하신 뜻을 의심하는 부모님의 부당한 물음에 의와 진실로써 대답하셨다. 예수님은 하나님 아버지와 이웃을 온전히 사랑하셨지만 자신이 행한 선에 대해서는 아무 보상도 받지 못하셨다. 게다가 귀신 들린 신성 모독자라는 비난을 들으시고 하나님을 참칭한다며 매를 맞기까지 하셨다. 예수님은 아버지 하나님으로부터 "잘했구나!"라는 칭찬을 듣기는커녕 철저하게 버림받으셨다. 그리고 우리는 가인처럼 그분을 살해했다. 뻔뻔하게도 선의 이름으로 그분을 죽인 것이다.

그러나 예수님은 하나님으로부터 받는 인정을 우상화하지 않으셨다. 그분은 하나님을 예배하고 우리를 사랑하셨다. 예수님은 선, 그 자체셨다. 그리하여 마침내 하나님은 예수님을 죽은 자 가운데서 살리심으로써 예수님의 무죄를 보이셨고, 하나님의 축복이 예수님과 함께함을 입증하셨다. 그리고 우리가 하나님의 지혜와 사랑과 선을 믿기만 한다면 하나님은 예수님의 모든 선을 우리에게 넘겨 주신다. 그렇게 하심으로써 선과 우리를 향한 사랑을 나타내 보이시는 것이다.

착한 아이로 만들기 위한 거짓말

부모에게 너무도 자주 들리는 조언은 아이들이 자신을 좋게 생각하도록 키워야 한다는 것이다. 이 조언은 자존감 운동에 뿌리를 두고 있는데, 이 운동에 따르면 자녀의 성공은 스스로를 얼마나 좋게 생각하는지에 달려 있다. 현대의 자존감 운동은 1950–1960년대에 시작되었지만 사실 이러한 생각은 수천 년 전부터 내려왔던 거짓말이다. 그것은 세상이 시작될 때 하와가 믿었던 것과 같은 거짓말이다. 하와는 선악과를 보고 이렇게 생각했다. '음, 좋아(good) 보이는데. 이걸 먹으면 선해질(good) 거야. 오늘 저녁에 먹어야지.' 인류의 타락 이래로 우리는 우리가 선하다거나 열심히 노력하면 선해지리라는 말과, 선해진다는 것은 불가능하므로(어쨌든 완벽한 사람은 아무도 없으니까!) 그냥 포기하고 삶을 즐겨야 한다는 말을 번갈아 해왔다.

이 모든 것에 비추어 볼 때 부모는 무엇을 해야 하는가? 당신이 성경을 믿는다면 분명 우리나 우리 자녀가 진정으로 선하지는 않다는 것을 깨닫게 될 것이다. "착하구나!", "잘했다!", "너는 정말 예쁜 공주님이야!" 같은 말은 자녀를 착한 아이들로 만들기 위해 우리가 늘상 하는 말이다. 그러나 다른 아이들의 부모들 모두가 어린 레베카에게 착하다고 칭찬하느라 침이 마를 때 그리스도인 부모라면 어떻게 반응해야 하는가? 레베카에게 착하다고 말해 주기보다는 이렇게 말할 수 있을 것이다.

"네가 그네를 양보하는 것을 보았단다. 그걸 보며 그리스도께서 우리를 위해 목숨을 내어 주신 일을 생각했지. 하나님이 이런 식으로 네 삶에 함께하시다니 얼마나 감사한지 모르겠구나. 하나님의 도우심이 없이는 어느 누구도 다른 사람들에게 친절을 베풀 수 없을 거야. 그런데 이렇게 우리 안에 친절을 베풀고자 하는 마음을 주시니 얼마나 감사한지!"

성경에 이렇게 격려하는 이야기가 실려 있는지 궁금하다면 여기 바나바가 안디옥 사람들 안에 역사하시는 하나님의 은혜를 접했을 때의 일을 살펴보자.

> 예루살렘 교회가 이 사람들의 소문을 듣고 바나바를 안디옥까지 보내니 그가 이르러 하나님의 은혜를 보고 기뻐하여 모든 사람에게 굳건한 마음으로 주와 함께 머물러 있으라 권하니(행 11:22-23)

바나바는 사람들의 삶 속에 역사하시는 하나님의 은혜를 보았고, 그리하여 그들에게 계속해서 믿음을 굳게 지키라고 권한다.

레베카에게 이기적인 습관이 있어서 엄마가 레베카를 놀러 내보내기에 앞서 늘 함께 기도하는 시간을 갖는다고 하자. 다른 아이들이 레베카의 그네를 타고 싶어할 때 하나님의 자비로우심을 기억하게 해달라고 기도할 수 있을 것이다. 그리고 정말로 레베카가 양보한 것을 알게 되었다면 엄마는 이렇게 말할 수 있을 것이다.

"레베카, 친구에게 그네를 양보했다며? 하나님이 우리 기도를 들어주셨구나! 우리는 누구나 양보하는 걸 싫어하지만, 하나님은 크신 능력으로 우리의 이기심을 없애주신단다. 하나님은 정말 선하시지?"

아이의 영혼이 거듭났는지를 우리는 알 수 없으므로 그 아이가 하나님의 율법에 순종했다는 사실만으로 고마워해서는 안 된다. 구원받지 못했다면 그 아이에게는 성령이 함께 하시지 않고, 따라서 그 아이는 마음으로부터 우러나서 하나님께 순종하거나 율법을 지키지 못할 것이기 때문이다. 우리는 자녀에게 하나님이 크신 능력으로 우리가 잘못을 저지르지 않고 옳은 일을 하도록 돌봐주시리라는 격려를 해줄 수 있다.

우리는 자녀에게 그들을 포함한 모든 사람들을 하나님께서 도우신다는 확신을 주어야 한다. 그리고 우리의 선이 아니라 하나님의 은혜에 초점을 맞추도록 가르쳐야 한다.

그렇지 않고 칭찬만 해주며 자녀의 자존감을 북돋아주기를 고집한다면 우리는 자녀를 죄된 형상으로 만드는 셈이다. 칭찬을 우상화하는 아이들과 다른 사람들의 의견에 좌우되는 성인들, 그리고 스스로가 선하다는 거짓말을 다음 세대에 전하는 부모로 만들어내는 것이다. 그러나 성경은 그런 칭찬은 더 이상 우리에게 해당되지 않는다고 말한다.

우리는 "착하구나!"라는 말을 듣고 싶어 한다. 그러나 오직 예수 그리스도와 그분의 선하심으로 옷 입은 이들만이 그 말을 들을 자격이 있다. 우리가 이 진리를 받아들일 때 우리의 자녀교육 방식은 그릇된 소망에서 강력한 은혜로 바뀐다. 또 이 강력한 은혜는 우리의 자녀교육 방식을 기독교적인 것으로 만들어줄 것이다. 우리 자녀는 선하게 타고나지 않았기에 우리는 자녀에게 그렇게 가르쳐서는 안 된다.

자녀의 변화는, 자신들을 향한 하나님의 사랑을 진정으로 믿을 때 그 사랑으로 인해서만 가능하다.

인간의 순종과 그리스도의 의

앞 장에서 우리는 인간의 법과 그에 따른 순종의 네 가지 차원에 대해 이야기했다. 기초적 순종과 사회적 순종, 시민의 순종, 종교적 순종이 그것으로, 이 네 가지 차원의 순종은 우리가 '인간의 순종'이라고 부르는 것들이다.

표 2.1. 인간의 순종

기초적 순종	부모님 말씀에 순종하는 법을 배움
사회적 순종	사회적 관습과 규범을 배움
시민의 순종	사회의 법규를 지키는 것을 배움
종교적 순종	가정과 교회에서 이루어지는 종교 활동을 배움

우리가 '인간의 순종'이라 일컫는 것은 대체로 가정과 사회에 도움이 되는 순종이다. 인간의 순종에는 온갖 종류의 인간적인 선이 포함된다. 이러한 순종 혹은 외적으로 드러나는 선은 구원과는 상관없이 누구나 하나님의 보편적인 은총3)에 의해 이룰 수 있는 것들이다. 사람들이 서로에게 친절하며 사회 규범과 시민으로서 지켜야 할 법을 준수하고 종교적인 율법을 지킨다면, 우리 사회는 확실히 보다 살기 좋은 사회가 될 것이다. 평화롭고 자유로운 곳이 더 살기 좋은 곳이니 말이다(딛 3:1-2). 상호 존중과 예의, 시민으로서의 순종은 의로운 자와 불의한 자 모두에게 자비를 베푸시는 주께로부터 온다(마 5:45).

그러나 인간의 순종 혹은 도덕이 하나님의 은혜에 대한 감사에서 비롯된 것이 아니라면 그러한 순종이나 도덕은 매우 위험하다. 하나님의 사랑을 감사하는 데서 시작되지 않은 도덕은 부도덕보다 더 파괴적이기 때문이다. 왜인가? 예수님은 그분이 이 땅에 오신 이유가 잃어버린 자들을 찾아 구원하기 위함이라고 말씀하셨음을 기억하라(눅 19:10). 이런 순종에 익숙한 사람들은 구세주의 필요를 잘 깨닫지 못할 것이며, 마음이 강퍅한 까닭에 하나님의 은혜에 혼란스러워할 것이다. 더 많이 용서받은 사람이 더 많이 사랑한다는 것을 기억하라(눅 7: 47). 부도덕으로 가득한 사회는 살기 좋은 곳이 못 되지만, 스스로를 선하다 여기는 자들의 도덕으로 가득한 사회는 악하고 은혜에 저항하는 사회가 될 것이다. 그러한 사회는 말끔하고 질서정연하지만 사랑이 없고 대단히 파괴적이다. 그리스도를 죽이라고 한 사람은 창녀가 아니라 종교 지도자였음을 기억하라.

자녀를 예의 바르고 모범적인 시민으로 훈련시키는 것은 바람직한 일이다. 그러나 그런 훈련을 기독교적인 양육으로 착각해서는 안 되며, 사회적 관습에 대한 자녀의 순응을 참된 기독교적 의로 착각해서도 안 된다. 우리가 말하는 '기독교적인 의'란 온전히 거룩하신 하나님의 까다로운 기준을 통과하여 그분으로부터 "착하구나!"라고 하는 축복의 말을 듣는 정도의 선을 말한다. 그것은 외적인 순종과 내적인 열의라고 하는 두 가지 면 모두에서 온전한 순종이다. 그리고 하나님과 이웃에 대한 순수하고 열정적인 사랑에서 비롯된 선이자, 적절한 때에 올바른 이유에서 행해진 올바른 행동이다. 이런 종류의 선은 사람의 노력으로는 결코 이룰 수 없으며 오직 은혜에 의해서만 받을 수 있다.

은혜로 받은 선

기독교적인 의는 우리가 자녀에게 가르치는 종류의 순종과는 다르다. 그것은 순전히 하나님이 베푸신 것으로, 오직 그리스도의 순종과 희생을 기반으로 한다. 그리스도인들은 수세기 동안 자녀에게 이 같은 기독교적 의를 가르쳐 왔다. 어떤 이들은 핵심적인 문제들에 대해 묻고 대답하는 방법을 통해 이를 가르쳐 왔는데, 그 예를 살펴보자.

> **Q.** 어떻게 하면 하나님 앞에서 의로워질 수 있나요?
>
> **A.** 그것은 오직 예수 그리스도를 향한 진실한 믿음을 통해서만 가능합니다. 내가 하나님의 계명 전부를 어기고 그중 어느 하나도 지키지 않았다고 내 양심이 나를 고소해 올지라도, 또 내가 지금도 온갖 종류의 악에 마음이 기울어져 있을지라도, 하나님은 순전히 은혜로 아무 자격 없는 내게 그리스도의 완전한 만족과 의, 그리고 거룩함을 허락하십니다. 마치 내가 한 번도 죄를 지은 적이 없거나 죄인이었던 적이 없는 듯이, 그리고 나를 위해 온전히 순종하신 그리스도와 같이 나 역시도 온전히 순종해온 것처럼 말이지요. 나는 그냥 믿는 마음으로 이 같은 하나님의 선물을 받아들이기만 하면 됩니다.[4]

기독교적인 의는 우리의 행위가 아니라 하나님의 은혜로 주시는 것이기에 인간의 순종과는 다르다. 그것은 우리가 노력해서 얻을 수 있는 것이 아니다. 하나님의 선물이다. 우리에게 주신 의는 예수 그리스도의 의다. 우리가 기독교적인 의를 지니게 되었을 때 하나님은 우리와 우리의 믿는 자녀를 온전히 순종하는 자들로 여기신다. 비록 우리가 온전히 순종하지 못할지라도 말이다. 하나님은 우리에게 미소를 보내시다 다음 날은 얼굴을 찌푸리시는 분이 아니다. 우리의 자녀가 기독교적인 의를 선물 받았을 때 하나님은 늘 그들에게 미소를 보내신다. 아들이신 예수님 안에서 그들을 보시기 때문이다.

기독교적인 의를 얻기 위해서는 하나님이 이를 우리에게 허락하실 만큼 선하시다는 것을 믿어야 하고 우리가 스스로의 노력으로 쌓아올린 선보다 기독교적인 의를 더 원한다고 하나님께 말씀드려야 한다. 아래의 표는 인간의 순종과 은혜로 받은(우리를 위해 행해진) 의의 차이를 보여 준다.

표2.2. 인간의 순종과 은혜로 받은 의

인간의 순종	은혜로 받은 의
노력하는 사람 모두에게 가능	믿는 사람들에게만 가능
법과 규칙에 대한 외적인 순응	그리스도의 순종으로 믿는 사람 모두에게 주어짐
스스로의 노력과 결심으로 새로워짐	성령에 의해 시작되고 새로워짐
일시적이고 가변적	영원불변함
온전하지 못하고 불완전함	온전하고 완전함
애써 노력해야 함	믿음으로 감사하며 순종함
두려움과 불안을 낳음	평화와 확신을 낳음
교만과 좌절을 초래함	안식과 기쁨을 가져옴

이러한 기독교적 의는 때때로 '칭의'라 불린다. 칭의, 곧 의롭다 일컬음을 받는 것은 우리가 '죄지은 적이 없는 것처럼' 그리고 '늘 온전히 순종해온 것처럼' 된다는 뜻이다. 의롭다 일컬음을 받은 아이나 어

른 모두 하나님 보시기에 온전히 순종하는 이들인데, 이는 아들이신 예수님의 순종이 믿음을 통해 그들에게 전달되었기 때문이다. 하나님은 의롭다 하신 부모나 자녀를 죄가 사해졌다 생각하실 뿐만 아니라, 하나님 말씀에 순종하는 의로운 자들로 여기신다(참으로 놀라운 일이 아닐 수 없다). 기독교적인 의, 혹은 칭의의 개념이 낯설게 느껴진다면 여기 이를 설명하는 성경 구절들이 있다.

> 그러므로 사람이 의롭다 하심을 얻는 것은 율법의 행위에 있지 않고 믿음으로 되는 줄 우리가 인정하노라(롬 3:28)

> 사람이 의롭게 되는 것은 율법의 행위로 말미암음이 아니요 오직 예수 그리스도를 믿음으로 말미암는 줄 알므로 우리도 그리스도 예수를 믿나니 이는 우리가 율법의 행위로써가 아니고 그리스도를 믿음으로써 의롭다 함을 얻으려 함이라 율법의 행위로써는 의롭다 함을 얻을 육체가 없느니라(갈 2:16)

요약하자면 우리는 인간의 선에 대해 다음과 같은 것들을 알게 되었다. 태초에 하나님은 (아담과 하와를 포함하여) 그분이 만든 모든 것이 좋다고(선하다고) 선언하셨다. 이 축복의 말은 모든 피조물의 가슴을 가득 채워 그들은 하나님과 함께 기뻐했다. 그러던 중에 죄가 우리 안에 들어왔고, 우리는 참된 선에 도달할 수 있는 능력을 잃어버렸다. 그러자 사람들은 곧바로 선을 찾기 위한 나름의 노력을 시작했으며, 그 결과 참으로 선해지고자 애써온 그들은 진정으로 선하신 단 한 분을 죽였다.

그러나 이런 끔찍한 일을 통해서도 하나님의 온전하신 뜻은 이루어졌다. 그리고 모든 믿는 자들은 죄 사함을 받고 의롭다 일컬음을 받게 되었다.5)

'참 잘했어요' 스티커보다 중요한 것

어쩌면 당신은 우리가 왜 일반적인 자녀교육서에 나오는 내용과 동떨어진 이야기를 하는지 의아할 수도 있을 것이다. 우리는 지금 순종과 의의 차이에 대해 이야기하고 있다. 이것은 우리가 매일같이 자녀에게 가르치는 것들이다. 우리가 매일 자녀에게 하는 말은 죄다 그들이 얼마나 선해질 수 있느냐는 것과 또 그들에게 어떻게 선을 가르칠 것이냐 하는 우리의 견해들이다. 책임감 있는 부모라면 누구나 순종하는 자녀를 원한다. 그러나 자녀가 선해질 수 있는 능력을 오해하고 혼동할 경우, 우리는 그들이 선하며, 또 하나님의 율법에 온전히 순종할 수 있다고 말하게 된다.

우리는 수천 년간 선이 결여된 모습을 보여 왔으면서도 여전히 선을 되찾기 위해 애쓰고 있으며 자녀 또한 그렇게 하도록 훈련시켜왔다. 우리는 자녀가 착한 일을 할 때마다 '참 잘했어요!' 라고 쓰여 있는 스티커를 나눠주고 이를 도표에 붙이게 하곤 한다. 우리는 자녀에게 착하게 행동해서 엄마 아빠를 기쁘게 해주는 것이 삶의 목표라고 일러주어, 그들을 늘 인정받고 싶어 애쓰는 사람들로 만든다. 그리고 자신이 다른 사람들보다 낫다는 것을 보이고 싶은 마음을 불어넣어준다.

하나님이 당신의 자녀에게 요청하시는 바를 날마다 자녀에게 이야기하라. 그리고 그들이 의무감으로 힘들어할 때면 다음과 같은 성경 말씀을 들려주라.

> 너희는 여호와의 선하심을 맛보아 알지어다 그에게 피하는 자는 복이 있도다(시 34:8)

자녀에게 늘 하나님의 선하심을 보이라. 우리는 자녀의 영적 상태를 알지 못하며, 자녀는 단지 부모를 기쁘게 하려는 생각으로 구원을 요청하는 기도를 할 수도 있음을 유의하라. 따라서 우리는 그들에게 올바르게 율법을 베풀어야 하고, 또한 하나님이 선하신 분임을 믿게 해달라고 기도하도록 그들을 격려해야 한다. 어쩌면 그들은 진정으로 구원받았을 수도 있다. 만약 그렇다면 율법은 그들로 하여금 진정한 선이 어떤 것인지 알게 해줄 것이다. 순종이 자녀를 의롭게 만들지는 않지만, 만약 그들이 의롭고 또 하나님이 얼마나 좋으신 분인지 안다면 그들은 감사하는 마음으로 기꺼이 순종하려 할 것이다. 그리고 예수님 안에서 거듭날 때 그들 안에는 하나님에 대한 사랑을 알고자 하는 마음과 그 사랑을 증거하려는 마음이 커질 것이다.

또한 구원받았다고 말하는 자녀에게도 율법을 베풀어서, 그리스도께서 그들 대신 율법을 온전히 지키신 것에 감사할 수 있게 해주어야 한다. 하나님께 순종하지 못했을 때에도 그들은 하나님과의 관계가 그들의 순종이 아닌 예수님의 순종에 기초하고 있기에 하나님께 감사드릴 수 있다. 심지어 그들의 불순종조차도, 그들을 구원하신 이가 그들을 위해 기도하신다는 것과 그들이 죄 때문에 그리스도의 사랑으로부터 분리되지는 않는다는 것을 깨닫게 하는 계기가 될 것이다. 그들이 주님의 사랑하는 자녀인 까닭에 주님은 계속해서 그들에게 미소를 보내신다. 당신의 자녀가 진정 주께 속해 있다면, 주께서 하신 일 때문에 그들이 온전히 선하다는 것을 지속적으로 확신시켜주라.

구원받았다고 말하는 아이가 순종할 때(비록 온전히는 아닐지라도) 그 아이는 오직 예수님이 성령을 보내주셨기에 자신이 그렇게 할 수 있었음을 알고 감사할 것이다. 이런 식으로 그 아이는 자신의 순종과 불순종 모두 하나님께 감사하는 계기가 될 수 있음을 알게 된다.[6]

온전히 선한 부모가 될 수 없다면

이제 다시 놀이방으로 돌아가 보자. 오늘은 요나에 대해 배우는 대신 십계명에 대해 공부하는 중이다. 수업 중간에 하나님의 온전한 율법이 새겨진 석판과 비슷한 판을 만드는 시간이 있다(출애굽기 20장 참조). 마분지와 알루미늄 호일과 펜을 사용하여 하나님의 아름다운 율법이 담긴 판을 만드는 수업이다.

조슈아와 조던과 칼렙은 엄마의 지시에 따라 율법을 하나하나 떠올리며 그들이 순종하지 못한 일들을 이야기한 후 펜을 가지고 각각의 세 명 옆에 자신의 이름을 썼다. 그런 다음 신명기 28장과 29장에서 순종과 불순종에 따르는 축복과 저주를 찾아보았다. 그러고는 엄마가 아이들에게 이렇게 말했다.

"하나님은 율법에 대한 온전한 순종을 요구하시지만 그게 그분이 하신 일의 전부는 아니란다. 내가 아주 흥미로운 성경 구절을 읽어줄게."

죄로 죽을 수밖에 없는 옛 생활에 갇혀 있을 때 여러분은 하나님께 응답할 수 없었습니다. 그러나 하나님은 여러분을 그리스도와 함께 살리셨습니다. 생각해보십시오. 여러분은 모든 죄를 용서받고 깨끗해졌으며, 여러분에 대한 체포 영장은 취소되어 그리스도의 십자가에 못 박혔습니다.(『메시지』 성경, 골 2:13-14)

엄마는 말을 계속한다.

"십계명을 보면 확실히 우리에게 너무 많은 잘못이 있다는 것을 알 수 있어. 우리는 죄와 잘못으로 죽음에 이르게 되었단다. 우리는 선하지 않아. 하지만 방금 전에 읽어준 성경 구절에 의하면 그리스도께서 죽으실 때 우리 죄도 십자가에 못 박혔단다."

그리고 그들은 놀이방에서 나와 야외로 나가 아빠가 만들어준 나무 십자가를 하나씩 집어 들고 망치와 못을 사용해 그들이 행한 불순종의 기록을 십자가에 매달았다. 그리고 엄마가 다시 이야기를 시작했다.

"너희들이 지은 죄는 예수님을 구주로 믿을 때에만 십자가로 가려진다는 것을 알아야 해. 예수님은 너희들을 대신해서 하나님의 모든 계명에 순종하신 분이야. 성경에는 예수님이 우리의 의라고 쓰여 있지."

엄마는 고린도전서 1장 30절을 읽어주고는 이렇게 말을 이었다.

"예수님은 너희들을 속속들이 선하게 만들어주신단다. 그리고 순종하고 싶어하게 만드시지. 하지만 너희들이 계명에 관심이 없거나 아직도 자기가 계명을 지킬 수 있을 만큼 충분히 선하다고 여기고 이를 보이려 한다면 너희들은 스스로를 의지하는 거란다. 그러니 하나님의 율법과 복음을 알고 하나님께로 돌이킬 수 있도록 기도하자꾸나."

자녀를 선한 아이들로 키우는 일은 성령께서 그들에게 예수님의 선을 의지하는 믿음을 불어넣어 주시지 않으면 전적으로 불가능하다. 당신은 선한 부모가 아니기에 선한 자녀를 키울 수 없다. 선한 부모는 단 한 분이 계시며 그분은 단 한 분의 선한 아들을 두셨다. 이 아버지와 아들은 우리와 우리 자녀를 죽음에서 구원하기 위해 필요한 모든 것을 성취하셨다. 우리가 그분을 믿으면 그분은 우리를 축복하신다.

이는 내 사랑하는 아들이요 내 기뻐하는 자라(마 3:17)

자녀에게 이 은혜를 전하라. 그들이 진정 누구이고 무엇을 해야 하는지 말해주고, 주님의 선하심을 맛보아 알도록 하라. 그리고 동일한 은혜를 당신 자신에게도 베풀라.

3. 우리가 할 수 있는 일이 아니다

율법은 "이것을 하라"고 하지만 그것은 결코 이루어지지 않는다.
반면 은혜는 "이것을 믿으라"고 말하며, 이미 모든 것이 이루어졌다. 마르틴 루터[1]

우리 가족은 일 년에 몇 차례씩 디즈니랜드에 간다. 가족끼리 종종 들뜨고 행복한 마음으로 놀이 기구를 타고 즐거운 시간을 보내는 것이다. 그런데 이 놀이 기구 중 가장 무서운 것은 높이가 45미터에 달하는 '미키의 재미있는 대관람차'다. 이 대관람차는 처음에 탈 때는 다른 대부분의 대관람차들처럼 지상에서 곤돌라에 오르게 되어 있지만(그 사이에도 꼭대기에 있는 사람들은 끊임없이 비명을 질러댄다.) 점점 위로 올라가면서 진짜 '재미'가 시작된다. 사실 이 미키의 재미있는 대관람차는 놀이 기구 안의 놀이 기구이다. 곤돌라가 위로 올라가면서 안쪽의 곡선을 따라 미끄러지기 때문에 대관람차가 회전을 하면 마치 45미터 아래의 보도로 곤두박질치는 듯한 느낌을 받는다. 그리고 물론 우리에게는 늘 곤돌라를 있는 힘껏 흔들어대는 아이들이 있다.

롤러코스터도 타보고 공포의 탑도 타보았지만 정말이지 미키의 재미있는 대관람차만큼 무서운 놀이 기구도 없었다. 우리는 그 이유가 곤돌라가 어디로 향하는지 알 수 없고 또 그 안에 매달릴만한 물건이 아무 것도 없기 때문이라고 결론지었다. 거기엔 안전벨트도 없고 변변한 보호 장구도 없다. 오직 45미터 상공에서 알 수 없는 패턴으로 미끄러지는 곤돌라가 있을 뿐이다.

이제까지 우리는 미키의 재미있는 대관람차와도 같은 자녀교육 패러다임을 제시했다. 어쩌면 그만큼 재미있지는 않았을지도 모르지만. 지금쯤 당신은 조금 혼란스러울 것이다. 우리가 복음을 지나치게 강조했다고 생각할 수도 있고 자녀교육과 관련하여 앞으로 어떻게 해야 할지 몰라 어리둥절해하고 있을 수도 있다

'좋아, 도표나 스티커 따위는 버리기로 하자. 하지만 그 다음엔 어떻게 하지? 달리 좋은 방법이 있어야 할 텐데!'

이해한다. 우리도 당신과 함께 공중에서 위태롭게 흔들리는 곤돌라 안에 있기에. 자녀의 성공이 전적으로 우리에게 달렸다는 착각에서 벗어나고 싶다고 생각하는 동안에도 손에서는 진땀이 난다. 당신처럼 우리도 목표 달성을 위한 수단의 율법에 의존하는 데 익숙하다. 여기 우리가 몹시 편안해하는 공식이 있다. 바로 '자녀교육 방식이 훌륭하면 훌륭한 자녀를 배출한다' 라는 공식이다. 참으로 쉬우면서도 위안이 되는 공식이 아닌가? 물론 우리의 자녀교육 방식이 충분히 훌륭한가에 대한 의문은 늘 있지만 그럼에도 우리는 율법을 굳게 신봉한다.

율법을 놓아버리면 길을 잃은 듯하고 버림받은 듯하기 때문이다. 물론 우리는 율법을 좋아하지 않지만 은혜는 두렵게 느껴진다. 마치 위태

롭게 흔들리는 곤돌라 안에 있거나 믿음을 향해 자유낙하를 하기라도 하는 것처럼. 과연 하나님이 그토록 선하시다는 것을 어떻게 믿을 것이며, 자기 자신과 스스로의 노력에 대한 믿음을 어떻게 포기할 것인가?

구원은 주께로부터 온다

우리는 당신이 안전벨트와 보호 장구를 원한다는 것을 안다. 우리 역시 그러하기 때문이다. 머리말에서 우리는 은혜로 자녀를 양육하는 것이 하나님과 자녀를 임의대로 조정하려는 또 다른 공식이 되어서는 안 된다고 말했다. 물론 당신이 자녀에게 적용할 수 있는 실제적인 방법들은 많이 있지만, 기본적으로 당신은 자녀의 구원이 은혜로 이루어진다는 것을 받아들여야 한다.

여기 하나님의 은혜가 작용하는 몇 가지 예가 있다. 나는 이 책 전체를 통해 우리의 자녀교육 방식이 얼마나 도덕주의적이었는지를 고백했다. 우리는 자녀에게 복음을 말하기 보다는 오히려 지나치게 엄격하게 굴 때가 많았다. 혹은 냉담하거나 이기적이기도 했다. 하지만 지금 나는 딸 제시카와 함께 복음에 기초한 자녀교육서를 쓰고 있다. 구원은 은혜에서 비롯한다. 부디 내가 겸양의 미덕을 발휘하는 것이라고 생각하진 말기 바란다. 결코 그런 것이 아니다. 우리의 자녀교육은 전적으로 율법에 대한 두려움에 의해 지배되어왔다. 물론 그럼에도 우리 모녀는 즐겁게 지내왔고 서로 사랑했지만, 예수님은 그 어디에서도 찾을 수 없었다.

게다가 내 어린 시절은 이상적인 유년기와는 거리가 멀었다. 우리 어머니는 나와 오빠를 사랑하셨지만 혼자 생계를 해결해야 하는 처지였다. 생활비를 위해 어머니가 두 군데의 직장에서 일을 하실 때도 있었기 때문에 나와 오빠는 스스로 알아서 커야 했다. 우리가 십대 때 어머니는 뼈에 이상이 생기셨고, 우리에게 할애할 시간이 더욱 줄어들었다. 우리는 가정예배를 드린 적도 없고 식사할 때 감사 기도를 드린 적도 없었다. 할머니가 교회에 데려다주지 않는 한, 교회에 가기도 힘들었다. 어머니는 일로 바쁘셔서 학교 행사에는 거의 참여하시지 못했다. 나는 자라면서 점차 분노에 가득 찬, 이기적이고 뻔뻔한 비그리스도인이 되어갔다.

그렇지만 하나님은 나를 구원하셨다. 하나님은 심장병을 사용해 나로 하여금 그분이 얼마나 위대한 분이며 내가 그분을 얼마나 필요로 하는지를 알게 하셨다. 하나님은 내 마음을 변화시키셨고 그분을 사랑하게 만드셨다. 또 내가 어린 시절에 겪은 그 모든 힘든 일들을 사용하셔서 내가 하나님의 은혜에 감사할 수 있는 사람이 되게 하셨다. 하나님은 나와 남편 필에게 친절을 베푸셔서 우리에게 사랑스러운 그리스도인 자녀까지 허락하셨다.

물론 그렇다고 해서 부모로서의 책임을 경시하고 하나님이 자녀를 구원해주시리라 믿기만 해도 된다는 뜻은 아니다. 그렇게 사는 것은 불신앙이고 불순종이며, 자녀와 주님을 사랑하는 것에 실패했음을 의미한다. 우리는 늘 순종하려고 애쓰며 자녀를 사랑하고 돌보는 데 최선을 다해야 한다. 하지만 그것은 스스로의 능력이 아니라, 자녀의 마음을 변화시켜주시는 주님의 능력에 대한 믿음에 기초해야 한다. 하나님께 순종하는 신실한 부모가 되는 것은 우리의 일이지만, 우리 자녀에게 믿음을 허락하시는 것은 하나님의 일이다. 자녀를 사랑하고 또 그들을 기뻐할 자유가, 우리의 노력 때문이 아니라 불완전한 그 노력에도 불구하고 하나님이 우리 자녀를 구원해주신다는 것을 아는 데서 비롯한다. 구원은 주께로부터 온다.

어쩌면 당신은 또 이렇게 생각할지도 모르겠다.

'그게 사실이라면 자녀교육을 위해 이렇게 애쓸 이유는 뭐지? 하나님이 주관하셔서 나의 노력과 상관없이 내 아이들을 구원해주신다면 내가 왜 아이들 교육을 위해 머리를 쥐어짜야 하나? 아이들을 보모에게 맡기고 여행이나 다니면 안 될까?'

이해한다. 신실한 자녀교육과 그릇된 자녀교육 모두를 우리 자녀가 하나님께 더 가까워지게 하기 위한 수단으로 사용하시는 하나님의 주권에 맞닥뜨릴 때, 우리는 자녀교육에서 손을 떼고 싶은 마음이 강해진다. 우리는 자기 힘으로 일하는 데 긍지를 느끼며, 일을 해서 합당한 임금을 받기를 원한다. 따라서 그 임금을 약속받지 못한다면 일을 그만두어야 한다고 생각한다. 그러나 이러한 생각은 잘못된 것이다. 하나님과의 관계는 주종 관계도 아니고 고용주와 고용인의 관계도 아니다. 하나님과의 관계는 사랑하는 아버지와 그의 사랑을 받는 소중한 자녀의 관계이다.

우리는 임금을 받으려고 일하는 게 아니다. 하나님의 축복을 받으려고 일하는 게 아니다. 우리는 이미 하나님의 축복을 받았기에 일한다(롬 4:4-8). 우리는 하나님을 향한 사랑과, 하나님이 우리를 위해 하신 모든 일 때문에 일한다. 하나님이 일하라고 명하셨기에 일한다. 또한 하나님이 우리의 자녀교육을 위한 노력을 그들이 하나님께 더 가까워지게 하기 위한 수단으로 사용하시기에 일한다. 그러나 우리가 하는 일이 궁극적으로 자녀를 변화시킨다는 생각에서 일하는 것은 옳지 않다. 우리가 한 일은 사람의 마음을 변화시킬 만큼 선하지도 강력하지도 않다.

그렇다면 자녀교육을 위한 노력이 하나님의 은혜에 대한 믿음에서 비롯된 것인지, 아니면 스스로에 대한 믿음에서 비롯된 것인지 어떻게 아는가? 하나님에 대한 의무감에서 일하는 것인지, 감사하는 마음에서 하나님을 섬기는 것인지 어떻게 알 수 있는가? 이를 알 수 있는 한 가지 방법은 자녀가 순종하지 않을 때의 당신의 반응을 살펴보는 것이다. 당신이 자녀교육을 위해 갖은 애를 썼음에도 그들이 반응하지 않을 때, 몹시 화가 나거나 좌절한다면 당신은 (적어도 부분적으로는) 잘못된 이유에서 일하는 것이다. 혹은 반대로 자녀가 말을 잘 듣고 착하게 굴 때 우쭐해진다면, 자신의 동기를 의심해보아야 한다. 우쭐한 마음과 좌절감은 둘 다 자기 의존적인 마음에서 자라나기 때문이다.

모든 게 다 당신 책임은 아니다

많은 부모들이 자녀교육을 힘들고 지루한 노동으로 여긴다. 그러나 당신만 불안하고 피로할 거라고 여긴다면 이 점을 생각해보기 바란다. 미국의 대표적인 가정사역단체인 "포커스 온 더 패밀리(Focus on the Family)"의 조사에 의하면 어머니들이 가장 많이 하는 말은 "자녀교육에 실패한 것 같다."라고 한다.[2]

물론 자녀교육은 힘든 일이다. 하지만 이것이 이 책에서 다루고자 하는 주제는 아니다. 이 책에서 우리가 관심을 갖는 부분은 자녀의 구원과 행복을 위해 스스로 모든 짐을 짊어진 부모들이다. 우리는 자기 자신과 자녀의 영혼을 비롯한, 그 누구의 영혼에 대해서도 궁극적인 책임을 질 수 없다. 오직 선한 목자이신 하나님만이 한 영혼을 책임질 수 있을 만큼 강하시다. 영혼을 책임지는 것은 하나님의 몫이지 우리의 몫이 아닌 것이다. 비록 이런 종류의 헌신적인 자녀교육이 경건하게 보일지는 몰라도 그것은 행위로 말미암은 의와 우상숭배에 지나지 않는다.

행위로 말미암은 의

행위로 말미암은 의는 파괴적이고 왜곡된 순종이다. 순종은 하나님을 향한 사랑과 그분의 은혜로운 계획과 능력을 믿음에서 비롯되지만, 행위로 말미암은 의는 불신앙에서 비롯된다. 그것은 스스로의 능력에 대한 믿음이자 자신이 결과를 조정하고자 하는 마음이다. 행위로 말미암은 의는 '주님, 오늘 지은 죄를 용서해주세요. 제 모든 잘못에도 불구하고 저를 사랑해주시니 감사합니다.' 라는 회개보다는 '내일 두 배로 노력해서 갚아드릴게요.' 라는 회개를 낳는다. 자녀교육에 있어서 행위로 말미암은 의는 우리를 겁이 많으면서도 또 엄격한 부모로 만든다. 스스로의 잘못에 주목할 때에는 이런 두려움에 휩싸인다.

'오늘 아이들에게 큰 실수를 저질렀어. 애들이 잘못되면 어쩌지?'

반면 자녀가 잘못을 했을 때에는 지나치게 엄격해진다.

"방금 전에 말했잖니. 벌써 50번은 족히 말했을 거야. 내 말을 한 귀로 듣고 한 귀로 흘리는 거니? 투덜대지 말고 내가 말하는 그대로 하렴. 알겠니?"

이런 두 가지 반응이 분노와 좌절과 회개의 악순환 속에서 어떤 상승작용을 일으킬지는 불을 보듯 훤한 일이다.

행위로 말미암은 의는 우리에게 위로가 되어주는 은혜의 달콤함을 없앤다. 은혜를 베푸시는 오직 한 분, 하나님으로부터 우리를 끊어내기 때문이다. 행위로 말미암은 의는 우리를 하나님으로부터 분리시킨다. 하나님은 "나 곧 나는 여호와라 나 외에 구원자가 없느니라"(사 43:11, 참고로 45:21도 보라.)고 말씀하신다. 우리는 자녀의 구원자가 아니며 구원자가 될 수도 없다. 오직 하나님만이 그들을 구원하실 수 있다. 이 점을 잊을 때 우리의 자녀교육은 두려움과 엄격함과 피로로 점철될 것이다.

반면에 하나님의 은혜 안에서 쉼을 누릴 때 우리는 하나님이 주시는 위로를 경험한다. 하나님은 "우리에게 모든 것을 후히 주사 누리게 하시는"(딤전 6:17) 분으로서 경배받기를 기뻐하신다. 그분은 우리가 죄 사함을 받고 하나님과의 관계가 안전하다는 것을 알고 평안을 얻기를 바라신다. 우리는 하나님의 은혜 안에서 휴식을 취하고 나서야, 자녀에게도 은혜를 베풀 힘이 생긴다. 그리고 자녀의 구원자가 되어야 한다는 책임감으로부터 자유로워질 때 자녀교육의 짐이 쉽고 가볍다는 것을 알게 된다.

> 수고하고 무거운 짐 진 자들아 다 내게로 오라 내가 너희를 쉬게 하리라 나는 마음이 온유하고 겸손하니 나의 멍에를 메고 내게 배우라 그리하면 너희 마음이 쉼을 얻으리니 이는 내 멍에는 쉽고 내 짐은 가벼움이라 하시니라(마 11:28-30)

우상숭배

간단히 말해서 우상숭배란 하나님 이외의 다른 신을 예배하고 섬기는 것이다. 우리는 누구나 우상숭배의 문제로 고민한다. 그런데 마음이 우상을 만들어낸다는 말도 있지 않은가.

착하고 순종적인 아이들을 최고로 여기는 마음이 그 자체로 잘못된 것이거나 우상숭배적인 것은 아니다. 그러나 우리의 삶 전체가 이것을 중심으로 돌아가거나, 이것을 너무도 원해서 죄를 짓는다면 그것은 우상숭배가 된다. 자녀가 착한 아이들로 자라기를 간절히 바란 나머지 분노에 사로잡혔다가, 어떨 때는 우쭐해지고, 또 어떨 때는 시무룩해지기를 반복한다면 그 소원이 곧 우리가 섬기는 신이 되어버린다.

하나님은 우리에게 자녀를 훈련시키라고 명하셨다. 그러나 그 훈련이 하나님보다 더 중요한 것이 되지 않도록 주의해야 한다. 하나님이 아들을 기꺼이 제물로 바치려고 한 아브라함을 칭찬하셨음을 기억하라(창 22:15). 예수님도 다음과 같은 충격적인 말씀으로 동일한 진리를 말씀하시지 않았던가.

> 무릇 내게 오는 자가 자기 부모와 처자와 형제와 자매와 더욱이 자기 목숨까지 미워하지 아니하면 능히 내 제자가 되지 못하고(눅 14:26)

우상숭배는 시간이 갈수록 강도가 더 세진다. 오늘 자녀의 순종이 만족스러울지라도 다음 날이 되면 부족하게 여겨지는 것이다. 나는 신실한 자녀를 둔 부모들과 상담을 한 적이 있는데, 이들은 자녀가 그들의 기대를 충족시키지 못하는 것을 불만스러워했다. 만약 당신이 왜 그토록 자녀의 '선'이 부족하다고 느끼는지 의아한 생각이 든 적이 있다면 그 질문에 대한 답은 우상숭배에 있을 것이다. 성공적인 자녀교육이란 부모가 여러 번 말하지 않아도 자녀가 미소 띤 얼굴로 단번에 순종하는 것이란 말을 들어본 적이 있을 것이다. 다른 모든 형태의 우상숭배와 마찬가지로 부모들은 어떤 정해진 의식을 행하고 바라던 결과를 기대한다. '자녀교육 방식이 훌륭하면 훌륭한 자녀를 배출한다'고 생각하는 것 말이다. 그러다가 자녀가 우리의 기대를 충족시키기를 거부하면 망연자실해한다.

'모든 것을 제대로 하려고 내가 그토록 애를 썼는데 이게 대체 어떻게 된 거지?'

우상숭배는 매우 심각한 불신앙의 한 증상이다. 우리는 불신앙 때문에 자녀의 성공이나 우리의 자녀교육 방식을 최우선으로 신격화한다. 하나님이 자녀의 영혼을 맡겨도 될 만큼 선하시고, 우리에게 궁극적인 만족과 행복을 아신다고 믿지 않기 때문이다. 우리는 우리가 자녀의 인격 형성에 중대한 영향을 미칠 수 있다고 생각하며, 하나님의 사랑과 신실하심을 과소평가한다. 그리하여 다양한 방법으로 우리가 원하는 결과를 얻으려 한다. 또한 우리의 '의'로 하나님이 무엇이든 우리가 원하는 대로 해주시리라고 무의식적으로 바란다. 우상숭배는 다른 모든 죄가 그런 것처럼 영혼을 황폐하게 한다. 그것은 마음의 평화와 에너지의 원천인 기쁨, 그리고 하나님의 은혜가 주는 위로로부터 우리를 멀어지게 한다.

우리를 돌아보게 하는 하나님의 은혜

웨슬리가 다섯 살 무렵의 일이다. 제시카는 웨슬리를 데리고 공원에 갔다가 같은 교회에 다니는 캐서린을 만났다. 캐서린은 교회에 나온 지 얼마 안 되는 초신자였다. 엄마들이 대개 그렇듯 두 사람은 육아에 관한 대화를 나눴다. 화제가 훈육으로 이어지자 제시카는 사랑에 기초한 일관된 훈육이 얼마나 중요한지를 성경적으로 설명하려고 애썼다. 그녀는 그러한 훈육이 어린 웨슬리의 삶에 얼마나 큰 유익이 되었는지에 대해 열정적으로 이야기했다.

그러나 제시카의 열정이 무색해지게도, 집에 돌아갈 때가 되자 웨슬리는 집에 가기 싫다고 고집을 부리기 시작했다. 급기야는 주차장 바닥에 누워 떼를 써댔다. 제시카는 쥐구멍이라도 있으면 들어가고 싶은 심정이었다. 방금 전에 캐서린 앞에서 훈육의 유익에 대해 한 말들이 다시 그녀의 면전으로 날아드는 듯했다.

제시카는 행위로 말미암은 의와 씨름했다. 그녀는 두렵기도 하고 화가 나기도 했다. 그리고 캐서린이 자신의 자녀교육 방식을 높이 평가해 주기를 바라는 마음이 몰아쳤다. 제시카는 '이제 캐서린이 나를 어떻게 생각하겠어? 우리 아들에 대해서는 또 어떻고?' 하는 생각에 온통 사로잡혔다. 그리고는 변명을 늘어놓기 시작했다.

"보통 때는 저러지 않는데 오늘은 왜 저러는지 모르겠네요."

웨슬리를 차에 태울 때쯤엔 부모로서 실패했다는 생각에 착잡해지기까지 했다.

'성경에서 하라는 대로 했는데 하나님은 왜 나를 도와주시거나 아이

를 변화시켜주시지 않는 거지? 육아에 대한 이야기는 이제 다시는 입에 올리지 않겠어!'

만약 그때 제시카가 은혜에 입각한 자녀교육을 떠올렸다면 달리 반응했을 것이다. 하늘 아버지의 성품을 잘 아는 만큼, 예기치 못한 일을 통해 하나님이 그녀에게 다시 한 번 복음의 영광과 은혜의 아름다움을 보여주시려는 것임을 알아차렸을 것이다. 오직 예수 그리스도만이 영혼을 변화시킨다는 사실을 떠올렸을 것이다. 웨슬리가 바닥을 구르며 떼를 쓰는 것을 보고 그녀 자신의 마음을 그려볼 수 있었을 것이다. 웨슬리의 반항적인 마음이 그녀의 마음과 같다는 것을 상기시켜주시는 하나님의 다음과 같은 말씀을 들었을 것이다.

이게 너란다. 이게 내 은혜에서 벗어나 있을 때의 네 마음이지. 너도 웨슬리와 다르지 않아. 이번 일은 너를 향한 나의 선을 기뻐할 또 한 번의 기회일 뿐이란다. 네가 지금 얼마나 화가 나 있으며 얼마나 나를 필요로 하는지 알고 있니? 너는 좋은 인상을 주고 싶은 친구 앞에서 웨슬리가 이런 식으로 행동하는 게 창피하겠지만, 내 아들은 너를 형제라고 부르기를 부끄러워하지 않는단다(히 2:11). 너는 네 평판을 중요하게 생각하지. 캐서린과의 우정이 네 행복에 영향을 미친다고 생각하니까 말이야. 하지만 행복의 근원이 나라는 것은 잊고 있구나. 웨슬리는 너 역시 얼마나 구원자를 필요로 하는지를 보여주었어. 너는 웨슬리와 마찬가지야. 둘 다 죄인이고 둘 다 내 사랑하는 자녀이지. 둘 중 누구도 내 사랑을 받을 자격은 없지만 나는 너희들을 사랑한단다.

그제야 제시카는 우상숭배와 행위로 말미암은 의와 불신앙에서 벗어나 웨슬리에게 이렇게 말할 수 있을 것이다.

애야, 엄마는 너를 사랑하니까 나무라는 거야. 너는 스스로를 다스릴 줄 알아야 해. 네 마음대로 되지 않는다고 누워서 떼를 쓰면 안 되지. 네가 집에 가기 싫어하는 것은 이해해, 웨슬리. 하지만 네가 알아야 할 게 두 가지 있단다. 첫째, 너는 위험한 행동을 했어. 하나님은 내게 널 안전하게 보살피라 말씀하셨지. 그런데 아까처럼 차가 다니는 주차장 바닥에 누우면 너무 위험하단다. 둘째, 원하는 것을 얻지 못했다고 울거나 소리를 지르면 안 돼. 네가 순종하지 않고 불평을 늘어놓으면 하나님께 죄를 짓는 거고 엄마인 내게도 죄를 짓는 거란다. 네가 공원에 더 있고 싶어하는 것은 이해해. 원하는 것을 얻지 못했을 때 참기가 얼마나 어려운지도 알고. 그래서 우리에게 예수님이 필요한 거란다. 예수님이 가고 싶지 않은 곳에 가야 했을 때 어떻게 하셨는지 아니? 예수님은 하나님께서 원하시는 대로 하겠다고 말씀드렸어. 우리를 위해 그렇게 하신 거지. 예수님이 가고 싶어하지 않은 곳은 바로 십자가였단다. 십자가가 고통스러우리라는 것을 아셨으니까. 그렇지만 우리를 사랑하셨기 때문에 하기 싫은 일을 하신 거야. 하지만 오늘 꾸지람을 들을 사람은 너뿐만이 아니란다. 오늘 하나님은 나를 꾸짖으심으로써 나를 향한 그분의 사랑을 보여주셨어. 하나님은 내 안에 있는 교만과 분노를 보여주셨지. 꾸지람을 들으면 속이 상하지만, 나는 하나님이 이 일을 사용하셔서 우리가 그분을 더욱 사랑하게 만드실 것이라고 믿어.

하나님의 주권을 향한 믿음

우리는 당신이 은혜의 위로를 앗아가는 불신앙과 행위로 말미암은 의로부터 해방되기를 바란다. 그 가운데 자녀를 양육할 수 있게 되기를 바란다. 그리고 당신을 위하여 목숨을 버리신 하나님의 아들을 믿는 믿음 안에서 살아가기를 바란다(갈 2:20).

그렇다. 우리는 신실해야 하고 부지런해야 한다. 그러나 설령 그렇다고 해도 우리가 경건한 자녀를 두게 되리라는 보장은 없다. 다시 한 번 말한다. 우리가 최선을 다한다고 해서 훌륭한 자녀를 두게 되리라는 약속은 성경 그 어디에도 나와 있지 않다.

사실 생각해보면 성경에서 경건한 부모가 경건한 자녀를 둔 예는 거의 찾아볼 수 없다. 주님을 잘 섬긴 것으로 알려진 구약의 인물들에 대해 생각해보자. 아브라함은 경건한 가정에서 자라지 못했다. 사실 그의 아버지는 우상숭배자였다. 요셉의 아버지는 요셉의 어머니가 다른 자녀의 어머니보다 아름다웠기 때문에 요셉을 더 사랑하고 다른 자녀에게 소홀했다. 모세는 태양신을 섬기는, 결혼도 안 한 여인의 손에서 자랐다. 다윗의 아버지는 다윗을 대수롭지 않게 여긴 탓에 사무엘이 이스라엘의 치기 왕을 찾으러 왔을 때 다윗은 안중에도 없었다. 다니엘의 부모는 우상숭배자로, 바벨론 유수 때 하나님의 심판을 받았다.

반면에 극악무도한 부모에게서 태어나 신실하게 주님을 섬긴 자녀의 예도 있다. 히스기야 왕이 좋은 예다. 그의 아버지는 유다의 가장 악독한 왕 중 하나인 아하스였지만, 히스기야는 하나님을 충실히 섬겼다. 그러나 또 히스기야의 아들 므낫세는 성경에 "유다와 예루살렘 주민이

므낫세의 꾀임을 받고 악을 행한 것이 여호와께서 이스라엘 자손 앞에서 멸하신 모든 나라보다 더욱 심하였더라"(대하 33:9)라고 쓰여 있을 정도로 악했다. 므낫세에게는 아몬이라고 하는 악한 아들이 있었지만 아몬은 요시야라고 하는 의로운 아들을 두었다.

여기 우리에게 주는 메시지가 있다. 아버지가 의롭다고 해서 반드시 그 자녀도 의로운 것은 아니며 아버지가 악하다고 해서 반드시 그 자녀도 악한 것은 아니라는 것이다. 사실 하나님은 원수의 자녀를 구원하시는 것을 기뻐하시는 듯하다.

디모데의 경우는 어떨까? 그는 성경을 가르친 어머니와 외조모가 있었다(딤후 1:5; 3:15). 그렇지만 어머니의 믿음을 따르지 못하게 한 아버지도 있었다. 디모데의 아버지는 성경을 읽고 복음을 전하는 헌신되고 의로운 사람이 아니었다. 심지어 신자도 아니었으며, 디모데의 어머니가 아들에게 믿음의 유산을 물려주는 것을 금했다. 그리하여 하나님은 디모데에게 아버지를 대신할 바울을 보내주셨다. 아버지의 불신앙에도 불구하고 디모데를 구원하신 것이다.

바울에게 디모데는 아들과 같은 존재가 됨으로써 하나님의 지고하신 뜻을 이루었으며, 바울은 디모데에게 아버지가 되어줌으로써 하나님의 뜻을 이루었다. 믿지 않는 남편을 둔 어머니들은 이 사실에 위안을 받고 남편의 불신앙으로 인해 자녀에게 천국 문이 닫히리라는 불안에서 벗어나야 한다.

초대 교회의 어느 누구도 복음 중심적인 가정에서 자라지 않았다는 것을 기억한다면, 우리의 수고와 노력으로 자녀의 영혼을 구원할 수 있다는 환상에 빠질 수 없을 것이다. 영유아 살해가 일반화되어 있고 아이들을 소유물쯤으로 치부하는 고린도와 에베소, 로마의 문화를 공부하다 보면 초대 교회가 명맥을 유지한 것만도 신기할 정도이다. 예루살렘의 그 누구도 자녀에게 메시아에 대한 믿음을 심어줄 수 있을 만큼 성공적인 자녀교육의 비결을 알지 못했지만 그럼에도 불구하고 교회가 세워졌다. 하나님은 못하실 일이 없으며 무슨 계획이든지 못 이루실 것이 없기 때문이다(욥 42:2). 그분은 구원자이시다.

성경에는 신실한 자녀교육이 성공한다는 약속이 없다. 사실 '탕자의 비유'(눅 15)로 불리는 이야기에서 예수님은 잃어버린 두 아들을 잃은 선한 아버지를 묘사하셨다.(한 아들은 부도덕에 잃어버렸고 다른 아들은 도덕에 잃어버렸다.) 물론 이 이야기에서 아버지는 하나님을 가리킨다. 선한 부모(그런 부모가 있다면 말이지만) 밑에서 선한 자녀가 나온다고 말한다면 하나님은 선한 아버지가 아님에 틀림없다. 예수께서도 3년간의 공생애 기간 동안 열두 제자에게 삶을 내어주셨으나 결과는 어땠는가? 한 제자는 예수님을 배반하고 파멸의 나락으로 떨어졌고, 다른 한 제자는 예수님을 부인했으나 궁극적으로는 구원을 받았다. 유다와 베드로는 왜 그리스도가 가장 힘들 때 그분에게 힘이 되어드리지 못했는가? 예수께서 그들을 제대로 가르치지 못해서인가, 아니면 이 일과 관련하여 하나님이 계획하신 바가 따로 있었기 때문인가?

잠언 22장 6절 말씀은?

당신은 아마 이렇게 생각할 것이다.

'좋아, 하지만 잠언 22장 6절 말씀(마땅히 행할 길을 아이에게 가르치라 그리하면 늙어도 그것을 떠나지 아니하리라)은 어쩌고? 이 말씀대로라면 우리가 자녀를 옳은 길로 인도할 때 그 아이가 우리의 가르침에서 떠나지 않아야 하는 게 아닌가?'

이 구절을 이해하려면 먼저 잠언이 어떤 종류의 글인지를 이해해야 한다. 잠언은 조건부의 약속이 아니라 금언이나 경구들로 이루어져 있다. 그 글들은 대체로 하나님이 세상을 운영하시는 방식을 묘사하고 있다. 그러나 이러한 금언들이 늘 옳지만은 않다는 것을 보여주는 예가 많이 있다. "손을 게으르게 놀리는 자는 가난하게 되고 손이 부지런한 자는 부하게 되느니라"라는 10장 4절 말씀이 한 예다. 열심히 일하면 부자가 되는 게 일반적이지만 늘 그런 것만은 아니기 때문이다. 인도에는 수고로이 일하면서도 다음 끼니를 걱정해야 하는 농민들이 무수히 많다. 이런 예를 덕행 있는 여자에 관한 잠언에서도 찾아볼 수 있다. 성경은 그 여인에 대해 "그의 자식들은 일어나 감사하며 그의 남편은 칭찬"(잠 31:28)한다고 말하지만 자식들과 남편에게 무시당하는 경건하고 덕행 있는 여인들이 얼마나 많은가? 수천 명? 수백만 명?

잠언은 조건부 약속이 아니라 금언이다. 이러한 유형의 글을 이해하지 못하고 그 내용을 곧이곧대로 받아들인다면 욥의 친구들과 같은 결론에 이르게 될 뿐이다. 그들은 하나님의 축복을 받기 위해서는 가서 옳은 일을 행하기만 하면 된다고 생각했으며, 반면에 어떤 사람에게 하나님의 축복이 임하지 않는다면 그것은 그가 하나님이 원치 않으시는 일을 했기 때문이라고 믿었다. 그들은 우리가 신실하게 순종할 때 하나님은 늘 우리가 원하는 대로 해주시리라고 여겼다. 그러나 그것은 잘못된 생각이었다(욥 42:7-8).

때로 하나님이 지혜로운 부모에게 경건한 자녀를 주시는 것은 사실이지만 늘 그런 것은 아니다. 하나님은 우리 자녀를 그분께 더 가까워지게 하기 위한 수단으로 우리의 자녀교육을 사용하신다. 하지만 때에 따라 다른 수단을 사용하시는 까닭에 어떤 때는 아이들의 반항과 무관심을 사용하셔서 우리로서는 생각지도 못한 하나님의 뜻을 이루기도 하신다. 우리가 할 수 있는 그 어떤 일도 우리를 향한 하나님의 축복에 머리카락 한 올 만큼의 영향도 끼치지 못한다.

믿음의 길

하나님은 왜 우리가 자녀교육을 잘하면 자녀가 잘 자라리라는 약속을 주시지 않았을까? 우리 스스로 자녀를 구원할 능력이 있다고 믿는다면 자녀교육에 더 힘을 쏟지 않을까? 그 답은 단연코 '아니다' 이다. 우리에게 그런 약속 혹은 명령이 주어졌다면 우리는 자녀교육에 열심을 내지 않을 것이다. 우리에게는 명령에 순응하지 않는 습성이 있기 때문이다. 참된 순종은 약속이 깃든 명령에서 비롯되지 않는다. 신명기 28-29장에 나오는 이스라엘 민족의 반응이 그 증거다.

하나님은 우리의 순종을 보시고 우리 자녀를 구원하겠다는 식의 약속은 하지 않으셨다. 하나님은 우리가 스스로에게 의존하는 것을 원치 않으시기 때문이다. 우리가 어떤 특정한 방식으로 자녀를 양육하면 그들을 구원해주시겠다는 약속은 하나님의 성품에 위배된다. 이는 그리스도와 그리스도의 은혜와 자비 이외의 다른 어떤 것을 믿으라고 말씀하시는 것이나 마찬가지이기 때문이다. 하나님은 결코 그렇게 하지 않으신다. 주님의 방식은 늘 그분의 선과 자비와 사랑을 믿는 믿음의 방식이다. 우리의 믿음은 주님을 향한 것이어야지 우리를 향한 것이 되어서는 안 된다.

그러나 여기 우리에게 희망을 주는 사실이 있다. 바로 시간이 시작되기도 전에 아버지 하나님이 우리 한 사람 한 사람을 보셨다는 것이다. 하나님은 우리를 보셨을 뿐만 아니라 우리를 '아셨다'. 이는 우리가 존재하기도 전에 우리에 대한 모든 것을 상세히 파악하고 계셨다는 뜻이다. 하나님은 우리가 그분과의 관계를 누릴 수 있게 하셨다. 우리를 자녀로 삼아주신 것이다.

그러나 우리 안에서 어떤 선한 면을 보셨기 때문에 그리하신 것은 아니다. 사실 우리 모두는 자랑할 게 아무것도 없으며, 하나님은 순전히 은혜로 우리를 택하셨다. 그분은 사랑스럽지 않은 자들을 사랑하시기를 좋아하시기 때문이다. 하나님은 그분이 지닌 위대한 사랑으로 인해 우리의 경배를 받으시기에 합당하다. 이는 우리가 모든 신뢰를 그분께 드린다는 뜻이다. 이것이 믿음이다.

당신은 스스로의 구원을 위해 당신 자신이 아니라 하나님을 의뢰하는 것처럼 자녀의 구원을 위해서도 당신이 아니라 하나님을 의뢰할 수 있을 것이다. 하나님이 우리를 사랑하시고 모든 것을 주관하시며 하나님의 계획이 다른 어떤 계획보다 뛰어나다고 믿는 은혜를 스스로에게 베풀라. 그리고 자녀에게도 은혜를 베풀라. 은혜로 자녀를 양육한다는 것은 또 다른 일련의 규칙들을 따라야 한다는 뜻이 아니다. 은혜로 하는 자녀교육은 당신이 그 안에서 기뻐해야 할 이야기이다. 그 이야기를 아이들과 나누라. 아이들에게 구원자를 보여주라. 예수님을 보여주라.

예수님의 사랑에 압도되게 하라.

우리가 해야 할 단 한 가지

그리스도의 사역 초기 사람들이 찾아와 성공적인 삶의 공식을 물었다.
"우리가 어떻게 하여야 하나님의 일을 하오리이까?"
예수께서 대답하셨다.
"하나님께서 보내신 이를 믿는 것이 하나님의 일이니라(요 6:28-29)."
사람들은 해야 할 일의 목록을 원했다. 그들이 마음속으로 하는 말이 들리지 않는가?

'무엇을 할지 말씀만 하십시오. 그 일을 하겠습니다. 우리는 그 일을 할 수 있고 또 정말로 하고 싶습니다. 그러니 해야 할 일의 목록을 알려주세요. 그러면 열심히 할 것입니다.'

주께서 사람들에게 또다시 율법을 베푸실 기회가 생긴 것이다. 그러나 주님은 사람들이 어떻게 나올지 알고 계셨다. 수천 년에 걸쳐 율법에 대한 사람들의 반응을 보아 오셨기 때문이다. 주님은 사람들의 마음을 아셨다(요 2:25). 사람들에게 필요한 것은 더 많은 율법이 아니었다. 그들에게 필요한 것은 믿음이었다.

당신은 하나님의 일을 하고 싶은가? 그렇다면 믿으라. 당신이 자녀교육에 실패하든 어쩌든, 하나님은 당신의 자녀를 구원하실 만큼 강하시다는 것을 믿으라. 당신이 '은혜로 하는 자녀교육'을 이해하든 이해하지 못하든지 하나님은 자녀 모두를 사랑하신다는 것을 믿으라. 그리고 그렇게 하실 적절한 때와 탁월한 방법을 알 만큼 현명하시다는 것을 믿으라. 당신이 할 일은 단순히 믿는 것이다. 주 예수를 믿으라. 그리하면 당신과 가정이 구원을 받을 것이다.(행 16:31. 참고로 롬 9:30-32; 10:3-4도 보라.) 이 장의 서두에 소개한 마르틴 루터의 말을 빌리자면 이렇다. "율법은 '이것을 하라'고 말하지만 그것은 결코 이루어지지 않는다. 반면 은혜는 '이것을 믿으라'고 말하며, 이미 모든 것이 이루어졌다." 모든 것이 이미 이루어졌다. 믿어지는가? 믿고자 하는가?

자녀교육의 초기에는 정말로 미키의 재미있는 대관람차를 탄 것 같이 두려울 것이다. 자녀에게 "하나님의 일"을 하게 하기 위한 방법과 관련한 모든 율법을 땅에 내려놓으라. 오직 하나님에 대한 믿음을 가지고 곤돌라에 오르라. 율법이라고 하는 튼튼한 보호 장구는 안전을 보장해주는 듯이 보이지만 결국에는 거추장스러워서 벗어버리고 싶을 것이다. 율법은 한동안은 자녀가 곤돌라를 있는 힘껏 흔들어대지 못하게 하는 데 도움이 되겠지만 결국에는 자녀에게도 거추장스러워질 것이다. 율법은 자녀를 구원하지 못한다. 단단하게 조여진 안전벨트와 보호 장구는 안전감을 주겠지만, 그러나 놀라운 사실은 당신이 곤돌라의 방향을 조절하는 것은 불가능하며 전적으로 하나님의 자비에 맡겨져 있다는 것이다.

스스로 통제할 수 없는 상황이 두려운가? 그 이유는? 그러나 성경은 우리가 하나님의 자비에 맡겨졌을 때 안식과 축복을 누릴 수 있다고 가르치고 있지 않은가? 하나님의 자비로운 품 속으로 떨어지는 것은 진정 좋은 일이 아니겠는가?

우리는 하나님이 우리 가족을 위해 어떤 계획을 가지고 계시는지 알지 못한다. 하지만 한 가지 분명한 것은 율법이 별 도움이 되지 못한다는 것이다. 율법은 우리가 미래를 열어가는 데 크게 도움이 되지 않는다. 그것은 우리 자녀의 마음을 변화시킬 만큼 강력하지 않다. 율법은 하나님의 축복을 이끌어내지도 못한다. 우리는 율법을 지키려 들지 않을 것이고, 설령 지키려고 노력한다 해도 그것이 우리를 하나님의 축복으로 인도하지는 못하기 때문이다. 하나님은 우리의 노력이 무엇으로 이루어져야 하는지 말씀해주셨다. 그것은 바로 믿음이다. 예수 그리스도께서 이미 하신 일에 대한 믿음. 아버지 하나님은 우리가 그의 사랑하시는 아들 안에서 기뻐하고 오직 그분 안에서 쉼을 누리기를 원하신다.

물론 자녀에게 율법 대신 은혜를 베푸는 것은 두려운 일이다. 그러나 율법이 안전하다는 느낌은 잘못된 것이며, 우리를 지탱하고 변화시키기에 부족함이 없는 것은 오직 은혜뿐이다. 은혜는 우리의 모든 노력과 연약함보다 강하고, 우리가 아들을 영화롭게 하려고 하시는 하나님 앞에 겸손하게 무릎 꿇을 때 온전해진다(고후 12:9).

구원은 주께로부터 온다. 주님은 구원자이시다. 구원의 방주에 올라타라. 그 안에는 믿음 이외의 다른 보호 장구가 없다. 당신을 사랑하시는 하늘 아버지께서 모든 것을 돌봐주실 것이다. 믿음을 가지라.

4. 어린 탕자와 어린 바리새인

사람은 불법 혹은 준법 모두에 중독될 수 있다.
그 둘 다 법을 주신 하나님과의 관계를 깨뜨린다는 점에서
신학적으로 이 두 가지는 아무 차이가 없다. 게르하르트 O. 포데[1]

여름 방학, 동네 아이들은 따사로운 햇볕 아래 온종일 풀장에서 물놀이를 하며 보낸다. 그중에는 수잔과 데이비드도 끼어 있다.

엄마는 아이들을 지켜보며 일광욕을 즐길 작정이다. 그런데 실망스럽게도 게임 분위기가 험악해진다. 엄마는 속으로 혀를 차며 생각한다.

'또 시작이군! 도대체 하루도 싸우지 않는 날이 없으니 원!'

"나 그만할래!"

데이비드가 물에서 나오면서 소리를 지른다.

"데이비드, 이 사기꾼 녀석아!"

수잔이 화가 나서 말을 받는다. 이것은 시작에 불과하다. 엄마는 화가 끓어오르는 것을 느끼며 재빨리 기도한다.

'하나님, 이것이 당신께서 제게 은혜로 다가오시는 것이라고 믿을 수

있게 도와주세요. 아이들 싸움에 관여하지 않고 혼자 있고 싶은 마음을 이길 수 있게 도와주세요. 이 일을 통해 한층 더 성숙해질 수 있게 도와주세요.'

엄마는 수잔과 데이비드를 불러서 두 아이를 안아준다. 두 아이는 엄마가 무슨 말을 하려는지 알기에 얼굴이 딱딱하게 굳는다.

수잔보다 두 살 어린 데이비드는 놀이를 할 때 누나를 이기려고 곧잘 속임수를 쓴다. 데이비드는 자기가 더 어리기 때문에 이기려면 속임수를 써도 괜찮다고 합리화하는 규칙 위반자이다. 게임을 할 때마다 자신이 번번이 진다는 것은 불공평하다는 것이 그 아이의 생각이다.

"데이비드, 속임수를 쓰고 싶어하는 네 마음은 이해해. 이기고 싶으니까 그렇겠지. 하지만 비록 놀이라고 해도 규칙을 어기는 것은 잘못된 거야. 놀이에서 속임수를 쓰는 것은 별일 아닌 것처럼 보일 수도 있어. 하지만 예수님은 규칙 위반자들 때문에 고통 속에 돌아가셨단다."

"알아요, 엄마. 잘못했어요."

데이비드는 곧바로 그가 마법의 주문처럼 여기는 말을 했지만 엄마에게는 잘못했다는 그의 말이 마치 이제 그만 나무라고 물속으로 돌려보내달라는 말처럼 들린다.

이제 엄마의 시선은 규칙 엄수자인 수잔에게로 향한다. 엄마가 동생에게 소리 지르는 게 잘한 일이냐고 묻자 수잔의 눈동자가 딱딱해진다.

수잔은 부루퉁해서 아니라고 대답한다. 그러나 곧 자신을 정당화하려 말을 쏟아낸다.

"하지만 데이비드는 늘 속임수를 쓰는걸요! 그리고 우리가 규칙을 지키라고 말하면 늘 그만두겠다고 하고요!"

그게 사실이라는 것은 엄마도 안다. 데이비드는 이기려고 곧잘 속임수를 써왔고, 수잔은 별로 힘을 들이지 않고도 이길 수 있기 때문에 속임수를 쓰는 일이 거의 없다. 늘 비슷한 싸움이 반복되는 게 지긋지긋해진 엄마는 또다시 하나님의 은혜를 구하는 기도를 드린다. '주님, 제게 지혜를 주셔서 이 순간 무슨 말을 해야 할지 알게 해주세요. 제가 불신앙과 행위로 말미암은 의와 우상숭배에 빠지지 않게 도와주세요. 당신께서 여기 계신 것을 알게 해주세요.'

"수잔." 엄마가 말을 시작한다.

"네 말이 맞아. 데이비드는 규칙을 지켜야 해. 그리고 우리는 데이비드에게 규칙을 지킬 것을 다시 알려주어야 하고."

'그다음에 뭐라고 말해야 하지? 뭔가가 빠졌는데? 오, 주님. 도와주세요.'

그때 또다시 복음이 은혜의 물결에 실려왔다.

"그래, 수잔. 데이비드는 게임 규칙을 지켜야 해. 하지만 규칙이 가장 중요한 것은 아니란다. 규칙보다 더 중요한 게 있어. 바로 사랑이야. 사랑은 율법보다 중요하단다."

수잔의 얼굴에 혼란스러운 빛이 떠올랐다. 비록 아홉 살밖에 안 되었지만 수잔은 규칙과 율법의 준수가 매우 중요하다는 것을 잘 알고 있었기 때문이다. 수잔은 규칙이 우리를 올바른 길로 인도한다는 것을 알고 있었고 또 올바른 사람이 된 듯한 기분에 휩싸이는 것을 좋아했다.

"사랑이 율법보다 얼마나 더 중요한지 아니?"

수잔은 고개를 저었다. 규칙을 지키고 올바른 행동을 하는 것보다 더 중요한 것이 대체 뭐란 말인가?

"수잔, 사랑의 법이라고 하는 것에 대해 이야기해줄게."

"사랑의 법이라구요?"

처음으로 수잔의 얼굴 표정과 목소리가 온화해졌다. 엄마는 성령께서 수잔의 마음속에 역사하시기를 바라며 말했다.

"그래, 사랑의 법은 그리스도께서 너를 대신해서 온전히 지키신 법이란다. 조금 더 자세히 말해볼게. 우리는 누구나 자기가 하고 싶은 일이 걸려 있는 한, 조금씩 규칙을 어기게 되지. 데이비드는 속임수를 씀으로써 규칙을 어겼고 너는 동생에게 소리를 지름으로써 규칙을 어겼어. 나는 평화롭고 조용한 오후를 원함으로써 규칙을 어겼고 말이야. 우리는 모두들 규칙을 싫어하는 규칙 위반자들이야. 그러나 예수님은 우리에게 규칙을 어긴 대가를 치르게 하는 대신 사랑을 베푸셨지. 그분이 어떻게 우리를 사랑하셨는지 아니?"

수잔은 이 질문에 대한 답을 알고 있었다.

"우리 죄를 대신해서 돌아가셨어요."

"맞아, 바로 그렇단다. 예수님은 우리가 지은 죄 때문에 대신 벌을 받으셨어. 우리에게 율법보다 중요한 무언가를 보여주시려고 말이야. 그게 뭔지 아니? 그건 사랑으로 표현되는 믿음이란다. 갈라디아서 5장 6절(『메시지』 성경)에 보면 이렇게 쓰여 있지."

> 그리스도 안에서는 종교적인 의무를 성실히 이행하는지 여부는 중요하지 않습니다. 중요한 것은 …… 사랑으로 표현되는 믿음입니다.

"하나님 앞에서는 율법을 지키든 지키지 않든 그런 것은 중요하지 않

아. 중요한 것은 예수님이 우리를 위해 죽으셨다는 것을 믿고 하나님과 서로에 대한 사랑 안에서 생각하고 행동하는 것이지. 그러니까 수잔, 예수님이 네 죄를 대신해서 죽으셨다는 것을 진정으로 믿는다면 너 역시 규칙을 어기는 동생을 사랑할 수 있을 거야. 어쨌든 너도 동생과 다를 바 없는 죄인이니까. 만약 동생을 사랑할 수 없다면 사랑의 주님께서 너를 대신하여 사랑의 법을 지키셨음을 기억하렴. 그 사실을 진정으로 믿으면 '착한' 사람이 되고픈 네 바람이 선하신 하나님의 아들 안에서 이루어질 거야. 그리고 그렇게 되면 그리스도의 사랑과 같은 사랑으로 동생을 사랑하는 게 놀이 규칙을 지키는 것보다 더 중요하다는 것을 알게 될 테고."

엄마는 애정과 이해가 담긴 시선으로 두 아이를 쳐다보았다. 두 아이의 표정은 부드럽게 변해 있었다. 복음을 이해한 것이다.

"자, 방금 전에 한 이야기를 너희들이 이해할 수 있도록 도와달라고 성령님께 도움을 청하자꾸나. 그런 다음 너희가 서로에게 화낸 것을 진심으로 뉘우친다면 서로 상대방과 주님께 용서를 구하도록 해. 기도가 끝나면 잠시 대화를 나눌 수 있도록 시간을 줄 테니까."

어느 가정에나, 그리고 심지어 한 사람의 마음속에도 수잔이나 데이비드 같은 아이가 산다. 개중에는 자신이 규칙을 잘 지킨다고 믿는 사람도 있고 규칙보다는 놀이에서 이기거나 즐기는 데 더 관심이 있는 사람도 있다. 우리 안에는 수잔의 모습도 있고 데이비드의 모습도 있으며, 둘 중 누구의 모습이 나타날지는 그날그날의 상황에 따라 달라진다. 우리는 게임에서 이기고 싶어하는가? 도덕적으로 우월한 위치에 있다고 말하고 싶어하는가? 우리 안의 수잔과 데이비드여, 환영한다.

반항심과 자기 의를 주장하고 싶어하는 마음을 변화시킬 만큼 강력한 것은 오직 은혜뿐이다. 율법은 수잔이나 데이비드의 마음을 변화시키지 못하고 오히려 그들을 교만과 좌절 속에 허우적대게 할 뿐이다.

따뜻하게 맞아주는 아버지 이야기

우리 대부분은 예수께서 누가복음 15장 11-32절을 통해 들려주신 이야기에 익숙하다. 이 이야기는 흔히 '탕자의 비유'로 알려져 있지만 보다 적절한 제목은 '따뜻하게 맞아주는 아버지'쯤이 될 것이다. 왜 '따뜻하게 맞아주는 아버지'인가? 이 이야기가 주는 놀라운 교훈은 선한 아버지가 겉으로는 판이하지만 속으로는 다를 바가 전혀 없는 두 명의 악한 아들을 기쁘게 맞이한다는 것이기 때문이다.

한 아들은 자기가 더 어리다는 데 넌더리를 내고 그리하여 자신의 존재를 입증하려 애쓰며 규칙을 대수롭지 않게 생각한다는 점에서 데이비드를 닮았다. 그는 착한 아들처럼 구는 형의 그늘에서 벗어나려고 자기 몫의 재산을 받아 집을 떠났다. 그러고는 점차 사회적 지위가 낮아져서 마침내 돼지치기로까지 전락했다. 바닥까지 내려간 그는 외로움과 굶주림에 지쳤으며, 그런 고통스러운 상황에서 벗어나기를 간절히 바랐다. 데이비드 같은 자녀는 부모의 마음을 아프게 한다.

다른 아들은 수잔과 비슷하다. 그는 스스로를 올바른 사람으로 여기기를 좋아하고 규칙을 지키는 것을 자랑스럽게 생각했다. 그리고 이제 동생이 집을 떠났기 때문에 '가장 착한 아들'이 되기 위한 싸움에서 이긴 즐거움을 만끽하고 있었다. 그는 마침내 아버지의 축복을 독차지하게 되었다고 느꼈다.

당신의 자녀교육 방식이 도덕주의적이라면 데이비드 같은 자녀는 당신의 마음을 아프게 할 것이고 수잔 같은 자녀는 당신을 기쁘게 할 것이다. 두 아이의 비참한 상태가 드러나는 것은 오직 은혜로 양육할 때뿐이다. 당신을 힘들게 하는 아이와 기쁘게 하는 아이 둘 다 '따뜻하게 맞아주는 아버지' 이야기에 담긴, 보다 깊은 진실(사랑이 율법을 이긴다고 하는)을 알아야 한다.

따라서 비록 두 아들이 중심축을 이루기는 하지만 위 이야기의 주인공은 그들이 아니다. 주인공은 수잔 같은 아이와 데이비드 같은 아이 둘 다를 따뜻하게 품어주는 아버지이다. 그 아버지의 마음을 그리스도는 이렇게 묘사한다.

> 아직도 거리가 먼데 아버지가 그를 보고 측은히 여겨 달려가 목을 안고 입을 맞추니(눅 15:20)

아버지는 절망에 빠진 야위고 냄새나는 아들을 따스하게 안아주었다. 아버지가 가장 먼저 한 일은 가정 내에서의 아들의 지위를 회복시켜준 것이었다. 그는 아들에게 옷과 가락지를 내주고 잔치를 베풀었다.

세상의 수많은 수잔들은 집을 나가 떠돌아다니는 동생이 돌아오기를 바라지 않는다. 그들은 밖에 나가 열심히 일한다. 그리고 아버지가 집에 돌아온 동생을 위해 잔치를 베푸는 것에 대해 분개한다. 그러나 그러한 그의 교만에 아버지는 어떻게 반응하는가?

그가 노하여 들어가고자 하지 아니하거늘 아버지가 나와서 권한대 (눅 15:28)

그러나 아버지는 그런 그를 다시 포용한다.

아버지가 이르되 얘 너는 항상 나와 함께 있으니 내 것이 다 네 것이로되(눅 15:31)

두 아들은 그런 대접을 받을 자격이 없지만 아버지는 두 아들 모두를 따뜻하게 맞아준다. 아버지에게는 자애로운 사랑이라고 하는 보다 높고 위대한 법이 있기 때문이다. '나쁜' 아이이든 '착한' 아이이든 아이들은 누구나 다음과 같은 아버지의 호소에 귀 기울여야 한다.
"나는 늘 너희들을 맞을 준비가 되어 있으며, 내 것이 곧 네 것이다. 와서 나의 관대함과 너그러움을 기뻐하라."

내가 선하므로 네가 악하게 보느냐

또 다른 비유의 말미에서 예수님은 불만이 가득한 포도원 일꾼들을 묘사한 후(마 20:1-16) 다음과 같은 통렬한 질문을 던지신다.

내 것을 가지고 내 뜻대로 할 것이 아니냐 내가 선하므로 네가 악하게 보느냐(마 20:15)

우리 중에 하나님의 관용과 자비에 분개할 사람은 아무도 없을 것이다. 안 그런가? 우리의 구원을 생각할 때 우리 마음은 하나님에 대한 감사로 가득하다. 우리는 믿음 안에서 오직 은혜로 구원받았음을 안다.

그러나 은혜에 대한 이 감사의 마음이 자녀교육에까지 이어지는가? 혹시 자녀교육에 있어서 하나님이 우리의 규칙에 따라 행하신다고 생각하고 있지는 않은가? 하나님이 옳고 그름에 대한 우리의 생각과 일치하는 방식으로 선물을 베푸셔야 한다고 믿고 있지는 않은가? 이 잘못된 생각 때문에 우리는 '자녀교육 방식이 훌륭하면 훌륭한 자녀를 배출한다'고 마음 편히 생각해버리는 것인지도 모른다. 그리고 자녀에게 '착하게 굴면 하나님이 미소를 보내신다'고 가르치는 것이다.

이것이 포도원 비유에 등장하는 불만 가득한 일꾼들이 저지른 실수이다. 그들은 일한 만큼 임금을 받아야 한다고 생각했다. 그런데 주인이 그들의 기대를 저버리자 시샘과 분노에 휩싸인 것이다. 물론 문제는 하나님이 우리의 요구에 따라 무엇이든 척척 만들어내는 도깨비방망이가 아니라는 것이다. 그리고 감사하게도 율법이 전부인 것도 아니다. 율법 이상의 무언가, 율법을 넘어서는 무언가가 있다. 후히 베풀기를 기뻐하시는 하나님의 은혜가 그것이다.

복음은 죄인을 위한 것이다.

자녀에게 어떻게 하나님의 사랑을 기뻐하는 것을 가르칠 것인가? 우리는 자녀가 규칙을 지키도록 가르쳐야 한다. 그것은 분명하다. 그러나 죄인들에게조차 자비를 베풀기를 기뻐하시는 하나님의 성품처럼 우리의 상식을 초월한 것에 대해서는 어떻게 가르칠 것인가?

먼저 우리에게도 두 아들 중 하나처럼 살고 싶어하는 성향이 있음을 알고 이를 고백해야 한다. 데이비드 같은 자녀에게는 당신도 규칙을 어기고 늘 이를 정당화해왔음을 고백하라. 수잔 같은 자녀에게는 당신도 규칙에 의존하고 우월감을 느끼곤 했음을 고백하라.

당신이 얼마나 교만하고 불순종했는지를 구체적으로 이야기해주면 복음은 죄인들을 위한 것이라는 점을 자녀가 이해하는 데 도움이 될 것이다. 복음은 열심히 일하는 것을 자랑으로 여기는 사람들에게는 기쁜 소식이 아니라 화나는 소식이다. 그렇지만 복음이 죄인들을 위한 것이 아니라고 생각한 탓에 일찌감치 믿음을 포기한 데이비드 같은 사람들에게는 기쁜 소식이다.

죄에 대한 있는 그대로의 일관되고 구체적인 고백은 자녀로 하여금 부모 역시 자기들과 마찬가지로 죄의 문제와 씨름하고 있음을 이해하게 하는 데 도움이 된다. 이는 특히 탕자의 비유에 나오는 형 같이 꽤나 성공적인 인물이 집안에 있을 때 중요한 역할을 한다. 데이비드에게는 그와 수잔, 엄마와 아빠 모두가 비참한 상태에 있으며 구원이 필요하다는 것을 가르치는 게 매우 중요하다. "왜 수잔처럼 하지 못하는 거야?" 같은 말은 복음의 메시지를 가로막는다. 그런 말은 데이비드에게 수잔은 그렇지 않은데 자신은 처음부터 잘못되었다는 생각을 불어넣기 때문이다. 그런 말은 하나님께 칭찬받고자 하는 그의 소망을 파괴하고 좌절과 불신앙을 낳는다.

하나님은 기꺼이 지저분하고 냄새나며 헐벗고 굶주린 데이비드 같은 사람들을 돌보는 데 커다란 즐거움을 느끼신다. 그들은 자신의 비참한 상태를 통감하는 만큼 구원자의 필요성을 쉬이 납득한다. 그들은 보통 사람들에 비해 더 혼란스럽고 극적인 삶이지만 대신에 더욱 진실하며 하나님께 크게 쓰임 받는다. 자신이 많이 용서받았음을 알기 때문이다.

수잔 역시 데이비드처럼, 아니 데이비드 이상으로 당신이 죄와 씨름해온 이야기를 들을 필요가 있다. 수잔 같은 자녀는 대개 부모를 기쁘게 해주려 하고 부모의 기쁨이 하나님의 기쁨과 같을 것이라고 생각한다. 그들에게 절실히 필요한 것은 부모 역시 죄인이라는 사실을 깨닫는 것이다. 부모가 교만한 생각이나 다른 사람들에 대한 비판, 시기, 이기적인 욕심 등을 구체적으로 고백하면, 수잔이 자기에게도 그와 비슷한 면이 있음을 알아차리는 데 도움이 된다. 하지만 '착하다'는 칭찬은 수잔의 마음속에 교만이라고 하는 독소를 주입하게 된다. 그러한 칭찬은 수잔이 그렇게 나쁜 사람이 아니라고 말해주게 될 것이고, 그리하여 수잔은 자신이 그리스도인이라 하면서도 구원자의 필요성을 느끼지 못할 것이다. 수잔이 들어야 할 말은 무엇인가? 그것은 바로 자신의 가치를 입증하고자 하는 마음이 신앙에 가장 큰 걸림돌이 된다는 말이다.

물론 자녀에게 죄를 고백할 때에는 지혜롭게 해야 한다. 우리가 자녀를 아주 많이 사랑하지는 않는다거나 그들이 태어나지 않았으면 좋았을 것이라는 식의 고백은 삼가야 한다. 이런 말은 자녀가 그들의 죄를 시인하고 우리를 신뢰하게 하는 데 방해가 된다.

또한 우리가 고백하는 죄에 대해서도 신중해야 한다. 우리의 죄 중에는 아이들이 이해하지 못하는 것도 있고, 어른들만의 개인적인 문제도 있다. 죄의 고백과 관련한 바람직한 지침은 아이들이 알게 되었거나, 그들에게 개인적으로 영향을 미치는 죄에 대해서만 고백하는 게 적절하다는 것이다. 만약 당신이 일광욕을 하는 시간을 방해받아서 화가 났다면 이를 자녀에게 고백하고 용서와 기도를 청하라. 당신이 누군가에 대해 비하하거나 험담하는 것을 자녀가 들었을 때에도 마찬가지이다.

대부분의 부모는 자녀에게 화가 난 것을 고백할 만큼은 자녀교육에 대해 알고 있다. 그러나 우리는 자신의 교만과 자기 의에 대해 정기적으로 고백하는가? "네가 그런 짓을 하다니 믿기지가 않는구나." 같은 말이나 차가운 태도 뒤에는 다음과 같은 말이 따라야 한다.

"내가 너와 다를 바 없다는 사실을 잊었던 것을 용서하렴. 우리는 둘 다 죄를 지었어. 내가 방금 전처럼 말했을 때 나는 자기 의에 빠져 예수님이 내 죄를 대신하여 돌아가셨다는 사실을 잊고 있었어. 내가 한 말은 확실히 잘못된 것이었어. 게다가 복음의 진리에도 위배되는 것이었지. 나를 용서하고 기도해주렴. 내가 이제껏 지은 모든 죄들을 떠올리고 주님의 은혜에 감사할 수 있도록 말이야."

모든 죄인을 부르셨다

아래의 성경 구절에는 수산 깊은 사람과 데이비드 같은 사람이 함께 나온다. 예수님은 그들을 어떻게 대하시는가?

예수께서 마태의 집에서 앉아 음식을 잡수실 때에 많은 세리와 죄인들이 와서 예수와 그의 제자들과 함께 앉았더니 바리새인들이 보고 그의 제자들에게 이르되 어찌하여 너희 선생은 세리와 죄인들과 함께 잡수시느냐 예수께서 들으시고 이르시되 건강한 자에게는 의사가 쓸 데 없고 병든 자에게라야 쓸 데 있느니라 너희는 가서 내가 긍휼을 원하고 제사를 원하지 아니하노라 하신 뜻이 무엇인지 배우라 나는 의인을 부르러 온 것이 아니요 죄인을 부르러 왔노라 하시니라(마 9:10-13)

예수께서는 우리가 사는 세상의 질서를 뒤집어 놓으셨다. 그분은 겉보기에 의로운 사람들을 칭찬하는 대신 부끄럽게 하셨다. 바리새인들은 자신들이 선하고 율법을 준수한다는 점을 자랑으로 여겼지만 하나님의 성품과 의도에 대해서는 완전히 잘못 이해하고 있었다. 이러한 무지가 그들의 마음을 강퍅하게 하여 하나님에 대한 사랑을 없애고 이웃의 필요에 눈멀게 했다. 그들은 구원의 필요성을 깨닫지 못하고 하나님의 심판의 날을 알지 못했다(눅 19:44). 오직 자신이 죄인임을 아는 사람들만이 하나님의 자비를 알게 된다. 수잔과 데이비드는 그들이 죄인이라는 것과 스스로를 해결할 수 없는 이들에게 자비를 베푸는 구원자가 계시다는 것을 알아야 한다.

오늘 자녀에게 죄와 자비에 대해 말해주는 은혜를 베풀라. 수잔에게 하나님의 사랑을 받으려 자신이 무언가를 해야 한다는 생각에서 벗어나, 그저 하나님의 품에서 사랑과 쉼을 누릴 수 있다고 말해주라. 데이비드에게 비록 그가 이런저런 잘못을 저지르고 그로 인해 힘들어했지만 그와 같은 사람이야말로 예수님이 함께하기 원하시는 사람이라고 말해주라. 그들이 예수님의 사랑에 감동하게 하라.

부모들은 하루에도 몇 번씩 게으른 탕자가 되었다가 요구 사항이 많은 바리새인이 되곤 한다. 우리는 게으르고 냉담해서 아이들이 싸울 때 그냥 잠시 놀이를 중단시키거나 아니면 아이들끼리 알아서 문제를 해결하기를 바란다. '어차피 아이들은 들으려 하지 않을 텐데, 도대체 우리는 언제 쉰단 말인가?' 하는 생각이 들기도 한다. 하지만 또 한편으로는 하나님의 법을 받아들여서 그것을 끊임없이 아이들 머리 위에 던져주는 규칙 엄수자가 되기도 한다. 그리하여 다음과 같이 말하게 되는 것이다.

"하나님은 우리에게 늘 정직하고 속임수를 써서는 안 된다고 말씀하셨어. 네가 그런 죄를 짓다니 믿어지지 않는구나. 속임수를 쓰는 것은 거짓말을 하는 거나 마찬가지고 거짓말쟁이는 지옥에 떨어진다는 것을 모른단 말이냐?"

"수잔, 너는 늘 동생한테 못되게 구는구나. 에베소서 4장에 나오는 친절에 관한 성구를 암송하는 게 좋겠어. 가서 그 구절을 외운 뒤 진정으로 미안한 마음이 들거든 내게 말하렴. 그리고 당장 동생한테 가서 사과하는 거야."

참으로 놀라운 것은 예수 그리스도는 규칙 위반자나 규칙 엄수자 모두 사랑하신다는 것이다. 그리고 그분의 온전한 순종으로 인해 규칙 위반자나 규칙 엄수자 모두 하나님의 '사랑하는 자녀'라 불리게 되었다. 하나님을 믿는 규칙 위반자가 죄를 지었을 때 그는 하늘을 우러러 "예수님이 저의 의입니다."라고 말할 수 있고, 하나님을 믿는 규칙 엄수사가 자기 의에 사로잡혀 있었음을 깨달았을 때 그 역시 하늘을 우러러 "예수님이 저의 의입니다."라고 말할 수 있다.

어린아이들이 내게 오는 것을 금하지 말라

우리가 가장 좋아하는 노래는 이것이다.

예수 사랑하심은 거룩하신 말일세.
우리들은 약하나 예수 권세 많도다.2)

우리는 약하지만 우리를 향한 예수님의 사랑은 강하다는 사실이 얼마나 큰 위안이 되는가. 여기 예수님의 이 사랑을 엿볼 수 있는 귀한 메시지가 있다.

사람들이 예수께서 만져 주심을 바라고 어린 아이들을 데리고 오매 제자들이 꾸짖거늘 예수께서 보시고 노하시어 이르시되 어린 아이들이 내게 오는 것을 용납하고 금하지 말라 하나님의 나라가 이런 자의 것이니라 내가 진실로 너희에게 이르노니 누구든지 하나님의 나라를 어린 아이와 같이 받들지 않는 자는 결단코 그 곳에 들어가지 못하리라 하시고 그 어린 아이들을 안고 그들 위에 안수하시고 축복하시니라(막 10:13-16)

위의 장면이 상상이 되는가? 야심과 자기 의에 가득 찬 제자들은 생각한다.

'어린아이들? 어린아이들을 데리고 온 여자들? 오, 안 돼. 어린아이들은 하나님의 우주적인 계획에 감히 들어가지 못해. 그들은 하나님과 좋은 관계를 유지하는 법에 대해 우리만큼 잘 알지도 못해. 그들이 하나

님의 품에 안기다니, 말도 안 돼!'

제자들은 천국행 시험에 합격하지 못했다. 종교 지도자들처럼, 탕자의 비유에 나오는 형처럼, 수잔처럼, 그리고 우리 대부분처럼. 제자들은 중요 인물이 되고 성장하고 책임 있는 위치에 올라서고 선한 행동을 하는 것이 하나님에게 다가가는 방법이라고 여겼다. 그러나 그것은 잘못된 생각이었다. 예수님이 두 팔을 벌려 어린아이들을 안아주셨을 때 제자들이 얼마나 놀랐을지 상상이 가는가? 예수님은 어린아이들의 말에 귀를 기울이셨다. 그분은 어린아이들을 꼭 안으시고 따뜻한 미소로 그들의 이야기를 들으시면서 그들의 농담에 웃음을 터뜨리셨다. 어린아이들은 예수님에게 드릴 것이 없었다. 그들이 가진 것이라고는 예수님에 대한 겸손하고 소박한 사랑이 전부였다. 예수님이 그들을 사랑하셨기에 그들은 예수님을 사랑했다. 그리고 그분의 사랑은 어린아이들이 필요로 한 모든 것이었다.

어린아이들이 가까이 오지 못하게 막는 제자들에게 예수님은 화를 내셨다. 그러니 우리가 어떻게 우리 자녀가 주께 다가가는 것을 막을 수 있겠는가? 위 이야기를 토대로 두 가지 이야기를 더 살펴보면 쉽게 단서를 얻을 수 있다. 첫 번째 이야기는 기도하러 간 바리새인과 세리에 관한 이야기로, 이 이야기의 핵심은 어떤 사람들은 자신이 의롭다고 여기며 다른 사람들을 경멸하지만, 또 다른 이들은 오직 하나님의 자비를 구하며 또 그 기도가 응답된다는 것이다.

세리는 멀리 서서 감히 눈을 들어 하늘을 쳐다보지도 못하고 다만 가슴을 치며 이르되 하나님이여 불쌍히 여기소서 나는 죄인이로소이다 하였느니라 내가 너희에게 이르노니 이에 저 바리새인이 아니고 이 사람이 의롭다 하심을 받고 그의 집으로 내려갔느니라 무릇 자기를 높이는 자는 낮아지고 자기를 낮추는 자는 높아지리라 하시니라(눅 18:13-14)

종교적인 행위와 순종으로써 죄에서 벗어나게 한다고 가르칠 때, 우리는 자녀가 하나님이 주시는 기쁨을 누리지 못하게 방해하는 셈이다. 이러한 태도는 제자들이나 종교 지도자들의 태도와 다를 바 없다. 그들은 여자들과 어린아이들, 죄인들, 이방인들, 병자들, 가난한 사람들을 모두 하찮게 여겼다. 그러나 주님이 가까이하고자 하신 사람들은 바로 그런 사람들이었다. 우리가 은연중에 복음이 착한 사람들을 위한 것이라고 가르친다면, 그것은 자녀가 하나님께 다가가는 것을 막는 일이다.

두 번째 이야기는 자기 아버지의 분부를 모두 지키는 한 부유한 관리에 대한 이야기이다. 그 부유한 관리는 어릴 때부터 착하게 자라온 모범적인 젊은이로, 그는 자기 이력에 예수님의 가르침을 받은 사실을 더하고 싶어하는, 탕자의 비유에 나오는 형과 같은 인물이었다. 그는 자신이 하나님의 일을 할 수 있다고 여겼다. 그렇지만 영생에 대한 조언을 구하는 것으로 보아 자신에게 뭔가 부족하다고 느낀 듯하다. 규칙 엄수자들은 확신이 부족한데, 그 이유는 자기 마음을 잘 알기 때문이다. 부유한 관리의 마음속 깊은 곳에는 그가 온전히 순종하지 못했다는 진실이 감추어져 있었다. 그런 그가 과연 자기 의를 넘어 하나님의 자비에 이를 수 있을까?

누가복음 18장 18-27절에 그 이야기가 나온다. 부유한 관리가 예수님께 묻는다.

"선한 선생님이여 내가 무엇을 하여야 영생을 얻으리이까?"

그러자 예수께서는 "네가 어찌하여 나를 선하다 일컫느냐 하나님 한 분 외에는 선한 이가 없느니라"라고 대답하신다. 예수님은 부유한 관리의 자기 의를 지적하시며 이렇게 물으시는 것이다.

'너는 나를 선하다 일컫지만 자신이 선하지 않다는 것은 모르느냐?'

그런 다음에 주님은 십계명 중 다섯 가지 계명을 말씀하시는데, 여기에 대해 부유한 관리는 "이것은 내가 어려서부터 다 지키었나이다"(눅 18:21) 하고 대답한다. 그는 진정으로 자신이 선하다고 생각하는 것이다. 그는 다른 사람의 소유(아내나 생명, 물건)를 탐한 적이 없고 거짓말을 한 적이 없으며 늘 부모님을 공경해왔다. 얼마나 대단한 이력인가! 물론 예수님은 예배나 우상숭배나 탐욕에 관한 이야기는 일부러 빼고 부유한 관리에게 생각할 시간을 주셨다. 그다음 마지막 일격을 가하신다.

> 네게 아직도 한 가지 부족한 것이 있으니 네게 있는 것을 다 팔아 가난한 자들에게 나눠 주라 그리하면 하늘에서 네게 보화가 있으리라 그리고 와서 나를 따르라(눅 18:22)

예수님은 율법을 지켜온 그의 수십 년 세월을 1분도 채 안 되어 무너뜨리신다.

'너도 알겠지만 작은 문제가 하나 있다. 바로 네가 이웃과 하나님을 사랑하지 않는다는 것이다. 너는 너의 선함과 부유함을 사랑한다. 너는 자신이 선하다고 생각하지만 사실 너는 파산한 죄인이다.'

예수님은 부유한 관리가 내켜하지 않고, 또 할 수도 없는 일을 명하셨다. 부유한 관리로서는 재산을 포기하기가 낙타가 바늘귀를 통과하는 것보다 어려운 일이었으며, 그도 이 사실을 알고 있었다. 예수님의 충격적인 말씀에 대해 부유한 관리는 어떻게 반응했던가?

> 그 사람이 큰 부자이므로 이 말씀을 듣고 심히 근심하더라(눅 18:23)

이 이야기를 듣던 사람들은 크게 놀랐다.
'아, 이렇게 부유하고 경건한 사람이 구원받지 못한다면 과연 누가 구원받을 수 있겠는가?'
다시 말해서 그 관리보다 부와 경건이 모자란 자신들에게 어떻게 희망이 있겠느냐 하는 것이다. 누가 구원받을 수 있는가? 오직 하나님의 자비가 필요하다는 것을 아는 사람들만이 구원받을 수 있다. 예수님은 이렇게 말씀하신다.

> 무릇 사람이 할 수 없는 것을 하나님은 하실 수 있느니라(눅 18:27)

하나님에게는 불가능한 일이 없다

독자들 중에는 그동안의 자신이 엉망이었다고 느끼는 사람도 있을 것이다. 자신의 잘못을 깨달았을 수도 있고 은혜의 메시지를 놓쳤다는 생각에 마음이 불편할 수도 있다. 우리는 당신이 복음의 은혜를 맛볼 수 있기를 바란다. 부모로서 자녀의 구원을 위한 우리의 유일한 소망은, 사랑이 많으신 하나님의 자비와 우리의 대변자이신 예수 그리스도의 구속 사역에 있다. 우리가 꾸준히, 또 부끄러움 없이 스스로를 하나님의 자비에 맡길 때 우리 자녀 역시 하나님께 소망을 두게 된다.

우리는 자녀에게 이것이 "피난처를 찾은 우리에게 큰 안위를"(히 6:18) 주는 소망이라고 가르칠 것이다. 이 소망은 "영혼의 닻 같아서 튼튼하고 견고하여 휘장 안에 들어가나니 그리로 앞서 가신 예수께서 멜기세덱의 반차를 따라 영원히 대제사장이 되어 우리를 위하여 들어가"신(히 6:19-20) 바로 그 소망이다.

> 내 소망은 예수님의 의와 보혈 같은 지고한 것들에 기초해 있습니다.
> 나는 스스로의 노력으로 무언가를 이루고자 하기보다는
> 전적으로 예수님의 이름에 의지합니다.3)

우리는 스스로의 노력이나 그 노력에 따르는 대가를 믿는 대신 전적으로 예수님의 이름에 의지한다. 예수님은 선하시고 사랑이 많으시다. 그분은 전능하사 모든 것을 이루신다.

이 장을 마치면서 우리는 어린아이들이 예수님께 나아오는 것을 제사들은 막지 못했다는 위안의 메시지를 전하고자 한다. 하나님이 우리 자녀를 부르실 때 비록 우리가 제대로 알아듣지 못하거나 우리 자녀가 바리새인이나 탕자 같을지라도 하나님께는 하지 못하실 일이 없다. 하나님은 우리의 잘못된 방법들을 바로잡아주시고 우리의 모든 실수를 만회해주신다. 세상은 자녀의 성공이 우리의 성공에 달렸다고 말하지만, 그것은 우리의 실패를 축복의 수단으로 바꿔주시는 하나님의 능력을 알지 못하기 때문이다. 무릇 사람이 할 수 없는 것을 하나님은 하실

수 있다(눅 18:27).

우리 모두가 자녀를 하나님의 자비로운 품 안으로 인도하고 싶어하고 또 그렇게 하기 위해 갖은 애를 쓸 때, 예수님은 우리 한 사람 한 사람을 들어 올려 하나님의 품 안에 놓아주실 것이다. 자녀 못지않게 부모도 연약하지만 예수님은 강하시다. 자기를 믿는 사람들을 축복하고자 하시는 예수님의 뜻을 좌절시킬 수 있는 사람은 아무도 없다(엡 1:11).

PART 2

은혜에서 '진짜' 답을 찾다

은혜는 우리를 훈련시킨다
솔로몬의 지혜보다 더 큰 지혜
위대한 왕과 왕자, 그리고 당신
하늘 아버지와 대화하라
연약한 부모, 그러나 강하신 구주
은혜 안에서 안식을 누리라

Give Them Grace
Dazzling your kids with the love of Jesus

5. 은혜는 우리를 훈련시킨다

은혜는 인도하고 약속하고 교정하고 경고하는 일을 막지 않는다.
오직 잔인함만이 그러한 도움을 제공하는 것을 금한다. 브라이언 채플[1]

앞의 네 장에서 우리는 줄곧 '자녀에게 은혜를 전하라'는 한 가지 메시지를 강조해왔다. 자녀가 그리스도의 사랑과 은혜에 압도되고, 여기에 싫증이 날 때쯤 또다시 그리스도의 사랑과 은혜에 흠뻑 젖을 수 있게 해주라고 권해왔다. 그들의 메마른 영혼이 그리스도께서 필요한 모든 일을 이미 다 이루셨다는 복음의 단비에 흠뻑 젖게 하라. 예수께서 "다 이루었다"고 말씀하셨을 때 필요한 모든 일은 실제로 다 이루어졌다. 이것은 우리와 자녀가 거듭해서 들어야 할 중요한 메시지다.

우리가 이 이야기를 하는 이유는 인간의 마음이란 늘 율법에 이끌리기 마련이기 때문이다. 쇳가루가 자석에 달라붙듯 우리의 마음은 규칙을 좇는다. 우리가 실제로 규칙을 지켜서가 아니라 규칙이 삶에 질서를 부여한다고 믿기 때문이다. 규칙은 우리를 입법자의 위치에까지 끌어올리며, 우리가 피 묻은 십자가 앞에 엎드러지는 수치를 당하지 않게 해준다.

> 하나님을 기쁘게 해드리고자 하는 우리의 마음은 다른 사람들을 움직이고 그들과 비교하면서 스스로를 더 드러내려는 인간적인 성향과 결합한다. 이는 우리를 율법을 만들어내는 공장으로 만든다.[2]

'율법을 만들어내는 공장', 그렇다. 바로 그것이 우리이다. 우리는 기하급수적으로 늘어나는 규칙과 도표와 거리 곳곳에 나붙은 플래카드를 좋아한다. 그러한 것들이 삶을 질서정연하고 통제 가능하게 만들어준다고 믿기 때문이다. 문제가 발생했다고? 그렇다면 규칙을 만들라! 그런데 우리는 또 아예 규칙을 무시하며 그것이 회피해야 할 것이라 말하고 있지는 않은가? 은혜는 율법의 필요성을 감소시키는가? 우리가 자녀의 잘못된 행동은 무시한 채 오직 하나님의 사랑에 대해서만 이야기하면 되는가? 그것이 진정한 은혜인가?

은혜는 우리를 징계한다

"은혜는 인도와 약속과 교정, 경고를 막지 않는다. 오직 잔인함만이 그러한 도움을 제공하는 것을 금한다."[3]

부모는 자녀를 징계하고 가르치며, 훈련시키고 양육해야 한다. 자녀에게 훈련이 절실히 필요한데도 이를 외면하는 것은 부모가 냉담하거나 이기적이기 때문이다. 자녀를 방치하는 것은 부모가 그들을 사랑하는 데 실패했음을 의미한다. 사실 이것은 부모로서의 의무와 가족관계에 대한 전적인 부인이다.

> 징계는 다 받는 것이거늘 너희에게 없으면 사생자요 친아들이 아니니라(히 12:8)

징계는 관계를 증명하고 훈계는 사랑을 나타낸다. 은혜는 자녀를 훈련시키기를 꺼리지 않는다. 사실 은혜의 기능 중 하나는 의(義)로 훈련시키는 것이다.

> 모든 사람에게 구원을 주시는 하나님의 은혜가 나타나 우리를 양육하시되 경건하지 않은 것과 이 세상 정욕을 다 버리고 신중함과 의로움과 경건함으로 이 세상에 살고 복스러운 소망과 우리의 크신 하나님 구주 예수 그리스도의 영광이 나타나심을 기다리게 하셨으니 그가 우리를 대신하여 자신을 주심은 모든 불법에서 우리를 속량하시고 우리를 깨끗하게 하사 선한 일을 열심히 하는 자기 백성이 되게 하려 하심이리(딛 2:11-14)

위의 성구에서 바울은 은혜가 어떻게 우리를 훈련시키는지를 보여준다. 먼저 은혜는 하나님이 그리스도 안에서 우리를 위해 이미 하신 모든 것(우리를 구원하시고, 우리 죄를 대속하시고, 우리를 깨끗케 하시고, 다시 오실 것을 약속하시며 우리 마음을 변화시켜 선한 일을 열심히 하게 하신 것 등)을 상기시킴으로써 우리를 훈련시킨다. 의무 수행에 대한 요구나 징계를 통한 훈련은 이러한 복음의 맥락 안에서 이루어진다. 하나님의 크신 사랑 때문에 우리는 경건치 못한 일들과 세상적인 욕망을 거부하고 바르고 경건하며 절제된 삶을 살게 되는 것이다. 바울은 지칠 줄 모르고 우리에게 복음을 상기시키지만 그와 함께 우리의 의무 또한 강조한다. 성령은 예수님의 영광을 가르치고 우리가 거룩해지도록 훈련시키며, 은혜는 그리스도가 우리를 위해 하신 일 안에서 우리가 쉼을 누리고 경건한 삶을 살도록 훈련시킨다.

은혜를 경험했든 경험하지 못했든, 모든 부모는 자기 자녀의 주된 스승이 되는 커다란 특권과 의무를 지닌다. 아기가 태어나면 엄마는 아기에게 필요한 모든 것을 그녀가 공급해주리라고 믿도록 가르친다. 그녀는 아기에게 젖 먹는 법을 가르치고 아기가 사랑받는다고 느낄 수 있도록 포대기로 감싸준다. 아기가 커가는 동안 경건한 부모는 지속적으로 그에게 음식물을 먹이고 사랑을 베풂으로써 주님의 선하심을 맛보아 알 수 있게(시 34:8) 도와준다.

주의 양육과 훈계

자녀교육에 관한 책은 무수히 나와 있지만 신약에서 자녀교육에 관해 직접 명령을 하는 구절은 단 두 구절뿐이라는 것을 아는가? 이는 꽤나 충격적이다. 두 구절 모두 아버지들을 대상으로 한 것으로, 별도의 설명이 필요치 않을 만큼 간결하고 명확하다. 첫 번째 구절은 에베소서 6장 4절로 "아비들아 너희 자녀를 노엽게 하지 말고 오직 주의 교훈과 훈계로 양육하라"이고, 두 번째 구절은 골로새서 3장 21절의 말씀 "아비들아 너희 자녀를 노엽게 하지 말지니 낙심할까 함이라"이다.

이 두 가지 명령은 매우 기본적이고 간단해 보이지만 우리가 그 의미를 제대로 이해하지 못했을 가능성이 있다. 기독교적인 특성이 뚜렷한 교훈과 훈계를 이해하는 데 필요한 열쇠는 우리 대부분이 무심코 지나치는 '주의'라는 단어다. 에베소서 6장 4절을 다시 보자.

> 아비들아 너희 자녀를 노엽게 하지 말고 오직 주의 교훈과 훈계로 양육하라4)

바울이 '주의'라고 말할 때의 주는 보통 주 예수 그리스도를 가리킨다.5) 이 부분을 다시 생각해보자. 위의 인용구를 "아비들아 너희 자녀를 노엽게 하지 말고 오직 예수 그리스도의 교훈과 훈계로 양육하라"라고 고쳐 읽으면 기독교적 자녀교육의 고유한 특성이 더 분명해지는 듯하지 않은가? 그리스도와 그리스도가 하신 일에 대해 더욱 구체적으로 생각하게 되지 않는가? 예수님의 교훈과 훈계가 어떠했던가?

'주의'라는 말이 너무나 익숙해진 탓에 우리는 그 말을 무심코 지나치기 쉽다. 바울 당시와는 달리 그 말이 갖는 비중이 많이 약해졌기 때문이다. 바울의 동시대 사람들에게 '주의'라는 말은 기존의 패러다임을 깨뜨리는 새롭고 놀라운 표현이었다. 유대인들은 '랍비의' 교훈과 훈계에 대해 알고 있었고, 헬라인들은 '그리스 철학자들의' 교훈과 훈계가 어떤 것인지 알고 있었다. 그러나 '주의' 교훈과 훈계?, '예수님의' 교훈과 훈계? 그것은 도대체 무엇이란 말인가?

'주의' 자녀교육이 어떤 것인지에 대한 이해를 돕기 위해 바울이 "오직 주의 교훈과 훈계로 양육하라"가 아니라 "오직 율법의 교훈과 훈계로 양육하라"고 썼다고 한번 상상해보자. '율법의'라는 말은 당신의 자녀교육 방식에 어떤 영향을 미치는가?

반면에 고대 근동에서는 이교도(에베소 사람들과 골로새 사람들)의 자녀가 그리스 철학자들의 교훈과 훈계를 통해 훈련받았다. 그들은 논리학과 수사학을 배웠으며 아리스토텔레스와 소크라테스, 플라톤 같은 사람들의 가르침에 기초하여 바람직한 삶을 정의하고 그러한 삶을 살아가는 법을 배웠다. 그런데 은혜에 대한 새롭고 혁신적인 메시지는 자녀교육과 관련한 그들의 생각을 송두리째 바꿔 놓았다. 그들 역시 생각했을 것이다.

"'주의'라니, 그게 무슨 뜻이지?"

유대인도 헬라인도 자녀를 교육시키는 데 있어서 '주의' 방식을 채택하지 않았다. 그들에게는 '주의'라는 표현이 기이하게 느껴졌기 때문이다. 율법을 중시하는 사람들과 세속적인 철학에 푹 빠진 사람들로서는 자녀교육과 관련하여 복음에 담긴 함의를 깊이 생각해봐야 했을 것이다. 여기 '주의' 자녀교육이 어떤 것인지를 이해하는 데 도움이 될 만한 질문들이 있다.

■ **성육신은 당신이 자녀에게 말하는 방식에 어떤 영향을 미치는가?**

하나님이 자신을 낮추어 어린아이로 태어나신 일은 우리로 하여금 영원히 어린아이들을 멸시하지 못하게 한다. 성육신은 유대인과 헬라인에게 매우 놀라운 일이었다. 그들에게 어린아이들은 아버지 마음대로 해도 되는 소유물이나 마찬가지였기 때문이다.

■ **부활은 어떻게 도움이 되는가?**

자녀가 죄와 씨름할 때 그리스도께서 죄와 죽음을 이기셨다는 사실이 어떻게 도움이 되는가? 예수님은 부활을 통해 우리의 믿는 자녀를 포함한 모든 믿는 자들을 의로운 자들로 만들어주셨다(롬 4:24-25). 하나님은 예수님의 부활을 믿는 의로운 사람들을 결코 죄를 지은 적이 없을 뿐만 아니라, 늘 순종해온 사람들로 간주하신다. 이 사실이 당신의 자녀교육에 어떤 영향을 미치는가?

■ **자녀에게 헤어짐의 의미를 가르친 적이 있는가?**

자녀의 가장 친한 친구가 먼 곳으로 이사를 갔을 때 그가 예수님의 승천과 그 이후에 이어지는 통치의 의미를 이해하도록 도와준 적이 있는가? 친구를 잃고 상심해 있는 자녀에게 하나님이자 인간이신 예수 그리스도의 영원한 대제사장 직분은 어떤 의미로 다가오는가? 예수님이 "항상 살아계셔서 그들을 위하여 간구"(히 7:25)하시며 여러 면에서 고통 받으신다는 사실은 친구가 떠나고 혼자라고 느끼는 아이에게 큰 위안이 되어줄 것이다.

성육신과 순결한 삶, 죄의 대속과 죽으심, 육신의 부활과 승천, 주 예수 그리스도의 재림에 깃든 진리를 적용하는 법을 배우는 것이 자녀를 '주의' 교훈과 훈계로 양육한다는 것의 의미이다. 안타깝게도 이러한 자녀교육을 시도한 사람은 거의 없다. 대신 우리는 앞 세대의 부모들처럼 자녀를 우리가 좋아하는 스승이라든가 대중심리학의 전통에 따라 가르친다. 우리는 '주의' 자녀교육이 무엇을 의미하는지 알아야 한다.

에베소서에서 바울은 '교훈' 과 '훈계' 라고 하는 두 개의 서로 다른 단어를 사용한다. '교훈' 에 해당하는 헬라어 '파이데이아' 는 '양육' 이나 '교육', '훈련' 을 의미하고 '훈계' 에 해당하는 헬라어 '누데시아' 는 '주의 환기' 나 '가벼운 꾸짖음', '교정', '경고' 를 의미한다. 다시 말해서 바울은 그리스도인 부모들이 자녀를 양육하는 방식은 예수 그리스도에 대한 진리 안에서 양육하고 교정하고 훈련시키는 것이라고 말하고 있다. 바울은 날마다 자녀에게 예수님에 대한 메시지를 선포할 것과 그들이 예수님이 이미 하신 일의 관점에서 살아가기를 잊을 때 경고하거나 꾸짖을 것을 말한다. 그는 자녀교육과 관련한 모든 것을 복음의 메시지와 연결시켜야 한다고 말한다.

감독하고 양육하고 사랑하라

이제 '주의' 자녀교육에 대해 묘사한 또 다른 성경 구절 네 가지를 살펴보고자 한다. 그중 처음 두 구절은 남성 지도자의 자질 중 하나로 자녀교육에 신실할 것을 꼽는다.

먼저 디모데전서 3장 4-6절을 보면 사람이 집안을 잘 다스려 자녀가 공손히 순종하게 해야 교회 감독이 될 자격이 있다고 되어 있다.[6] 그리고 디모데전서 3장 12-13절에 의하면 집사는 자기 집안을 잘 다스리는 자여야 한다.[7] 감독과 집사(그리고 그들의 아내들)는 교회의 영적인 일들과 일상적인 일들을 돌봐야 한다. 그리고 가정은 관리, 감독의 기술을 익히는 주된 훈련장이다. 가정에서 아버지는 그의 감독하에 있는 사람들을 통해 주님의 권위에 복종하게 하는 법을 배운다.

그리스도인 부모들은 자녀를 감독하고 훈계해야 하고[8] 그리스도인 자녀는 부모의 감독과 지시에 따라야 한다. 부모로서 자녀가 그리할 수 있도록 어떻게 도울 것인가? 순종하는 마음은 자신의 연약함과 무력함을 아는 겸손에서 나온다. 또 부모의 지시와 감독에 따르고자 하는 겸손은 자신의 비참한 상태를 알고, 그럼에도 우리에게 영생을 약속하신 하나님을 더 깊이 이해하고 신뢰하는 데서 비롯한다. 오직 복음의 기쁜 소식만이 진정으로 순종하고자 하는 겸손한 마음을 낳는다.

세 번째와 네 번째 성경 구절은 구체적으로 어머니의 역할에 초점을 맞추고 있다. 이 중 첫 번째 것은 과부들 중 교회의 도움을 받을 만한 자격이 있는 이들에 대해 설명하는데, 그 자격 요건 중 하나가 "자녀를 양육"(딤전 5:10)한 적이 있어야 한다는 것이다. 자녀를 양육하는 것은 어머니의 주된 역할 중 하나이다. 어머니들은 육체적인 면과 영적인 면 모두에서 자녀에게 자양분을 공급한다. 그들은 신체적으로도 아기에게 젖을 물릴 수 있게 되어 있고 성격적으로도 보살핌이 결핍된 사람들의 필요를 채워주려 한다. 바울은 데살로니가 사람들 속에서의 선교활동을 자녀를 돌보는 것에 빗대어 이렇게 묘사했다.

> 우리는 그리스도의 사도로서 마땅히 권위를 주장할 수 있으나 도리어 너희 가운데서 유순한 자가 되어 유모가 자기 자녀를 기름과 같이 하였으니 우리가 이같이 너희를 사모하여 하나님의 복음뿐 아니라 우리의 목숨까지도 너희에게 주기를 기뻐함은 너희가 우리의 사랑하는 자 됨이라(살전 2:7-8, 참고로 사 66:13도 보라).

네 번째 성경 구절은 나이 많은 여자들이 젊은 여자들에게 자녀를 사랑하도록 "교훈"해야 함을 말하는 디도서 2장 4절이다. 어머니들에게 왜 자기 자녀를 사랑하기 위한 훈련이 필요한지 의아한 생각이 들 수도 있겠지만 우리의 이기심과 나태함을 생각해보면 이해가 가는 말이다. 젊은 여자들은 모든 애정을 자기 자신이나 친구들에게 쏟기보다는 자녀를 귀히 여기고 사랑하도록 훈련받아야 한다.

요약하자면 신약에서는 부모에게 자녀를 감독하고 그들에게 겸손과 순종을 가르치며 물리적, 영적, 정서적으로 자양분을 공급하고 그들을 깊이 사랑할 것을 간접적으로 가르친다.

구약에서의 자녀교육 메시지

지금쯤 당신은 구약에 나오는 자녀교육에 대한 성구들을 떠올리고 있을지 모르겠다. 잠시 그 구절들을 묵상하며 성경적이면서도 '주의' 자녀교육 방식이라고 여겨지는 방법들을 찾아보기로 하자.

창세기 18장 19절은 아버지의 의무를 묘사하는 첫 번째 성경 구절이다. 하나님은 그의 아들 아브라함과의 관계가 아브라함이 아니라 하나님의 선택으로(내가 …… 택하였나니) 시작되었다고 말씀하신다. 아브라함은 그를 택하신 하나님의 은혜에 대해 "자식과 권속에게 명하여 여호와의 도를 지켜 공의와 정의를 행하"게 하는 것으로 보답해야 한다. 하나님이 그의 삶 가운데 시작하신 은혜로 말미암아 아브라함은 자녀가 주의 도를 지키도록 가르쳐야 하는 것이다.

구약의 또 다른 구절들에서 주님은 부모 자식 간에 있을 법한 대화를 묘사하신다. 주님은 부모가 명절을 지키거나 율법 조항을 외우는 것을 본 자녀가 그 의미를 묻는다는 가정을 하시는데, 자녀의 이러한 질문들에 대한 답으로 우리의 의무가 아니라 하나님의 은혜에 관한 약속을 말해야 한다는 점에 유의하라. 아래에 일상적인 대화에서 활용할 수 있는 적절한 대답의 몇 가지 예를 들어보았다.

> 이 후에 너희의 자녀가 묻기를 이 예식이 무슨 뜻이냐 하거든 너희는 이르기를 이는 여호와의 유월절 제사라 여호와께서 애굽 사람에게 재앙을 내리실 때에 애굽에 있는 이스라엘 자손의 집을 넘으사 우리의 집을 구원하셨느니라 하라 하매 백성이 머리 숙여 경배하니라(출 12:26-27)

> 후일에 네 아들이 네게 묻기를 이것이 어찌 됨이냐 하거든 너는 그에게 이르기를 여호와께서 그 손의 권능으로 우리를 애굽에서 곧 종이 되었던 집에서 인도하여 내실새(출 13:14, 참고로 출 13:15-16; 신 6:20-7:1; 수 4:21-23도 보라.)

> 오직 너는 스스로 삼가며 네 마음을 힘써 지키라 그리하여 네가 눈으로 본 그 일을 잊어버리지 말라 네가 생존하는 날 동안에 그 일들이 네 마음에서 떠나지 않도록 조심하라 너는 그 일들을 네 아들들과 네 손자들에게 알게 하라(신 4:9, 참고로 신 4:10-14도 보라.)

주님은 우리를 사랑하셔서 그토록 놀라운 약속을 하셨기에 우리는 자녀에게 마음과 뜻과 힘을 다해 주님을 사랑하라고 가르쳐야 한다. 언제 그렇게 가르쳐야 하는가? 늘 그렇게 가르쳐야 한다.

네 자녀에게 부지런히 가르치며 집에 앉았을 때에든지 길을 갈 때에든지 누워 있을 때에든지 일어날 때에든지 이 말씀을 강론할 것이며 너는 또 그것을 네 손목에 매어 기호를 삼으며 네 미간에 붙여 표로 삼고 또 네 집 문설주와 바깥 문에 기록할지니라(신 6:7-8, 참고로 신 11:19-21도 보라.)

주의 힘을 후대에 전하고 주의 능력을 장래의 모든 사람에게 전하기까지 …… 하나님이여 주의 공의가 또한 지극히 높으시니이다 하나님이여 주께서 큰 일을 행하셨사오니 누가 주와 같으리이까(시 72:18-19)

우리가 이를 그들의 자손에게 숨기지 아니하고 여호와의 영예와 그의 능력과 그가 행하신 기이한 사적을 후대에 전하리로다(시 78:4)

지금쯤 분명해진 것은 구약 시대의 부모들이 순전히 율법으로만 자녀를 교훈하고 훈계하지는 않았다는 것이다. 그들은 은혜를 받았기에 자녀에게도 하나님의 은혜에 관한 약속을 이야기해주었다. 그리고 오직 은혜만이 마음을 변화시킬 수 있다. 율법은 늘 자비 다음에 오며 늘 하나님의 자녀와의 관계 안에서 주어지는 것으로, 결코 하나님의 축복을 받기 위한 수단이 아니다. 어쩌면 '주의' 자녀교육과 관련한 잠언의 역할에 대해 의아하게 여길지 모르겠다. 또한 잠언에서 명하는 체벌에 대해서도 의구심을 품고 있을 것이다. 이것은 매우 중요한 주제인 까닭에 다음에 이어지는 장에서 별도로 논의하기로 한다.

이제까지 살펴본, 자녀교육과 관련한 다섯 가지 범주는 감독과 양육, 훈련, 교정, 그리고 은혜에 대한 약속을 상기시키는 것 등이다. 이 다섯 가지 진리를 실생활에 적용함으로써 '주의' 자녀교육을 하는 방법을, 당신의 자녀가 야구 경기에서 삼진 아웃을 당하고 속상해할 때를 예로 들어 설명해보고자 한다. 표 5.1을 보라.

▶ 이 책에 포함된 워크북에서 아이들의 거짓말과 불순종, 말대꾸, 변명, 분노 등 자녀를 양육하며 너무도 일반적으로 겪게 되는 8가지 경우들에 대한 양육의 언어들도 살펴볼 수 있다. 워크북은 생명의말씀사 인터넷 서점 라이프북(www.lifebook.co.kr)에서 『자녀교육, 은혜를 만나다』를 검색하면 다운로드 받을 수 있다.

표 5.1 '주의' 자녀교육

감독	딤전 3:4-6; 12-13 갈 4:2-3	일상생활을 위한 기본적인 가르침 "삼진 아웃을 당했을 때 방망이를 내던지는 것은 잘못된 행동이야. 누군가가 다칠 수도 있으니까."
복음에 기초한 양육	시 78:4; 17-19 살전 2:6-8 딤전 5:10	자녀의 영혼에 은혜라는 자양분을 공급함 "너희 팀이 져서 속상하지? 나도 마음이 안 좋구나. 하지만 하늘이 얼마나 높은지 한번 보렴. 하나님은 저 높은 하늘만큼 너를 사랑하신단다. 하나님은 이 일을 사용하셔서 우리가 하늘을 올려다보고 그분의 사랑을 깨닫게 하시지."

복음에 기초한 훈련	엡 6:4 골 3:24	예수님이 하신 일 "예수님이 너를 위해 목숨을 버리셨기에 너도 다른 사람들을 위해 스스로를 내려놓고 좋은 경기를 펼친 동료 선수들을 축하해줄 수 있는 거란다. 물론 쉬운 일은 아닐 거야. 하지만 예수님이 너에 대한 기대를 내려놓는 것 역시 쉬운 일은 아니었단다. 그분은 지금 네가 어떤 심정인지 다 아셔. 그리고 우리가 청하기만 하면 우리에게 은혜를 베풀어주실 거야."
복음에 기초한 교정	신 4:9-14 엡 6:4 딛 2:11-14	자녀가 예수님이 하신 일을 의심하거나 잊었을 때 이를 교정해줌 "지금 너는 예수님이 너를 위해 하신 일이 전혀 중요하지 않다는 듯이 굴고 있어. 이기는 것만이 전부인 것처럼 말이야. 하지만 시합에서 이겼다고 해도 진정으로 만족하지는 못했을 거야. 하나님은 우리에게 그분의 놀라운 사랑에 기뻐할 기회를 주셨지. 너의 분노는 네게 구원자가 있다는 사실에 얼마나 감사해야 할지를 보여준단다."
복음을 통한 약속	요 3:16-18; 8:24 행 16:31 롬 3:23-24; 4:22-25; 10:9-13	자녀가 그리스도인이 아닐 때 "네가 왜 그렇게 화를 내는지 알 것 같아. 네겐 이기는 것만이 중요하기 때문이지. 너는 너에 대한 예수님의 사랑을 믿지 않으니까 말이야. 너는 평생 이기려고 애를 쓰면서도 진정한 만족은 결코 맛보지 못

할 거야. 그러다가 어느 날 하나님 앞에 서게 되면 실패한 기록밖에 안 남게 되는 거지. 삼진 아웃을 당한 건 네게 일어날 수 있는 최악의 일이 아니란다. 예수님 이외의 다른 무언가를 얻기 위해 사는 게 최악의 일이지. 하지만 오늘이라도 예수님께로 돌이킬 수 있단다."

자녀가 그리스도인일 때
"예수 그리스도가 네 죄를 대속하셨어. 네 모든 죄를 없애주셨지. 너는 새로운 정체성을 지닌 새로운 사람이 된 거야. 그리고 너의 새로운 정체성이란 실패한 야구선수가 아니라 사랑받는 자녀란다. 예수님은 너를 혼자 두지 않으실 거야. 예수님이 늘 네 말에 귀 기울이시고 네게 은혜를 베푸시고 너를 도우시리라고 확신해도 좋아. 그분은 평생 너를 붙들어주시고 그 후에는 영원히 그분과 함께할 수 있는 본향으로 데려가주실 거야. 시합에서 이기는 것도 좋지만 예수님과 함께하는 삶은 더 좋단다. 우리 둘 다 더 이상의 실수를 하지 않을 때가 오리라는 것을 기대할 수 있어서 얼마나 기쁜지 모르겠구나. 정말 근사하지 않니?"

표 5.1에서 살펴본 다섯 가지 범주를 다시 정리해보자.

감독

모든 부모에게는 자녀의 행동을 감독할 책임이 있다. 그러나 지금이 단순히 자녀를 감독하기만 해도 되는 때인지 자문해보라. 때로 어린 아이들에게는 "가서 차에 타렴."이라든가 "차도로 뛰어들면 안 돼!", "숙제 마치고 잘 준비 해야지?", "교회에서는 조용히 앉아 있어야 해." 등과 같이 해야 할 일을 명확하게 지시해줄 필요가 있다.

감독에는 1장에서 논의한 사회적 순종과 시민의 순종, 종교적 순종이라고 하는 범주 안에서 자녀를 훈련시키는 것이 포함된다. 가족 구성원 전원의 일과가 적혀 있는 스케줄 표가 집안을 다스리는 데 도움이 될 수도 있다. 그러나 규칙에 순응하는 것을 진정한 기독교적 의로 혼동하지 않도록 주의하는 것이 필요하다. 감독은 외적인 행동을 다스리려는 노력에 지나지 않는다. 규칙에 대한 순종이 믿음의 증거일 수는 있겠지만 감독하는 것 자체는 내면을 위한 것이 아니다.

양육

어린아이들은 그들을 사랑하고 그들의 필요를 채워주시는 하나님에 대한 소망을 가져야 한다. 예수님이 그들을 얼마나 사랑하셨는지를 이야기해줌으로써 그들의 영혼에 자양분을 공급하라. 어떤 어머니는 반항적인 딸아이를 위해 아침 식사 때마다 꽃이나 블루베리 같이 특별한 무언가를 식탁에 올려놓는 노력을 했다. 결국 그 노력을 주님께서 사용하시어 딸아이의 마음을 녹이셨다. 비록 지금은 자녀가 마음을 열지 않거나 당신의 말에 귀 기울이지 않을지라도, 당신은 자녀의 마음에 충분히 자양분을 공급할 수 있다.

훈련

어린아이들은 또한 복음이 그들이 처한 상황에 어떻게 적용되는지, 그리고 그들이 어떻게 반응해야 하는지를 배워야 한다. 예컨대 당신은 다음과 같이 말해줄 수 있을 것이다.

> 그래, 무언가를 잃는다는 것은 힘든 일이야. 특히 네 잘못으로 팀이 진다면 몹시 힘들겠지. 예수 그리스도는 그때의 기분이 어떤지 잘 아신단다. 그분은 십자가상에서 아버지와의 관계를 잃었으니까 말이야. 예수님은 옷이 벗겨지고 조롱을 당하시고 신성 모독자라는 소리를 들으셨기에 수치와 모욕감에 대해 잘 아셔. 그분은 자기 자녀를 위해 이 모든 것을 기꺼이 감수하셨지. 이는 야구 경기에서 진 것이 이 세상에서 일어날 수 있는 최악의 일은 아니라는 것을 의미한단다. 예수 그리스도를 잃는 것, 그리고 우리를 버려두지 않겠다는 그분의 약속을 잃는 것이야말로 최악의 일이지. 예수님이 네 죄를 대속하셨고 지금도 너를 사랑하신다는 사실을 기억하고 감사하렴.

교정

은혜 때문에 자녀의 잘못을 교정하지 못해서는 안 된다. 복음에 기초한 교정은 우리 자녀에 대한 예수님의 사랑과 그들을 위해 예수님이 이미 하신 일의 맥락 안에서 자녀의 행동을 교정해줄 것을 상기시킨다.

야구 시합에서 진 것 때문에 분노와 수치심에 사로잡힌 자녀는 화를 내고 스스로를 증명해보이고 싶어한 것뿐만 아니라 전적으로 자기 자신에게 의지했던 것과 예수님이 그를 위해 하신 일을 무시한 것에 대해서도 회개해야 한다.

약속

어린아이들에게는 하나님의 약속을 되새겨줄 필요가 있다. 자녀가 하나님의 자비하심을 믿지 못한다면 그들은 하나님의 약속에 대해 알아야 한다. 하나님을 믿지 못할 때 그들을 기다리고 있는 것은 실패와 수치뿐이기 때문이다. 반면에 하나님을 믿는 자녀라면 아무리 쓰라린 패배를 당했을지라도 그들을 사랑하고 돌봐주기로 하신 하나님의 약속을 떠올려야 한다.

이 장에서 우리는 자녀교육과 관련하여 성경에서 무엇을 말하고 있는지 알게 되었다. 또한 '주의' 자녀교육의 여러 측면을 알게 되었고, 어떤 상황에서 적절한 처방이 다른 상황에서는 최선이 아니라는 것도 알게 되었다. 복음의 진리를 알려주지는 않은 채 자녀를 감독하기만 한다면 부모로서의 의무를 다하지 못하는 것일 터이다. 비록 우리에게 감독 이외의 다른 것을 할 시간과 에너지가 없을지라도 말이다. 물론 아이들을 키우다보면 단순히 상황을 감독하기만 하면 될 때가 무수히 많다. 그렇지만 감독은 부모로서 해야 할 의무 중 하나일 뿐이다. 아래에 자녀교육의 다섯 가지 범주를 떠올리며 자문해보아야 할 것들을 제시해보았다.

☐ 지금의 상황은 단순히 자녀를 감독하기만 하면 되는 상황인가?

☐ 사태가 안정되어 이제 자녀의 영혼에 복음을 공급할 때가 되었는가?

☐ 예수님의 사역을 적용하여 자녀를 훈련시킬 때인가?

☐ 자녀의 태도와 행동을 복음과 일치하도록 교정할 필요가 있는가?

☐ 자녀에게 하나님의 약속을 상기시켜주어야 하는가?

☐ 복음이 나 자신의 마음에 어떻게 적용되는지 보여달라고 하나님께 간구해야 할 상황인가?

☐ 자녀가 괴로워하거나 반항하는 이유를 좀 더 분명히 알 필요가 있는가? 그리고 내가 그 아이의 불신앙과 분노, 좌절에 휩쓸리지 않도록 내 마음을 단단히 해둘 필요가 있는가?

☐ 자녀의 어떤 태도가 마음에 거슬리며, 그 이유는 무엇인가?

앞의 다섯 가지 범주(감독, 양육, 훈련, 교정, 약속)에 대해 다시 한 번 생각해보자. "주 안에서"로 표현되는 것들이 당신의 자녀교육에 보다 정확하게 반영될 수 있기를 바라는 마음에서 이 다섯 가지 범주를 제시했다. 그러나 자녀에게 말할 때마다 그 다섯 가지 범주를 전부 적용하라는 말은 아니다. 대부분의 경우, 특히 자녀가 어리다면 당신이 할 수 있는 것이라곤 그들을 감독하는 것이 전부일 것이다. 당신이 그 이상의 것을 기억해내어 할 수 있도록 주께 도움을 청했으면 하는 것이 우리의 바람이다. 그러나 이 다섯 가지 범주가 또 다른 규칙이 되어서는 안 된다. 이 범주들은 당신이 생각해보고 기도해야 할 것들에 지나지 않는다.

바울의 양육법

사도 바울에게는 아내나 자식은 없었지만 믿음 안에서 아들이 된 디모데가 있었다. 다음에 이어지는 글은 그가 아버지로서 디모데에게 주는 조언이다. 바울이 주 안에서 디모데를 어떻게 양육하고 훈련시키고 교정해주었는지 보라.

> 내 아들아 그러므로 너는 그리스도 예수 안에 있는 은혜 가운데서 강하고 …… 너는 그리스도 예수의 좋은 병사로 나와 함께 고난을 받으라 병사로 복무하는 자는 자기 생활에 얽매이는 자가 하나도 없나니 이는 병사로 모집한 자를 기쁘게 하려 함이라 경기하는 자가 법대로 경기하지 아니하면 승리자의 관을 얻지 못할 것이며 수고하는 농부가 곡식을 먼저 받는 것이 마땅하니라 내가 말하는 것을 생각해 보라 주께서 범사에 네게 총명을 주시리라 내가 전한 복음대로 다윗의 씨로 죽은 자 가운데서 다시 살아나신 예수 그리스도를 기억하라 복음으로 말미암아 내가 죄인과 같이 매이는 데까지 고난을 받았으나 하나님의 말씀은 매이지 아니하리라(딤후 2:1, 3-9)

바울은 오직 은혜만이 그의 사랑하는 아들 디모데를 강하게 해주리라는 것을 알았다. 그리하여 디모데에게 해야 할 일을 말해주기에 앞서 먼저 하나님의 은혜를 상기시켰다. 그렇다. 디모데는 병사로서, 운동선수로서, 농부로서 수고하고 고난을 받아야 했다. 그러나 그의 삶은 분명한 맥락에 따라 흘러갔으며, 때로는 그 맥락을 이해하기 위해서만도 힘들고 고통스러운 일을 감수해야 했다. 그 맥락이란 무엇인가? 바로 '바울'이 전한 복음대로 다윗의 씨로 죽은 자 가운데서 다시 살아나신 예수 그리스도를 기억하는 것이다.

"오직 주의 교훈과 훈계로 양육하라"는 바울의 명령은 부모들이 예수 그리스도를 생각하고 자녀에게 삶 가운데 일어나는 모든 일(기쁨과 슬픔, 시련, 수고, 의심, 죄, 수치 등)을 레위가 아닌 다윗의 자손으로 태어나 죽으시고 부활하신 예수 그리스도의 삶에 비추어 이해하고 접근하도록 가르쳐야 함을 의미한다. 이는 어린아이들이 들을 수 있는 가장 기쁜 소식이다. 기독교적인 자녀교육은 예수 그리스도에 관한 기쁜 소식으로 이루어진 환경 안에서 행해져야 하며, 그렇지 않은 경우에는 기독교적인 자녀교육이 아니다. 복음에 기초하지 않은 그러한 자녀교육은 일시적으로는 효과가 있을 수도 있으며 또한 우리 삶을 통제 가능하게 해주고 하나님도 이를 사용하실 수 있을 것이다. 그러나 그것은 '주의' 자녀교육이 아니다.

이 장을 마치며 시편 103장 1-14절을 묵상하기를 추천한다. 그 말씀들은 당신의 영혼에 은혜의 자양분을 충분하게 공급해줄 것이다.

6. 솔로몬의 지혜보다 더 큰 지혜

그의 이름을 찬양하라. 우리 하나님은 지혜가 뛰어난 분이시다.
열방의 왕들이 솔로몬의 지혜를 배우려고 찾아왔지만 그의 지혜보다
더 큰 지혜가 여기 있으니, 바로 예수 그리스도의 지혜이다. 에드먼드 P. 클라우니[1)]

그들의 모든 희망은 로마의 군홧발에 짓밟혔다. 그들은 3년 넘게 그분의 말을 듣고 그분이 행하는 기적을 보면서 그분이야말로 "이스라엘을 속량할 자"(눅 24:21)라고 믿었다. 그러나 모든 게 무너졌다. 그분은 체포되어 매를 맞고 십자가에 못 박히셨다. 그분은 죽으셨고 그와 더불어 그들의 모든 희망도 사라졌다.

그날은 안식일 다음 날인 일요일이었고, 늘 그렇듯 삶은 다시 일상으로 돌아갔다. 절망과 허무와 혼란을 덧입은 채로……

'그가 메시아인 줄 알았는데 그게 아니었어. 우리가 어떻게 그런 생각을 할 수 있었을까?' 하고 그들은 생각했다. 그들은 슬픈 마음으로 엠마오로 향했다. 엠마오로 가는 길에서 누구를 만나고 또 그로 인해 그들이 알고 있는 모든 것이 어떻게 달라질지 알지 못한 채.

주 예수께서 죽으신 것은 사실이었지만, 요셉의 차가운 무덤에 안치된 지 며칠이 지난 지금 그분은 더 이상 죽음의 손아귀에 붙잡혀 있지 않았다. 예수께서는 무덤에서 나와 길을 걷고 있었다. 그리고 거기서 숙부인 글로바를 (아마도 숙모인 마리아와 함께) 만나셨다.[2] 그분의 죽음에 상심해 있는 제자들의 슬픔을 달래주고 진실을 알려줄 필요가 있었기 때문이다. 그들이 길을 갈 때 예수께서 "가까이 이르러 그들과 동행"하셨다(눅 24:15). 예수님은 그들에게 무슨 이야기를 하는 중이냐고 물으신 뒤 그들의 슬픔과 혼란에 대해 들으시고는 그들의 마음을 열어 구약의 참된 의미(구약의 모든 책들은 그리스도에 관한 것이다(요 5:39).)를 깨닫게 하셨다. 누가는 그때의 일을 다음과 같이 묘사하고 있다.

> 이에 모세와 모든 선지자의 글로 시작하여 모든 성경에 쓴 바 자기에 관한 것을 자세히 설명하시니라 …… 그들이 서로 말하되 길에서 우리에게 말씀하시고 우리에게 성경을 풀어 주실 때에 우리 속에서 마음이 뜨겁지 아니하더냐 하고 …… 또 이르시되 내가 너희와 함께 있을 때에 너희에게 말한 바 곧 모세의 율법과 선지자의 글과 시편에 나를 가리켜 기록된 모든 것이 이루어져야 하리라 한 말이 이것이라 하시고 이에 그들의 마음을 열어 성경을 깨닫게 하시고(눅 24:27, 32, 44-45)

핵심을 말하자면 예수님은 그들에게 "모든 진리는 그분과 연결되어 이루어진다"[3]고 가르치고 계신 것이다. 예수님이 "모세의 율법과 선지자의 글과 시편"을 말씀하실 때 이는 정확하게 성경의 그 부분만을 가리키는 게 아니라 구약 전체를 가리킨다. 성경의 모든 구절이, 그리고 사실 모든 창조 행위가 예수 그리스도 안에서 실현되었다. "만물이 다 그로 말미암고 그를 위하여 창조되었고 …… 이는 친히 만물의 으뜸이 되고자 하심이요"(골 1:16, 18, 참고로 히 1:3-4도 보라.)라고 바울은 말한다. 예수님은 모든 것 위에 뛰어난 주님으로 만물을 다스리신다.

엠마오로 가는 길에 예수님이 제자들 앞에 나타나신 이야기가 지금 우리와 어떤 관련이 있느냐고 묻는다면, 그것은 바로 구약의 잠언 또한 은혜의 복음에 비추어 읽어주었으면 하기 때문이라고 답하겠다. 잠언이 (그리고 성경의 모든 책들이) 예수님의 죽음과 부활 그리고 그분이 영광에 들어가는 것(눅 24:26)을 이야기하는 책이라는 사실을 알기 바란다. '주님이 어디에 계시는가?'라는 질문을 염두에 두고 잠언을 읽으라고 가르친 이는 바로 주님 자신이셨다.[4]

잠언에서 예수님 찾기

잠언은 대부분이 당대 최고의 현자 솔로몬(왕상 4:29-34)에 의해 쓰여진 참되고 올바른 글이지만 솔로몬조차도 이를 활용하여 아들을 지혜롭게 만들지는 못했다. 그럼에도 잠언은 그 안에 깃든 지혜에 귀 기울이는 이에게 경건한 삶을 사는 법을 가르치고자 하는 의도에서 쓰여졌다. 잠언의 많은 부분이 아버지가 아들에게 주는 글이고 그 밖의 부분은 자녀에게 지혜를 주고자 하는 부모들을 위한 조언이다.

성경 전체가 "그분의 이름을 속삭인다"[5]고 믿으며 잠언에 접근하면, 눈을 크게 뜨고 주님을 찾으면 '그분'이 '지혜로운 아들'이라는 것을 쉽게 알아차릴 수 있다. 그렇다. 잠언은 경건한 삶을 사는 법에 대해 말하고 있지만 또한 그분에 대해서도 말하고 있다. 예를 들어 "내 아들아 악한 자가 너를 꾈지라도 따르지 말라"(잠 1:10)라는 명령은 광야에서 사탄의 유혹을 물리치는 예수님에 의해 실현되었다. 예수님은 늘 아버지를 기쁘게 한 지혜로운 아들이었다(사 52:13; 요 8:29). 그리고 비록 성경에 예수님의 어린 시절에 대한 묘사는 거의 없지만 누가복음에 나오는 다음과 같은 구절을 통해 그분의 어린 시절을 엿볼 수 있다.

> 예수는 지혜와 키가 자라가며 하나님과 사람에게 더욱 사랑스러워 가시더라(눅 2:52)

예수님은 참으로 지혜로우셨기에 온전히 순종하셨고, 하나님 아버지와 부모님으로부터 사랑받으셨다. 심지어 그분은 스스로를 지혜의 총화라고 일컬으셨고(마 11:19), 바울은 예수님 안에 지혜와 지식의 모든 보화가 감추어져 있다고 말했다(골 2:3). 예수님은 잠언에 나오는 '지혜로운 아들'의 진수이다.

그러나 예수님은 단지 아버지를 기쁘게 한 지혜로운 아들일(잠 10:1; 마 3:17) 뿐만 아니라 미련한 자식에게나 필요한 회초리를 맞은 분이기도 하다. 그분은 하인들에게 '손바닥으로'(막 16:65) 맞기도 했다. 예수님은 지혜로운 분이었지만 어리석음을 내쫓기 위해 고안된 '징계하는 채찍'을 맞으셨다(잠 26:3, 마 27:28-31). 성령이 우리 눈을 열어 예수님을 보게 해주시면 우리는 도처에서 예수님을 만나게 될 것이다. 여기 솔로몬보다 더 크고 깊은 지혜를 지녔으면서도(마 12:42) 매를 맞아 마땅한 어리석은 자처럼 취급받은 분이 있다.

'매를 맞은 지혜로운 아들'로서의 예수님의 정체성은 잠언을 자녀교육에 어떻게 적용해야 할지를 알려준다. 잠언과 우리의 자녀교육이 예수 그리스도와 관련이 있음을 기억하면 자녀의 잘못을 교정하는 데 적용하는 방법이 달라질 것이다. 그리고 잘못을 바로잡아줄 때에조차 우리와 자녀의 눈물을 통해 그분의 이름을 속삭이게 될 것이다.

잠언의 소박한 가르침을 무시하고 예수님만을 찾아보라는 이야기가 아니다. 잠언의 소박한 가르침은 우리의 유익을 위한 것으로, 여기에 대해 우리가 믿음과 겸손으로 반응하면 지혜가 자라갈 것이다. 반면 잠언에서 예수님을 찾기를 소홀히 할 때에는 솔로몬도 이루지 못한 일(자녀를 지혜롭게 키우는 일)을 절로 이룰 수 있으리라는 잘못된 생각을 하게 될 것이다. 게다가 잠언이 매우 명쾌해 보이는데다 마치 약속처럼 느껴지는 까닭에 우리가 하는 일이 꼭 성공을 거두리라고 믿게 될 것이다. 그리스도인을 위한 자녀교육서라고 일컬어지는 많은 책들이 잠언에서 그리스도를 보지 못한 채 자녀교육을 위한 지혜를 끌어내고 있다. 그러나 독실한 유대교 신자도 같은 방식으로 잠언을 활용할 수 있다면 그것은 더 이상 기독교적인 패러다임이라고 할 수 없다. 복음을 가장하거나 무시하는 자녀교육 방법은 기독교적이지 못하다. 복음은 우리가 자녀와 함께 생각하고 행하고 말하는 모든 것의 중심이 되어야 한다.

체벌과 복음

잠언은 매나 채찍을 수단으로 한 물리력을 적절히 활용하라고 말한다. 여기 매로 사랑하는 자녀의 잘못을 바로잡아주라고 명하는 잠언의

네 구절(그리고 히브리서의 한 구절)이 있다.6)

> 매를 아끼는 자는 그의 자식을 미워함이라 자식을 사랑하는 자는 근실히 징계하느니라(잠 13:24)

> 아이의 마음에는 미련한 것이 얽혔으나 징계하는 채찍이 이를 멀리 쫓아내리라(잠 22:15)

> 아이를 훈계하지 아니하려고 하지 말라 채찍으로 그를 때릴지라도 그가 죽지 아니하리라 네가 그를 채찍으로 때리면 그의 영혼을 스올에서 구원하리라(잠 23:13-14)

> 채찍과 꾸지람이 지혜를 주거늘 임의로 행하게 버려둔 자식은 어미를 욕되게 하느니라(잠 29:15)

> 어찌 아버지가 징계하지 않는 아들이 있으리요 …… 또 우리 육신의 아버지가 우리를 징계하여도 …… 그들은 잠시 자기의 뜻대로 우리를 징계하였거니와 …… 무릇 징계가 당시에는 즐거워 보이지 않고 슬퍼 보이나(히 12:7-11)

모든 부모는 체벌에 대한 나름의 결론에 도달할 수 있어야 한다. 많은 신실한 그리스도인이 우리와 의견을 달리하지만 우리는 체벌이 사랑의 징표임을 성경이 분명하게 가르친다고 믿는다. 그러나 비록 그렇다 하더라도, 체벌 역시도 어리석은 자녀 대신 매를 맞으신 지혜로운 아들과의 연관성 안에서 이루어져야 한다. 아마도 벌을 주기 전이나 후에 다음과 같이 말할 수 있을 것이다.

데이비드, 장난감을 정리하고 저녁 먹을 준비를 하라고 분명히 일렀는데도 말을 듣지 않으니 아주 속상하구나. 가족들이 기다리고 있는 것을 뻔히 알면서도 계속해서 놀았으니 벌을 받아야겠지? 하나님은 네가 순종을 배우길 바라신단다. 네게 벌을 주는 것은 나도 무척 괴로워. 너도 물론 속상하겠지. 이렇게 불순종은 늘 고통을 불러온다는 것을 배우길 바란다.

우리의 불순종으로 예수님은 십자가에 매달리는 고통을 당하셨지. 그분은 늘 온전히 순종하셨기에 벌을 받을 이유가 없으셨는데도 말이야. 예수님은 우리를 사랑하셔서 너와 내가 받아야 할 벌을 대신 받으신 거란다. 순종하지 않음으로써 너는 너를 향한 예수님의 그 사랑을 떠올리는 대신, 예수님 없이 스스로 즐거움을 누리려 했어. 예수님이 너를 사랑하셔서 대신 벌을 받으셨다는 것을 믿는다면, 오늘의 벌은 널 지혜롭게 살아갈 수 있게 해줄 것이고 벌로 인한 고통은 금방 사라질 거야.

하지만 예수님의 선하신 뜻과 크신 사랑을 믿지 않는다면 지금의 이 벌은 평생 겪어야 할 고통의 시작에 불과하단다. 오늘 네가 용서를 구하면 나는 너를 용서할 것이고, 주님 또한 너를 용서해주실 거야. 하지만 네가 계속 고집을 피우고 용서를 구하지 않으면 나중엔 용서받기 힘들어질 거야.

이제 너를 위해 기도하려고 한단다. 성령께서 네 마음을 움직이셔서 진정으로 뉘우치게 하신다면, 너를 용서해줄 거야. 누구든 그분께 나아오는 사람은 구원을 받으리라고 하신 주님의 약속을 잊지 말기 바래. 데이비드, 사랑한다. 아직 시간이 있을 때 네가 주님께 나아올 수 있기를, 그리고 네가 이 벌을 받음으로써 불순종에는 늘 고통이 따른다는 것을 깨달을 수 있기를 바라며 기도할게.

어떤가? 복음이 벌을 줄 때의 어조와 대화 내용을 어떻게 변화시키는지 알 것 같은가? 물론 벌을 줄 때의 대화가 늘 이러해야 하는 것은 아니고 또 이렇게 길 필요도 없다. 이것은 암기해야 할 교본이라기보다는 자녀에게 벌을 줄 때에조차 어떻게 그리스도를 높일지를 보여주는 예일 뿐이다. 지혜를 구하면서 성령님께 예수님의 사랑과 고통을 깨닫게 해달라고 청할 때, 당신은 복음으로 가슴이 따뜻해질 것이다.

　복음은 지혜로운 아들이 죄가 없으신 것처럼 그분을 믿는 자녀에게도 죄가 없으며, 이는 벌을 받는 동안에도 달라지지 않는다고 가르친다. 어떤 아이들은 벌을 받는 동안 줄곧 부루퉁한 얼굴을 할지도 모른다. 그러나 그들에게도 다음과 같은 사실, 즉 예수님이 죄 없이 벌을 받으면서 온전히 고통을 당하셨으며 따라서 진정으로 예수님을 믿으면 그들 역시 예수님처럼 깨끗한 상태로 된다는 것을 확신시켜줄 수 있을 것이다. 자녀의 잘못을 바로잡아주는 시간은 복음을 증언하는 시간이 되어야 한다. 예수님은 벌을 받는 것이 어떤 것인지 아실 뿐만 아니라 부당하게 주어진 벌조차 기꺼이 받으셨음을 일깨우는 시간이 되어야 한다.

불순종의 원인을 구별하라

물론 벌을 주기에 앞서 우리가 자녀에게 무엇을 요구하고 있으며 또 그들이 우리의 요구에 순종할 수 있다는 것을 자녀가 분명히 알 수 있게 해주어야 한다. 어쩌면 그들의 불순종은 미성숙이나 연약함의 문제인지도 모른다. 바울은 "내가 어렸을 때에는 말하는 것이 어린아이와 같고 깨닫는 것이 어린 아이와 같고 생각하는 것이 어린아이와 같다가 장성한 사람이 되어서는 어린 아이의 일을 버렸노라"(고전 13:11)라고 말하고 있다. 자녀는 성인이 아니기에 '어린아이'와 같다. 그들은 어리기 때문에 어린아이 같이 말하고 생각한다. 어린아이 같이 말하고 생각하는 그들의 행동은 죄로 인한 것일 수도 있겠으나 미성숙이나 연약함의 증거일 수도 있다. 앞일을 생각하지 못하고 결과를 가벼이 여기며 시간 관리를 제대로 하지 못하고 해야 할 일을 기억하지 못하고 적절한 말을 할 줄 모르는 것 등이 그 예이다.

어린아이 같은 것과 어리석은 것은 다르다. 전자는 아직 성숙에 도달하지 못한 데 따르는 자연스러운 결과이고 후자는 죄의 결과이다. 우리는 자녀가 어린아이 같은 방식을 버리고 책임 있는 성인으로 성장할 수 있도록 부지런히 그들을 가르치고자 하지만, 한편으로는 그들의 행동이 의도적인 반항인지 아니면 어린아이 같은 연약함에서 비롯된 것인지 주의 깊게 살펴볼 필요가 있다.

두 살배기 아이가 만져서는 안 될 무언가를 만지려고 할 때 부모는 아이의 손을 치우면서 "안 돼!"라고 말해야 한다. 다른 장난감을 줘서 갖고 놀게 하는 것도 방법일 수 있다. 걸음마 단계의 유아에게는 설명이 필요 없다. 그냥 위험 요소로부터 벗어나게 해주고 부모의 말에 순종하도록 가르치면 된다. 이런 외적인 감독은 마음을 변화시키거나 은혜를 더 잘 받아들이도록 만들지는 못하며 다만 외적으로 순종하는 법을 가르칠 뿐이다.

걸음마 단계의 유아가 계속해서 물건을 집으려 하거나 자기 뜻대로 안 된다고 바닥에 나뒹굴며 울면 한 단계 높은 제재를 가해야 한다. 이를테면 엄격하게 "안 돼!"라고 말하면서 아이의 손이나 엉덩이를 찰싹 때려주는 것이다.7) 아이는 불순종의 결과를 모두 이해할 만큼 성숙하지 못하다. 아직 어린아이 같이 생각하고 이해하기 때문이다. 그런 아이에게는 부모의 말에 순종하는 법을 가르쳐야 한다. 그런 다음 아이를 한 번 안아주고 다시 가서 놀 수 있게 해주는 것이다. 이 방법은 5장에서 말한 '감독'의 범주에 속한다. 자녀가 아주 어릴 때 이 같은 방식으로 감독하다보면 자녀가 자라감에 따라 점차 체벌의 필요성이 줄어드는 것을 발견하게 될 것이다. 어떤 아이들은 매우 순종적이어서 엄마가 안 된다고 말하면 재빨리 손을 다른 쪽으로 옮긴다. 그러나 또 어떤 아이들은 훨씬 반항적이어서 같은 말을 거듭거듭 반복해야 한다.

자녀가 성숙해짐에 따라 체벌의 필요성이 줄어드는 만큼 복음에 기초한 가르침(양육, 훈련, 교정, 약속)에 할애하는 시간은 늘어난다. 자녀가 복음을 더 많이 이해하고 믿을수록 우리는 더 자주 말로 타이를 수 있다. 개인적으로 나(제시카)는 성령께서 우리 아들의 교만한 마음을 깨뜨리시는 것을 보았는데 그것은 그 어떤 체벌로도 할 수 없던 일이었다. 우리의 목표는 매보다는 성령을 의지하는 것이 아이들 교육에 더 유익하다는 것을 믿고 아이들에게 복음의 진리에 대해 말할 때 늘 핵심을 말하는 것이다. 아이들이 잘못을 뉘우치도록 하기 위해 매를 들 필요가 없을 때 우리는 아이들이 성숙을 향해 나아가고 있음을 알 수 있다.

때로는 아이들에게 체벌을 가하는 것 이외에 아무것도 할 수 없는 것처럼 느껴지는 시기가 있다. 복음을 나누려고 해도 아이들이 귀먹은 사람처럼 행동하는 그런 시기가. 아이들의 영혼이 겨울을 지날 때, 그때가 바로 믿음 안에서 지속적으로 순종할 때이다. 그때 우리는 주님께서 우리의 노력을 사용하셔서 아이들을 축복해주시리라는 것을 믿고 마음속에 복음을 되새기며 성령님이 그들 안에서 역사하시기를 기다리고 기도해야 한다.[8]

가정 안에서 감싸주기

어떤 부모들은 아이들이 잘못할 때 벌을 받지 않아도 되도록 곧바로 용서를 구하게 한다. 이런 부모들은 즉각적인 뉘우침과 화해를 바라지만 우리는 이러한 방식에 반대한다. 아이들을 거짓말의 유혹에 빠뜨리는 것은 바람직하지 않기 때문이다. 그들은 불순종에는 고통이 따른다는 것과 그들의 불순종이 자신뿐 아니라 다른 사람들에게까지 영향을 미친다는 것을 알아야 한다. 그리고 하나님과 (부모를 포함한) 다른 사람들에게 용서를 구할 수 있어야 한다. 그러나 이것은 어디까지나 진심으로 뉘우칠 때의 일이다.

성령님이 주시는 확신이 없는데도 용서를 구하라고 한다면 아이들은 위선을 배우게 된다. 그리고 그렇게 되면 우리는 그들에게 거짓된 회개가 하나님을 만족시킬 것이라고 가르치는 셈이다. 하나님은 이미 마음이 멀리 떠나 있으면서 입술로만 공경하는 것을 기뻐하지 않으신다. 아니, 기뻐하지 않으시는 게 아니라 싫어하신다. 사실 우리는 아이들의 회개가 진실된 것인지 여부를 결코 알 수 없다. 오직 하나님만이 사람의 마음을 아시기 때문이다(왕상 8:39, 대하 6:30). 아이들의 마음을 알 수 있다는 식의 생각은 교만하고 위험한 발상이다.

즉시 반성의 빛을 보일 것을 종용하기보다는 성령님의 말씀에 반응할 시간을 주어야 한다. 아이들에게 당신이 그를 위해 기도하고 있음을 확신시키라. 잠시 기다려 달라고 말한 후, 그들이 이해하고 변화할 수 있도록 은혜를 베풀어 달라고 기도하고 그들을 성령님의 손에 맡기라. 그리하면 아이들이 얼마나 빨리 제자리로 돌아와 용서를 구하는지 놀라지 않을 수 없을 것이다. 그러나 그들이 용서를 구하지 않을지라도 당신은 이야기해주어야 한다. 우리의 불신앙과 불순종, 그리고 우리가 자신의 죄를 10분의 1도 채 알지 못하거나 고백하지 않는데도 우리를 사랑하겠노라고 하신 하나님의 약속을 믿어야 함을 말이다. 당신은 이렇게 지속적으로 그들에게 사랑을 쏟아야 한다.

자녀가 뉘우치지 않는다고 해서 그들과의 관계를 끊을 필요는 없다. 우리의 관계는 그들의 공로가 아니라 가족 간의 사랑에 기초한 것이기 때문이다. 우리의 모든 관계는 주님과의 관계에 기초해 있고 또 주님과의 관계를 반영해야 한다. 죄는 우리를 슬프게 하지만 우리가 그리스도 안에 있으면 죄 때문에 그리스도로부터 분리되는 일은 없다. 바울은 기본적으로 이렇게 말하고 있다.

"하나님은 우리의 죄나, 우리의 의와 공로 때문에 약속을 바꾸시지

않는다. 그분은 우리의 죄나 공로에 주목하지 않으신다."⁹⁾

 자녀의 잘못된 행동을 모른 체하라거나 바로잡아주지 말라는 이야기가 아니다. 그들의 잘못된 행동으로 인해 그들과 우리와의 관계가 달라지지는 않으리라는 것을 알려주어야 한다는 말이다. 우리의 자녀교육이 복음에 기초해 있다면 우리는 아이들의 죄와 완고함과 불신앙을 슬퍼하고 이를 바로잡아주려 할 것이고, 아이들을 위해 기도할 것이다. 그리고 그들이 저지른 잘못에도 불구하고 그들을 지속적으로 사랑하고 감싸 안을 것이다. 그들을 다시 받아들이기에 앞서, 그들에게 먼저 반성의 빛을 보이라고 요구하지는 않을 것이다.

 하나님과 이웃에 대한 참된 사랑은 하나님이 먼저 우리를 사랑하실 때에만 가능하다는 것을 기억해두면 우리가 아이들을 망칠까 하는 두려움에 휩싸여 아이들에게 반성의 빛을 보이도록 요구하고 싶은 유혹을 느낄 때 도움이 된다. 아이들이 진정으로 뉘우치고 미안해할 때 우리는 마르틴 루터의 다음과 같은 말을 떠올리며 마음을 가라앉힐 수 있을 것이다.

> 우리는 율법에 온전히 순종하지 않는다. 우리에게는 성령의 일차적인 열매만 있고 아직 죄의 찌꺼기가 우리 안에 남아 있기 때문이다. 그러나 그리스도 안에 있는 우리에게는 이러한 불완전함이 전가되지 않는다. …… 그리스도로 말미암아 우리는 오래 참으시는 하나님의 품 안에서 양분을 공급받고 따스한 보살핌을 받는다.¹⁰⁾

 참으로 위안이 되는 말이 아닌가! 자녀를 오래 참아주고 그들을 품 안에 받아들여 양분을 공급하고 따뜻하게 보살피라. 그리고 그들의 마음을 변화시킬 수 있는 오직 한 분, 주님의 신실하신 손에 그들을 맡기라. 우리는 부모로서 자녀가 우리의 노력에 반응하고 있고 우리가 제대로 하고 있다는 확신을 갖기 원하지만 그렇다고 해서 우리가 주님의 일을 대신할 필요는 없다. 주님은 당신의 영혼을 구하셨으니 자녀의 영혼도 구하실 것이다.

> 은혜는 다른 사람들의 기대를 충족시킴으로써 하나님께 받아들여질 수 있다는 생각과, 우리의 지혜로 다른 사람들이 하나님께 받아들여질지 여부를 판단할 수 있다는 교만과 편견으로부터 우리를 자유롭게 해준다.[11]

너는 내 사랑하는 아들이란다, 너답게 행동하거라

커버넌트 신학교 총장 브라이언 채플은 은혜의 진리를 접한 후 자신의 자녀교육 방법이 달라진 것에 대해 이렇게 말한다.

> 나는 아들에게 "콜린, 그런 행동을 하다니 너는 나쁜 아이야."라고 말하곤 했다. 아이의 행동을 바탕으로 성격을 규정지었던 것이다. 하지만 이윽고 하나님은 나를 그렇게 대하지 않으셨다는 것을 깨닫게 되었다. 하나님은 내 행동을 보고 나를 자녀로 삼아주신 것이 아니라 은혜로 나를 자녀 삼아주셨다. 그분은 내가 한 일이 아니라 그분과의 관계를 기초로 나를 규정하신다. 내가 하나님께 순종하게 된 것은 먼저 그리스도

와의 연합이 있었기 때문이고 거기서부터 동기를 부여받았기 때문이다. 우리 부부는 하나님이 우리를 대하신 방식으로 아이들을 대하기 위해 아들에게 "콜린, 그러지 마라. 너는 우리 아들이잖니."라고 말하기로 하고 있다. 기본적으로 아들에게 "사랑받을 만하게 행동해라."라고 말하기보다는 "사랑하는 아들아, 너답게 행동하거라."라고 말하는 것이다.12)

순종을 가르치는 이 패턴은 성경 전체에서 발견된다. 예를 들어 데살로니가전서 5장 5-11절에서 바울은 바로 이런 방식을 사용하고 있다. 그는 데살로니가 교인들에게 그들이 "빛의 아들이요 낮의 아들"(살전 5:5)이며 "밤이나 어둠에 속하지 아니"한다고(살전 5:5) 말한다. 이렇게 그들의 정체성을 일깨워준 뒤 바울은 살아가는 방법, 즉 정신을 차리고 믿음과 사랑과 소망 안에서 살아갈 것을 말한다. 그런 다음 그는 다시 하나님 앞에서의 그들의 지위를 상기시킨다. 그들은 하나님의 노하심에 이르지 않고 "오직 우리 주 예수 그리스도로 말미암아 구원을 받"을 (살전 5:9) 사람들이다. 그런 뒤에 바울은 다시 복음을 상기시킨다. 예수 그리스도가 우리로 하여금 그분과 함께 살게 하려고 죽으셨다고 말하면서 다시금 그분과의 관계를 일깨워주는 것이다(살전 5:10). 마지막으로 바울은 서로 권면하고 덕을 세우라고 격려한다(살전 5:11).13)

성경에 기초한 자녀교육을 하고자 한다면 이 같은 바울의 방식을 모델로 삼아야 할 것이다. 자녀에게 그들이 누구인지 그리고 당신이 그들을 얼마나 사랑하는지 일깨워주라. 또한 예수 그리스도를 믿으면 구원을 얻으리라고 하신 하나님의 은혜를 상기시켜주라. 그러고 나서 순종을 명하라.

잠언에는 아들들에게 하는 충고가 최소 23번 나오는데[14] 여기서 우리는 아들에게 자신의 가르침을 가슴 깊이 새길 것을 당부하는 아버지를 발견한다.

> 내 아들아 네 아비의 훈계를 들으며 네 어미의 법을 떠나지 말라(잠 1:8, 참고로 2:1; 3:1; 4:10, 20; 5:1; 6:20; 7:1; 19:27; 23:19도 보라.)

아버지는 아들에게 지혜롭게 살라고, 그리하여 자기 마음을 편안하고 즐겁게 만들어 달라고 부탁한다.

> 내 아들아 만일 네 마음이 지혜로우면 나 곧 내 마음이 즐겁겠고 만일 네 입술이 정직을 말하면 내 속이 유쾌하리라(잠 23:15-16)

아버지는 요한3서 4절에서 요한이 그랬던 것처럼(내가 내 자녀가 진리 안에서 행한다 함을 듣는 것보다 더 기쁜 일이 없도다) 아들의 지혜를 기쁨의 원천으로 삼는다. 아버지는 아들에게 마음을 달라고 하고 아들을 그의 삶 속으로 초청하여 그의 길을 지켜보라고 청하는데(잠 23:26), 이는 사랑과 헌신을 바탕으로 한 관계 안에서 이루어지는 교육이다.

이 아버지 같은 부모들은 자녀를 지혜롭게 살도록 가르친다.[15] 그들은 자녀에게 부도덕, 게으름, 완고함, 재산 관리를 잘못하는 것과 하나님이 없다는 듯이 살아가는 것의 어리석음을 경계한다. 이 충고들은 아버지와 어머니 두 사람 모두와의 관계라고 하는 맥락 안에서 주어진다.

아버지인 솔로몬은 아들에게 그가 받은 사랑을 기억하고 그 역시 사랑으로 행하라고 당부한다.

"너는 내 사랑하는 아들이니 네가 누구인지를 기억하고 너답게 행동하거라."

당근과 채찍 이론

나이와는 상관없이 모든 이들은 순종하는 데 곤란을 겪는다. 어린아이들은 아버지가 만지지 말라고 한 것을 만지려 하고, 조금 더 큰 아이들은 그래서는 안 된다는 것을 알면서도 장난감을 다른 아이들과 같이 가지고 놀려고 하지 않으며, 십대 청소년들은 공부해야 할 시간에 몰래 친구들에게 문자 메시지를 보내고, 성인들은 이웃을 사랑하라는 하나님의 명에도 불구하고 이웃에 대한 험담을 한다. 나이가 많아도, 또 그리스도 안에서 아무리 많이 성숙했어도 사람은 누구나, 심지어 바울조차도 죄의 문제로 씨름한다. 바울은 이렇게 말한다.

> 내가 원하는 바 선은 행하지 아니하고 도리어 원하지 아니하는 바 악을 행하는도다(롬 7:19)

1800년대, 상벌에 대한 약속을 기반으로 한 교육 이론이 등장했다. 기본적으로 이 이론은 수레를 끄는 당나귀를 앞으로 나아가게 하는 데는 두 가지 방법이 있다고 말한다. 하나는 당근을 당나귀 앞에 매달아, 앞으로 전진하면 당근을 먹을 수 있다고 생각하도록 당나귀를 속이는 것이다. 다른 하나는 채찍질을 해서 당나귀를 앞으로 내달리게 하는 것이다. 당근이 동기를 부여한다면 채찍은 필요 없을 것이고, 당근이 당나귀의 흥미를 끌지 못한다면 채찍이 효력을 발휘할 것이다. 어느 쪽이 되었든 수레 주인은 원하는 것을 얻을 것이다.

나는 1970-80년대에 기독교 교단에서 운영하는 학교에서 학생들을 가르치면서 동기 유발의 패러다임에 대해 알게 되었다. 어리석은 당나귀가 수레를 끌고 가는데, 당나귀의 흐릿한 눈앞으로는 당근이 매달려 있고 뒤에는 채찍을 든 농부가 앉아 있는 만화 포스터를 접한 덕이다. 그 그림은 꽤나 논리적으로 보였다. 상으로 동기를 부여하든 벌로 동기를 부여하든 아이들을 계속 앞으로 나아갈 수 있게만 한다면 별 상관이 없을 듯했다.

그리고 유감스럽게도 나는 그런 사고방식으로 자녀를 키웠다. 나는 아이들이 착하게 굴면 유리병에 콩을 하나씩 넣게 하고 잘못된 행동을 하면 콩을 하나씩 덜어내게 해서 유리병이 콩으로 가득 차면 아이들에게 아이스크림을 사주는 방법을 썼다. 한 아이가 말을 안 들으면 다른 아이들에게도 피해가 가므로 다른 아이들이 말을 안 듣는 아이에게 압력을 가해 말을 듣게 하리라고 여겼던 것이다. 나는 진심으로 내 이린 당나귀들에게 당근과 채찍이 잘 먹혀들 거라고 믿었다. 그러나 그 믿음에는 몇 가지 문제가 있었다. 우리 아이들은 당나귀가 아니었다. 하나님의 형상대로 지음 받은 인간이었다. 그리고 그들의 성장을 궁극적으로 책임지는 이는 내가 아니라 하나님이었다. 그런데도 나는 복음을 전적으로 간과하고 있었다.

복음은 이 동기 부여 패러다임 전체를 뒤바꿔버린다. 부모와 자녀 모두가 하나님의 영광으로 가득한 수레를 끌기를 완강하게 거부한 까닭에 하나님은 순종하는 자기 아들의 등을 채찍으로 내리치셨다. 그분은 온전한 용납과 용서라고 하는 당근이 우리 앞에서 끊임없이 흔들리게 하는 대신 원수인 우리에게 무상으로 당근을 주신다. 하나님은 상벌 체계와 동기 부여에 대한 우리의 모든 이론을 몰아내시고 상은 전부 우리에게 주시고 벌은 전부 당신께로 돌리신다. 우리에게는 은혜에 은혜를 더하시고 우리가 받아야 할 진노를 대신 감당하신다. 그런 다음 우리에게 말씀하신다. 이제 그분이 하신 모든 일에 비추어 순종하라고.

그렇다. 우리에게는 천국에서의 상급이 약속되어 있다. 그러나 이것은 우리의 공로로 얻은 것이 아니다. 하나님은 벌을 내리리라는 약속도 하셨다. 그러나 이것은 '그리스도 안에' 있는 사람들에게는 해당되지 않는다. 우리가 받아야 할 벌은 전부 하나님이 감당하셨다. 당근은 우리 차지요, 채찍은 하나님의 몫이다.

유리병에 콩을 모으게 하는 것으로 아이들의 행동을 통제하고 싶으면 그렇게 하라. 단, 그것이 복음과는 아무 상관이 없음을 아이들에게 꼭 말해주어야 한다. 그리고 가끔은 병에 콩을 가득 채운 뒤 아이들을 데리고 나가 아이스크림을 사주라. 만약 아들이 "아빠, 왜 아이스크림을 사주시는 거예요? 어떻게 병에 콩이 가득하죠?" 하고 묻는다면 당신은 그 질문에 탁월하게 답할 수 있을 것이다. 안 그런가?

잠언의 심오한 지혜

잠언에 대한 고찰을 마무리하기에 앞서 이제까지 다룬 내용을 되새

겨볼 수 있게 해주는 두 개의 성구가 있다. 하나는 잠언 16장 7절이다.

> 사람의 행위가 여호와를 기쁘시게 하면 그 사람의 원수라도 그와 더불어 화목하게 하시느니라

당신은 이 구절을 자녀에게 어떻게 설명하겠는가? 자녀가 얌전하게 굴면 사람들이 그들을 좋아할 것이라는 식으로는 말하지 않기를 바란다. 아마도 이렇게 말할 수 있을 것이다.

"하나님이 주시는 지혜대로 행동하면 모두 네게 호의를 보일 거야."

하지만 그 다음에 이렇게 덧붙이면 더 좋을 것이다.

"그리고 우리는 예수님이 하나님을 기쁘게 해드렸지만 원수들이 그분을 죽였다는 것 또한 알고 있지. 하지만 그게 전부는 아니란다. 예수님은 스스로를 희생하심으로써 원수들(너와 나)을 친구로 만드셨어. 지금 우리는 예수님과 화해해서 잘 지내고 있지. 우리가 받아야 할 하나님의 진노를 예수님이 전부 감당해주셨으니까. 참 기쁜 소식이지?"

또 다른 성구는 잠언 17장 15절 말씀이다.

> 악인을 의롭다 하고 의인을 악하다 하는 이 두 사람은 다 여호와께 미움을 받느니라

여기서 미련한 자식이 맞아야 할 매를 대신 맞은 지혜로운 아들을 떠올리지 못한다면, 이 구절에 깃든 심오한 지혜를 놓치게 될 것이다. 물론 올바른 판단은 하나님을 기쁘시게 한다. 그러나 예수님은 악한 자들

을 의롭게 만드셨고, 아버지 하나님은 의인을 벌하셨다. 이유가 무엇일까? 우리가 더 이상 악한 자들이 되지 않도록 하기 위해서, 인과응보의 세상에서 벗어나 예수 그리스도의 복음의 은혜 안으로 들어가도록 하기 위해서, 그분의 지혜에 압도되어 날마다 그분의 은혜로 사랑하는 자녀를 씻길 수 있게 하기 위해서이다.

7. 위대한 왕과 왕자, 그리고 당신

우리가 지닌 모든 재능은 이웃을 위해 쓰라고 하나님이 우리에게 주신 것이다. 존 칼빈[1]

거류민이 너희의 땅에 거류하여 함께 있거든 너희는 그를 학대하지 말고 너희와 함께 있는 거류민을 너희 중에서 낳은 자 같이 여기며 자기 같이 사랑하라 너희도 애굽 땅에서 거류민이 되었었느니라 나는 너희의 하나님 여호와이니라 레 19:33-34

다음과 같은 상상을 해보자. 한 위대한 왕이 사랑하는 아들을 자신의 영지에 보내 그곳에 머물게 했다. 그런데 그 땅의 주민들은 왕의 사랑하는 아들인 그 이방인을 반기지 않고 배척했다. 그들은 그를 사랑하지 않았으며, 자신들이야말로 땅의 주인에게 은혜를 받은 이방인이라는 것을 잊고 있었다. 그들은 이방인을 살해했다. 그들은 위대한 왕이 당부한 모든 것을 잊었지만, 그럼에도 위대한 왕은 그들을 용서하고 축복했다. 그리고 이 이야기의 진짜 이방인인 그들에게 그들이 영원한 축복과 보살핌을 받으리라는 것을 확신시키기 위해 왕은 그의 사랑하는 아들을 되살아나게 했다. 이러한 관용과 자비는 하나님의 은혜를 떠나서는 생각할 수 없을 것이다.

• • •

앤드루는 또다시 그 집 문 앞을 서성였다. 앤드루는 믿지 않는 집안의 아이였다. 부모님은 집에 있을 때보다 없을 때가 더 많았고, 그럴 때면 그는 16살 난 누나의 손에 맡겨졌다. 그러나 누나는 온종일 전화통을 붙들고 있거나 가요 프로그램을 보기 일쑤였다. 앤드루는 매우 거칠었다. 그는 험한 말을 하고 어린 나이에 걸맞지 않은 농담을 하곤 했으며, 복음은커녕 그 어떤 형태의 도덕 교육을 받아본 적도 없었다. 그 집 엄마는 앤드루의 목소리가 들리면 몸이 움츠러들었지만, 복음을 떠올리고 하나님께 지혜와 은혜를 구했다.

• • •

마크가 속해 있는 유소년야구팀의 많은 아이가 코치의 집에서 하룻밤을 지내면서 파티를 하기로 했다. 피자도 먹고 게임도 하고 〈스타워즈〉 영화도 볼 예정이었다. 마크는 파티에 가고 싶어했지만 부모님은 〈스타워즈〉의 몇몇 대목이 마음에 들지 않는 데다 마크가 믿지 않는 아이들과 하룻밤을 보내야 하는 게 걱정이 되었다. 이번 일은 마크의 가족이 세상과 맞서야 할 일 중 하나인가, 아니면 마크에게 세상과 교류하는 법을 가르칠 기회인가? 마크는 홈스쿨링으로 공부를 하는 까닭에 가족들은 구원받지 않은 사람들과 어울릴 수 있도록 일부러 마크를 유소년야구팀에 가입시킨 터였다.[2] 이런 상황에서 복음은 어떤 지혜를 주는가?

◦ ◦ ◦

여섯 살 꼬마 미건은 공주님이 되어 멋진 왕자님을 만나 결혼하는 꿈으로 가득한 아이이다. 미건은 늘 공주님 드레스와 왕관을 착용하고 아름다운 공주처럼 행동한다. 때로는 자기 방을 청소하거나 엄마를 도와야 할 때에조차도 공주인 양 행동하고 친구들이 놀러 오면 다 같이 공주님 드레스를 입고 놀기 때문에 엄마는 미건이 꿈꾸는 상상 속의 세계가 해로운 것은 아닌지 걱정이 된다. 미건은 예수님이 그녀를 섬기는 이로 부르셨지 공주로 부르신 것은 아니라는 점을 잊고 있는 게 분명하기에 더더욱 걱정스럽다. 엄마는 미건이 공주님 드레스를 입는 것을 제한해야 할까?

◦ ◦ ◦

루크는 음악을 사랑하고 기회가 있을 때마다 기타 연주를 하는 십대다. 루크의 부모님은 그가 좋아하는 음악을 이해하려고 노력해보았으나 결국 포기하고 말았다. 그는 이제까지 그리스도인으로 알려진 사람들이 만든 음악만 들어왔지만 부모님이 듣기에는 노랫말이 하나님과는 아무런 상관이 없는 듯했다. 그런데 이제는 그가 기독교적인 색채가 전무한 새로운 밴드에 관심을 갖게 된 것이다. 노랫말은 그동안 들어온 노래들과 크게 다르지 않은 듯했지만 부모님은 이것을 기점으로 루크의 신앙이 내리막을 걷는 것은 아닌지 걱정스럽다. 그들은 루크에게 뭐라 말해야 할 것인가? 크게 문제될 게 없는 것처럼 보이는 음악을 듣지 못하게 해야 할 것인가, 아니면 계속해서 듣게 놔두어 루크가 그런 음악에 푹 빠질지도 모르는 위험을 감수해야 할 것인가?

복음에서 얻는 답

죽었다가 다시 살아난 '왕의 사랑하는 아들' 이야기가 믿지 않는 이웃과 미심쩍은 파티, 어린 공주님들, 음악을 사랑하는 십대와 무슨 상관이 있을까? 부모라면 누구나 자녀의 친구 관계와 파티, 머리 모양, 옷 등과 관련한 결정을 내리는 게 어떤 것인지 안다. 해야 할 일과 해서는 안 되는 일 사이에서 딱 부딪히는 지점이 있다면 바로 이 부분일 것이다. 우리로서는 "자녀를 모든 외부의 영향으로부터 보호하세요."라고 말하고 이 문제에서 손을 떼는 편이 훨씬 쉽다. 그러나 지금쯤 당신은 우리가 물론 그렇게 하지 않으리라는 것을 알고 있을 것이다.

우리는 당신이 자녀에게 더 많은 율법을 부과하는 데 반대한다. 율법은 순종과 사랑을 낳지 않기 때문이다. 율법은 (당신과 자녀 모두에게) 교만과 좌절을 가져다줄 뿐이며, 힘의 원천인 기쁨을 낳지는 못한다. 따라서 우리는 해야 할 일과 해서는 안 되는 일의 리스트를 제시하는 대신 무슨 결정이든 결정을 내릴 때 단 하나의 기쁜 이야기인 복음을 염두에 두고 결정을 내리는 법을 알려주고자 한다(부록 1. 단 하나의 기쁜 이야기 참조).

이것은 리스트를 제시하는 것만큼 쉽지는 않겠지만(적어도 처음에는) 당신으로 하여금 성령을 의지하게 해주고 가족 모두의 영혼에 양분을 공급해줄 것이다. 따라서 당신의 생각을 올바른 방향으로 인도하기 위한 첫걸음으로 아래에 몇 가지 질문들을 제시해보았다. 이 질문들은 성령께서 분명하게 말씀해주시지 않는 문제들에 직면했을 때 자문해보아야 할 것들이다.

- ☐ 이 결정과 관련해서 복음은 내게 무엇을 가르쳐주는가?
- ☐ 이 상황의 어디쯤에서 나는 위대한 왕을 보는가?
- ☐ 왕의 사랑하는 아들이 행한 것들은 여기에 대해 무엇을 가르쳐주는가?
- ☐ 이것은 '사악한 사기꾼'의 술수인가?
- ☐ 나는 무슨 생각에서 이것을 반대(혹은 허락)하는가?
- ☐ 내가 이런 결정을 할 수 있었던 것은 하나님에 대한 사랑 때문인가, 세상에 대한 사랑 때문인가? 아니면 다른 이유가 있는가?
- ☐ 나는 이웃을 사랑하라는 위대한 계명을 기억하고 이웃들과 복음을 공유하는 지상 명령을 수행하고자 하는가?
- ☐ 나는 나쁜 영향을 몰아내고 좋은 영향을 받아들이기 위해 경건의 요새를 짓고 있는가? 혹 순진하게도 사악한 사기꾼을 집안에 끌어들이고 있는 것은 아닌가?

이러한 질문들이 너무 복잡하게 느껴지는가? 만약 그렇다면 매번 이 질문들 전부를 떠올릴 필요는 없다. 이 질문들은 자녀를 완벽하게 키워내기 위해 암기해야 할 공식 같은 것이 아니다. 그보다는 그냥 당신의 생각을 새롭게 하기 위한 수단이고, 당신과 자녀를 기쁜 소식에 푹 빠져들게 하기 위한 방법이다.

당신에게는 자신의 사랑하는 아들을 세상에 보내어 사악한 사기꾼이 초래한 모든 슬픔과 거짓을 바로잡게 하신 하늘 아버지가 계시다는 것을 기억하라. 그러면 당신은 올바른 방향으로 나아갈 수 있을 것이다.

주 예수께서 당신과 당신의 가족과 믿지 않는 이웃들을 위해 이미 하신 일을 기억하면, 그리고 성령님께 도움을 청하면 이런 종류의 결정이 더욱 쉽게 이루어진다는 것을 알게 될 것이다. 설령 당신이 성령님의 도우심을 청하지 않았다 해도, 복음을 생각하지 않고 결정을 내렸다 해도 주님은 신실하셔서 당신의 삶에 일어난 모든 일들을 당신의 유익과 그분의 영광을 위해 사용하신다.

다양한 의견들

우리는 현명한 결정을 내리는 법에 대한 의견이 매우 다양하다는 것과, 바로 그러한 결정을 통해 율법에 대한 우리의 사랑이 매우 잘 드러난다는 것을 안다. 세상의 악으로부터 자녀를 지키고자 하는 바람 때문에 어떤 부모들은 1세기 그리스도인들보다 세상과 더 격리된 수도승처럼 산다. 1세기 그리스도인들은 그들이 살던 도시(많은 경우 현대 미국의 도시들보다 훨씬 더 악이 만연한)에 대한 사랑과 봉사로 유명했다.

바울이 어버이다운 자상한 편지를 써 보낸 두 도시, 에베소와 골로새에는 여신 숭배와 신전 안에서의 매춘, 미신, 마법, 낙태, 영유아 살해, 아동 착취가 횡행했다. 이 도시들은 초원 위의 작은 집보다는 라스베이거스의 카지노를 더 연상케 한다. 그런데도 바울은 부모들에게 아이들을 데리고 도시를 떠나 더욱더 경건하게 살 수 있는 교외 지역으로 이주하라고 말하지는 않았다. 물론 고대 근동에는 속세를 떠나 살아가는 종파들이 있었다. 그러나 그들은 그다지 중요한 종파가 아니었으며, 확실히 세상을 뒤흔들만한 것은 못 되었다. 세상을 멀리하고 세상 사람들과 교류하지 않는데 어떻게 그럴 수 있었겠는가?

반면에 어떤 부모들은 자녀에게 영향을 미치는 환경에 대해 무모하리만큼 대범해서 아이들이 이해하거나 저항할 수 없는 온갖 종류의 저속한 것들에 자녀를 노출시킨다. 그들은 자녀가 간섭을 싫어할 것을 두려워하여 비디오 게임이나 음악, 영화에 매겨진 등급에조차 관심을 기울이지 않는다. 그러나 어린아이들을 품에 안으시는 주님은 분명 그들을 또래 아이들이 허우적대고 있는 시궁창에 빠뜨리고 싶어하지 않으실 것이다.

흔히 지혜의 문제라고 일컬어지는 것에 대해서는 신실한 신도들 사이에서도 다양한 의견이 존재한다. 따라서 단 하나의 기쁜 이야기인 복음의 렌즈를 통해 성경을 살펴봄으로써 지혜를 얻기로 하자.

세상으로부터 구별되되 세상과 조화를 이루라

흥미롭게도, 자녀를 세상 사람들로부터 격리시키라고 명하신 구절은 성경 어디에서도 찾아볼 수 없다. 그나마 여기에 가장 근접한 구절은 이스라엘 민족과 이방 민족의 결혼에 관한 구절이다.

> 네 하나님 여호와께서 그들을 네게 넘겨 네게 치게 하시리니 그 때에 너는 그들을 진멸할 것이라 그들과 어떤 언약도 하지 말 것이요 그들을 불쌍히 여기지도 말 것이며 또 그들과 혼인하지도 말지니 네 딸을 그들의 아들에게 주지 말 것이요 그들의 딸도 네 며느리로 삼지 말 것은 그가 네 아들을 유혹하여 그가 여호와를 떠나고 다른 신들을 섬기

게 하므로 여호와께서 너희에게 진노하사 갑자기 너희를 멸하실 것임 이니라(신 7:2-4)³⁾

구약 시대에는 결혼과 관련한 법이 매우 중요해서 바벨론에 포로로 잡혀갔다가 돌아온 사람들은 이방인 아내와 이혼을 해야 했다. 자녀(아들딸 모두)의 결혼은 대개 아버지가 주관하기에 이 같은 법은 은혜로 말미암은 몇몇 예외적인 경우⁴⁾를 제외하고는 이방 민족과의 결혼을 불가능하게 했다. 이 법은 일차적으로는 이스라엘 민족의 순수성을 유지하기 위한 것이지만 영적인 면을 고려한 것이기도 했다. 주님은 그의 자녀가 이방 민족들의 우상숭배로부터 자유롭기를 바라셨는데, 우상숭배자들과 함께 살다보면 자기도 모르는 사이에 유혹에 빠질 수가 있기 때문이다.

그러나 믿지 않는 사람들과의 결혼을 금한 이 같은 법은 신약 시대에 이르면 달라진다. 신약 시대는 어땠는가? 결혼한 다음 하나님을 믿은 고린도 교인들은 믿지 않는 배우자와 이혼하지 않아도 되었다. 사실 바울은 믿지 않는 배우자가 믿는 배우자의 영향으로 "다른 비그리스도인들과 악한 세상으로부터"⁵⁾ 구별되어 거룩해진다고 말한다. 믿는 배우자는 친밀함이 특징인 결혼 관계 안에서 날마다 자신의 믿음을 드러내 보이며 믿지 않는 배우자를 축복할 수 있는 위치에 있다.⁶⁾

또한 고린도후서 6장 14-16절에서 바울은 믿지 않는 자와 "멍에를 함께 메지 말라"고 경고하는데, 이 구절이 뜻하는 바는 광범위하다. 바울은 여기서 특별히 결혼에 관한 이야기나 세상적인 것들의 영향에 관한 이야기를 하고 있는 것이 아니다. 그는 교인들 중 그를 거부하는 사람들, 스스로를 신자라고 말하면서도 바울의 사도적 권위에 순복하지 않는 사람들을 "믿지 않는 자"라고 말하고 있다.7)

그리스도인 자녀와 부모들은 이렇게 교회 안에서의 그리스도의 권위에 반대하는 사람들과 "멍에를 함께" 메거나 연합함으로써, 믿지 않는 자가 믿는 자에게 지시하고 통제하고 영향력을 행사하게끔 하지 말라는 분명한 경고를 받는다. 여기서 믿지 않는 자란 교회 바깥의 비그리스도인들을 가리키는 게 아니라 교회 안에서 신자인 체하는 사람들을 가리킨다. 교회 바깥의 비그리스도인들과의 교제는 피해야 할 일이 아니라 (고전 5:10) 비록 신중을 기해야 하겠지만 기꺼이 감당해야 할 일이다.

고린도전서와 후서에 나오는 이 두 구절에 대한 이 같은 해석은 위대한 왕의 사랑하는 아들 이야기와 아름다운 조화를 이룬다. 안 그런가? 왕의 사랑하는 아들의 사명, 곧 우리의 죄 많은 세상에 완전히 섞여 들어가야 할 것을 생각하라. 우리는 그가 왜 우리를 믿지 않는 자들로부터 분리하지 않고 그를 따라 그들과의 관계 안으로 들어가게 하셨는지를 알 수 있을 것이다. 그는 믿지 않는 자들에게 미치는 우리의 영향을 그의 영광을 위해 그들을 성화시키는 힘으로 여기셨다. 이는 나병 환자와(마 8:3) 죽은 자를(막 5:41, 눅 7:14) 만지실 때 깨끗함과 불결함을 구분하지 않으신 예수님에 의해 분명하게 드러나는 원리이다. 주 예수께서는 여러 명의 남편이 있었던 사마리아 여인을 불결하다 여기지 않으셨다 (요 4:9). 예수님에게 사마리아 여인은 삶을 변화시키는 생수를 필요로 하는 메마른 영혼이었을 뿐이다. 예수님은 죄인들, 세리들과 함께 어울리셨으며(마 9:10-11; 11:19, 눅 15:1), 그렇게 하심으로써 세상과 거리를 두고 율법을 지키는 것을 자랑으로 여기는 자들을 화나게 하셨다. 그러나 그들의 거룩함이 예수님에게 모범이 된 것이 아니라 예수님의 거룩함이 그들에게 모범이 되었다. 죄 많은 세상에 사시면서도 예수님의 거룩함은 죄에 오염되지 않았으며, 오히려 그분은 우리를 거룩하게 하시려고 우리와 동등해지셨다.

이러한 화합의 메시지는 초대 교회를 뿌리째 뒤흔들어 놓았다. 베드로는 예수님이 이방인들과 죄인들과 교제하시는 것을 몇 년씩 보고서도 환상 속에서 주님의 음성을 듣기 전까지는 비그리스도인들에 대한 편견을 극복하지 못했다. 그는 주님을 만나고 마음이 변화된 것에 대해 이렇게 증언한다.

> 유대인으로서 이방인과 교제하며 가까이 하는 것이 위법인 줄은 너희도 알거니와 하나님께서 내게 지시하사 아무도 속되다 하거나 깨끗하지 않다 하지 말라 하시기로(행 10:28, 참고로 롬 14:14, 고전 5:9-10도 보라.)

여기서 베드로가 말한 '위법'한 교제는 주님이 전하신 것이 아님을 아는 것이 중요하다. 그것은 이스라엘 민족의 순수성을 지키기 위해 이방 민족과의 교류를 금지한 율법주의적이고 냉정한 유대 전통에 불과했다. 바리새인들이 이방 민족과의 결혼과 우상숭배를 금하신 하나님의 명령을 비그리스도인들과의 모든 교류를 금하는 데까지 확대해 나간 것은 거룩해지기 위한 노력의 일환이었으며, 베드로는 유대인 이외의 사람과는 "교제"하거나 "가까이"하지 말라고 배웠다. 그러나 이는 하나님의 백성에 대한 그분의 계획이 아니다. 베드로가 이 문제로 갈등이 심했던 것은 나중에 안디옥에서 알지 못하는 중에 범한 실수를 보아도 분명하다(갈 2:11-14). 바울은 이방인들을 대하는 베드로의 태도에 강하게 반대했다. 그는 베드로의 행동이 "복음의 진리를 따라 바르게 행하지 아니"하는 것이라고 말했다(갈 2:14).

베드로는 하나님이 그의 백성에게 비그리스도인들과 교제하지 말라고 명하신 적이 없음을 알았어야 했다. 아니, 오히려 비그리스도인들에게 축복이 되어주었어야 했다. 사도행전 1장 8절에서 초대 교회에 주신 과제에는 이 기쁜 소식을 교회 공동체를 넘어 지구상의 구석구석에, 특히 이웃 나라에 전하는 것도 포함되어 있다. 다른 사람들이 우리의 거룩한 가정을 오염시킬까 봐 그들을 피한다면 믿지 않는 이웃에게 복음을 증거하기란 불가능하다는 사실을 직시하라.

그러므로 앤드루 같은 아이들을 모두 오라고 하자. 물론 그들에게는 적절한 행동을 하도록 주의를 줄 필요가 있을 것이다. 물론 그들은 은혜와 감사에 대해 아무것도 모를 것이고, 그들과 함께 있을 때에는 자녀를 더 주의해서 관찰해야 할 것이다. 그리고 새 친구 앤드루의 비참한 상태에 대해 자녀와 대화를 나눠야 할 것이다. 그러나 어린 비그리스도인들로 가득한 이웃은 참으로 근사한 선교지가 아닌가! 그들은 이제까지 참된 복음을 증거하는 사람을 본 적이 한 번도 없을지 모른다. 다시 한 번 말하지만 자녀가 비그리스도인들의 영향을 받지 않도록, 그리고 복음을 증거하고 봉사하는 차원을 넘어서지 않도록 주의해야 할 것이다. 그러나 복음이 이끄는 관계에는 제한이 없다.[8]

여기 자녀가 믿지 않는 이웃과 관계를 맺게 되었을 때 자문해보아야 할 몇 가지 질문이 있다.

- ☐ 이웃에 사는 특정한 아이가 단지 교회를 안 다닐 뿐인가, 아니면 교회에 다니지만 반항적인 태도를 보이는가?
- ☐ 그 이웃 아이가 내 아이에게 미치는 영향이 너무 커서 내 아이를 보호해야 하는가?
- ☐ 내 아이가 이웃 아이에 대해 적절한 경계를 설정하고 복음의 진리를 전할 만큼 성숙한가?
- ☐ 내 아이가 구세주를 사랑하는가, 아니면 함께 반항할 누군가를 찾는 반항아인가?
- ☐ 지금이 하나님의 사랑하는 아들을 기억할 상황인가, 아니면 사악한 사기꾼을 떠올릴 상황인가?
- ☐ 지금이 내 아이에게 잘못된 선택을 할 기회를 줘도 될 만큼 안전한 때인가?

이 질문들은 하나님의 아들의 영광과 사악한 사기꾼의 거짓말의 비극을 반영한다. 우리는 아직 미성숙하고 연약한 자녀가 믿지 않는 친구에게 휘둘리게 함으로써 사악한 사기꾼의 술수에 놀아나고 싶지도 않고, 원수의 속임수에 넘어가 예수님이 우리에게 보내신 사람들에게 그리스도를 증거하는 데 실패하고 싶지도 않다. 어느 쪽이 되었든 우리에겐 죄를 지을 가능성이 있으며, 사탄은 우리가 어느 쪽에서 잘못을 저지르든 상관하지 않는다.

비그리스도인들과의 밤샘 파티

세상과 더욱 분리된 가정생활을 지지하는 데 자주 사용되는 또 다른 성경 구절은 고린도전서 15장 33절의 인용문 "속지 말라 악한 동무들은 선한 행실을 더럽히나니"이다. 나쁜 친구의 악을 경계하는 이 인용문은 구약에서 인용한 것이 아니다. 아마도 세속적인 문학 작품에서 인용한 듯하다.9) 여기서 바울이 말하고자 하는 바는 유진 피터슨이 쉽게 풀어쓴 『메시지』 성경에 다음과 같이 잘 요약되어 있다.

> 부활에 반대하는 사람들에게 물들지 마십시오. '나쁜 친구가 좋은 행실을 망친다'고 했습니다.

여기서 바울은 부활을 인정하지 않는 교인들과 교제하는 것의 위험성을 경고하고 있지, 신자들의 자녀가 믿지 않는 아이들과 교제를 하느냐 마느냐에 대해 언급하고 있는 것이 아니다.

그러나 우리는 확실히 가장 가깝게 지내는 사람들을 닮아간다. 잠언 13장 20절은 "지혜로운 자와 동행하면 지혜를 얻고 미련한 자와 사귀면 해를 빚느니라"라고 가르친다. 설령 마크가 팀원들과 함께 있을 때 당당하게 행동하는 것 같아서 그들과의 밤샘 파티를 허락해주었다 치자. 하지만 당신이 결정해야 할 일은 그게 다가 아니다. 그 다음엔 〈스타워즈〉를 보게 해야 할지 말아야 할지를 결정해야 한다. 그리고 이와 관련해서는 신실한 그리스도인들 사이에서도 의견이 분분하다. 우리는 당신이 자녀의 각종 미디어에 대한 접근을 찬성하거나 반대하기보다는 이 문제를 복음에 비추어 생각해보았으면 한다. 여기 마크의 부모님이 복음에서 지혜를 구하고자 할 때 고려할 몇 가지 질문들이 있다.

- 마크가 지나친 영향을 받는 쪽은 유소년 야구팀의 어느 한 아이인가, 아니면 팀 전체로부터인가?
- 마크에게 대부분의 시간을 함께 보내는 다른 그리스도인 친구들이나 적어도 그리스도인 가정에서 자란 친구들이 있는가? 다시 말해서 마크는 그의 시간을 지혜로운 친구와 동행하고 그의 영향을 받는가?
- 마크는 팀원들과 함께 벤치에 앉아 있을 때 세상적인 유혹에 저항할 수 있는가?
- 마크가 시합이나 훈련을 하고 온 후 그에게서 눈에 띄는 변화가 나타나는가?
- 마크는 팀원들과 함께 있는 시간을 사랑과 봉사와 겸손을 통해 복음을 전하기 위한 시간으로 생각하는가? 혹 현실에 안주하려고 하지는 않는가?

우리는 자녀가 단 하나의 기쁜 이야기를 알고 또 믿기를 원한다. 그 밖의 다른 모든 이야기는 이 이야기의 아류이거나 그림자에 지나지 않는다. 그리고 이 이야기의 어떤 아류는 진리를 소리 높여 외치지만, 또 어떤 것은 아주 희미하게 속삭이거나 진리의 부재를 통해 진리를 상기시키는 정도에 불과하다. 우리는 아이들이 단 하나의 기쁜 이야기를 아주 잘 알아서 〈스타워즈〉나 〈해리 포터〉, 〈반지의 제왕〉 등의 영화를 볼 때 그 이야기 속에 깃든 진실과 거짓을 분별할 수 있기를 바란다. 우리는 아이들이 복음의 위대한 주제인 희생적인 사랑과 원수를 위해 목숨을 바치는 것과 부활과 주님의 통치 등에 대해 알기를 바란다. 그리고 용서와 정의, 악과의 싸움에 대해 알기를 바란다. 단 하나의 기쁜 이야기에 푹 빠질 때 우리 아이들은 세상적인 것들에 깃든 참된 것들과 거짓된 것들을 구별할 수 있을 것이다.

왜 자녀에게 세속적인 영화나 음악을 접하게 하는가?

우리는 왜 자녀에게 현대적인 미디어에 대한 접근을 허용하는가? 그냥 영화나 텔레비전은 아무것도 볼 수 없고 발표된 지 200년이 채 안 된 음악은 들을 수 없으며 현대에 출간된 그 어떤 책도 읽을 수 없다고 말하면 안 될까? 그러면 왜 안 되는 것일까? 여기에 대해 복음은 세 가지 이유를 제시한다.

첫째, 우리 아이들은 자라서 스스로를 절제하고 결정해야 하는 한 사람이 될 것이다. 이는 삶의 자연스러운 과정이다. 하지만 복음은 그들이 날 때부터 죄인이라고 말하고 있으므로 그들은 분명 몇 가지의 지혜롭지 않은 선택을 할 것이다. 우리가 바라는 것은 자녀가 단 하나의 기쁜 이야기를 잘 알아서 그것을 기준으로 다른 모든 이야기를 판단할 수 있게 되는 것이다. 그래서 사악한 사기꾼의 거짓말을 들었을 때 더욱 잘 대처하는 것이다.

둘째, 복음은 악이 우리 바깥에서만 생겨나는 게 아니라고 가르친다. 예수님도 "사람에게서 나오는 그것이 사람을 더럽게 하느니라"(막 7:20)

라고 말씀하셨다. 우리는 기본적으로 악을 행하려는 성향을 가지고 있다. 다른 누군가로부터 죄짓는 법을 배울 필요도 없으며 또한 죄를 내쫓지도 못한다. 죄는 우리의 죄된 본성으로부터 나오며 죄로부터 스스로를 보호하려고 해도 할 수가 없다. 마치 M. 나이트 샤말란의 2004년도 영화 〈빌리지〉처럼 말이다. 우리가 어디에 있든 거기엔 늘 악이 존재한다. 게다가 그것은 잠재적인 악이 아니라 실재하는 악이다. 우리를 더럽게 하는 것은 이미 우리 마음속에 있는 것들이지 미디어를 통해 접하는 것들이 아니다.

셋째, 복음은 하나님이 우리를 다양한 미디어가 존재하는 사회에서 봉사하도록 부르셨지, 1800년대나 1900년대의 사회에서 봉사하도록 부르시지는 않았다는 것을 가르친다. 좋든 싫든 우리 이웃들은 음악이나 텔레비전, 영화 등에 대한 많은 것을 알고 있다. 그것은 그들의 언어이며, 그들의 모든 철학과 욕구를 형성한다. 우리는 그들과 다르지만 그 이유가 볼드모트가 누구인지 모르는 데서 기인한 것은 아니어야 한다. 우리는 단 하나의 기쁜 이야기를 알고 그 이야기로 인해 우리 삶이 변화되고 우리가 진짜 볼드모트로부터 자유로워졌기 때문에 다른 것이다. 우리의 이웃들은 우리가 변화된 모습들을 보고 그 사실을 알아야 한다.

그렇다고 오해하지는 말기 바란다. 우리는 모든 영화가 아이들이 보기에 적절하다고 말하려는 게 아니다. 그렇지만 어떤 영화들은 아이들이 보기에 적절하며, 개중에는 너무나 유명해서 이웃들과 공감대를 형성하기 위해서라도 봐야 하는 영화도 있다. 우리는 우리 가정이 이웃들이 좋아하는 모든 것을 싫어하는 괴짜 가족으로 알려지기를 원치 않는다. 사랑과 봉사와 기쁨이 넘치는 특별한 가족으로 알려지기를 원한다.

여기 미디어(텔레비전, 음악, 비디오 게임, 영화 등)에 노출되는 것과 관련하여 지혜를 구할 때 자문해보아야 할 몇 가지 질문들이 있다.

- ☐ 이 내용이 가치 있는 것인가? 다시 말해서 단 하나의 기쁜 이야기를 설명하는 데 이를 활용할 수 있는가? (비록 '기독교적인' 내용은 아닐지라도) 이 이야기에 복음의 위대한 주제가 분명히 드러나 있는가?

- ☐ 당신의 자녀가 이 영화나 TV 프로그램에 지나친 영향을 받는가? 그들이 이 영화나 프로그램을 보고 나서 거기에 나오는 부적절한 말을 따라하는가?

- ☐ 당신의 자녀는 이 비디오나 노래에 결여된 것들을 지적할 수 있는가? 이 비디오나 노래의 어떤 점이 복음에 위배되며, 어느 대목에서 단 하나의 기쁜 이야기를 발견하는지 설명할 수 있는가?

- ☐ 당신이 이 프로그램을 못 보게 할 때 자녀의 태도는 어떠한가? 그 프로그램이 그의 마음속에서 우상이 되지는 않는가?

- ☐ 이 노래에 대해 자녀와 타협할 방법은 없는가? 예컨대 앨범 전체를 못 듣게 하는 대신 몇몇 노래는 듣게 해주는 식으로.

- ☐ 당신은 자녀가 이 프로그램을 시청하거나 음악을 들으면 잘못될 것이라는 두려움에 지배당하는가? 아니면 그것들이 자녀에게 미치는 영향에 대해 명확하게 사고할 수 있는가?

자녀가 어린아이 같음을 기억하라. 아이들은 어린아이 같이 생각하고 이해하기에 아이들인 것이다. 아이들은 그들을 압도하는 말이나 이미지들을 걸러낼 만큼 성숙하지 못하다. 따라서 우리는 그들이 보고 들을 만한 것들을 지혜롭게 선별해야 한다.

성경은 말씀이 어린아이들과 성인의 마음이나 내면에 들어올 수 있음을 알려준다(시 119:11, 렘 15:16). 그렇기 때문에 어린아이들은 무섭고 기괴한 영상으로부터 보호되어야 한다. 그들은 실재하지 않는 것들을 실재하는 것처럼 보이게 하는 방법이 있다는 것을 이해하지 못하기 때문이다. 그들은 어린아이같이 생각하는 까닭에 자기들이 본 그대로를 믿는다. 따라서 대단히 공포스러운 무언가를 보면 그 이미지가 내면에 들어와 박힌다.

또한 어린아이들은 그들이 이해할 수 없는 방식으로 행동하는 사춘기 소년 소녀나 성인 남녀의 이미지들로부터 보호되어야 한다. 어린아이들에게는 키스를 하는 장면이나 기타 성과 관련한 그 어떤 장면도 보여줄 필요가 없다. 그들은 생각이 아직 어리기 때문이다. 아이들에게 부모의 다정한 모습을 보여주는 것은 상관없지만(아이들은 다정한 행동이 사랑과 헌신에 기초한 관계에서 비롯된 것임을 안다.) 불법적이거나 성적인 묘사가 지나친 모습을 보여주어서는 안 된다.

어린 소녀들은 남자아이들이 자기를 어떻게 생각하느냐에 따라 자신의 가치가 결정된다는 생각으로부터 보호받아야 한다. 그들은 구주이신 예수님이 그들에게 사랑을 베푸셨으며, 따라서 사랑을 얻기 위해 공주님 드레스를 입을 필요는 없다는 것을 알아야 한다. 그들이 주님의 사랑과 기쁨이며 주님이 바로 천국에 계시는 위대한 왕자님임을 알아야 한다. 그런 후에는 공주님이 나오는 동화를 읽고 공주님처럼 굴어도 무방하다. 그리고 자신이 멋진 왕자님에게 사랑받고 있다고 상상해도 괜찮다. 그들은 이미 멋진 왕자님에게 사랑받고 있으므로.

남자아이들에게는 여자 형제들과 여자 친구들을 사랑하고 존중하도록 해주어야 하고, 외모 외에는 가치가 없다는 식으로 여성을 대해서는 안 된다는 것을 알게 해주어야 한다. 남자아이들은 여자아이들을 사랑하고 존중하고 보호하도록 배워야 한다. 그들은 하나님의 형상대로 만들어졌고, 위대한 전사인 왕자님에게서 사랑받았기 때문이다.

이방인을 사랑하기

우리는 이 장을 우리 이웃에 있는 이방인을 사랑하라고 말하는 레위기의 한 구절로 시작했다. 그러나 여기 세상과 거리를 두라고 말하는 듯한 신약의 한 구절이 있다.

> 이 세상이나 세상에 있는 것들을 사랑하지 말라 누구든지 세상을 사랑하면 아버지의 사랑이 그 안에 있지 아니하니 이는 세상에 있는 모든 것이 육신의 정욕과 안목의 정욕과 이생의 자랑이니 다 아버지께로부터 온 것이 아니요 세상으로부터 온 것이라 이 세상도, 그 정욕도 지나가되 오직 하나님의 뜻을 행하는 자는 영원히 거하느니라 (요일 2:15-17)

이 구절이 무엇을 말하고 무엇을 말하지 않는지에 주목하자. 이 구절은 우리가 일을 하거나 무엇을 획득하는 방식(하나님의 사랑과는 완전히 대조된다.)에 끌릴 수 있다고 말한다. 우리 모두는 '허영의 시장'을 노래하는 세이렌의 음성에 끌린다. 우리는 누구나 소유에 대한 애착을 느끼고 스스로의 성취에 궁극적인 자부심을 느끼고 싶어한다. 그러나 이 구절은 우리가 끊임없이 스스로를 자랑스럽게 느끼게 하고 스스로의 가치를 입증하는 물건들에 강한 애착을 느낀다면 우리는 "아버지의 사랑"을 알지 못하는 것이라고 말한다. 왜냐하면 아버지의 사랑은 이런 시시한 것들에 마음을 빼앗기기에는 너무도 영광스럽고 부요하고 아름답기 때문이다.

이 구절이 말하지 않는 것에 대해서도 생각해보자. 이 구절은 우리에게 세상 사람들에 대한 사랑을 유보하라고 말하지 않는다. 세상을 너무도 사랑하셔서 아들을 보내 죽게까지 하신 아버지가 어떻게 우리에게 세상을 사랑하지 말라고 명하실 수 있겠는가? 우리는 여기서 구원받지 못한 사람들과 거리를 두는 것을 참된 경건으로 혼동하지 않도록 주의할 필요가 있다. 어떤 목사님은 다음과 같은 지혜로운 말씀을 남겼다.

> 우리는 복음이 우리 가정 너머에까지 미친다는 사실을 잊고 있을 때가 많습니다. 예의 바르게 "부탁합니다."라거나 "고맙습니다."라고 말하는 착한 자녀를 둔 것에 만족하며 복음이 우리의 모든 인간관계, 특히 세상 사람들과의 관계를 위한 것임을 잊어버리는 것입니다.
> 복음의 진리를 떠올리고 복음이 죄인들을 위한 것임을 기억한다면 자신과 자녀를 복음 그 자체와 하나님 나라를 소망하는 큰 뜻에 참여시키는 것을 잊은 채, 자신의 거룩에 취한 경건한 가정을 이루려 잘못된 복음중심주의를 생각하는 일은 없을 것입니다.
> 그리스도는 천국 보좌에서 성령의 힘을 빌어 교회와 우리 가정을 통해 세상에 대한 사명을 감당하심으로써 자기 영광을 드러내십니다. 그리

스도가 그의 사명에 주의를 환기하시며 "아버지께서 나를 보내신 것 같이 나도 너희를 보내노라"라고 말씀하실 때 우리는 그분의 사명에 동참하게 됩니다.

우리는 "세상의 빛"이라고 불립니다. …… 잃어버린 자들을 찾아 구원하는 그리스도의 사명으로 인해 우리는 동일한 서사의 일부가 되고, 스스로를 그리스도의 구속의 드라마에 등장하는 진짜 배우로 여기게 됩니다.10)

이 드라마에서 우리는 진짜 배우다. 이 이야기에서 우리 자녀 또한 진짜 배우다. 하나님이 각본을 쓰셨고 온 우주가 그분의 무대이다. 연극의 피날레는 예수님이 하신 모든 것이 완전하게 계시되면서 그분의 영광으로 가득 차는 것이다. 예수님은 모든 것이 완벽하게 순수한 천국의 안락함을 뒤로한 채 "성문 밖"(히 13:12)에서 십자가에 못 박히셨다. 그분은 지금 그의 백성에게 우리와 우리 가정을 통해 그와 화해하기를 호소하시면서 모든 교회와 온 우주를 다스리고 계신다. 당신이 이웃을 사랑하고 자녀에게도 그렇게 하도록 권한다면 이웃이 어떻게 변화될지 상상해보라.

물론 복음과 세상의 경계가 모호한 것들을 이렇게 바라보는 것은, 단순히 시골로 내려가 세상과 격리된 삶을 사는 것보다 훨씬 어렵다. 정해진 규칙대로 따라 하는 것은 훨씬 쉽다. 그러나 복음을 위해 이웃과 교제하는 법을 배우고자 진지하게 노력한다면 성령을 의지하는 법을 알게 될 것이다. 때로 실수를 할 때도 있겠지만 당신은 주님이 하신 것처럼 이웃을 대할 수 있을 것이고, 그것이 바로 당신이 여기에 있는 이유이다.

"우리가 지닌 모든 재능은 이웃을 위해 쓰라고 하나님이 우리에게 주신 것이다."11)

8. 하늘 아버지와 대화하라

하나님의 아버지 사랑은 기도 학교에서 배우는 첫 번째이자
가장 단순한 교훈이지만 가장 마지막이자 최고의 교훈이기도 하다. 앤드류 머레이[1]

누구나 살다 보면 '깐깐한 숙모' 같은 사람을 만나기 마련이다. 부모님이 특별히 잘 대하라고 당부하는 그런 사람 말이다. 당신은 그녀에게 유산을 물려받을 터이기에 예의를 차려 자주 찾아뵙는 것이 득이 된다는 것을 알지만, 그럼에도 그녀를 만나는 것은 고역이다. 그녀는 면전에서 비웃는 투로 말하기 일쑤인데다, 헤어진 후에 당신이 저지른 온갖 실수를 당신 어머니에게 이야기하는 그런 사람이다. 당신이 어려울 때 그녀가 도와줄 수 있으리라는 것을 알지만, 도움을 청하고 싶지는 않다. 나를 더욱더 비웃는 듯한 그녀에게 비굴하게도 왜 또다시 그녀의 도움이 필요한지를 설명해야 할 터이기 때문이다.

반면에 우리 손자 손녀들이 우리 집에 올 때면 그 아이들은 집 안으로 뛰어들어와 나를 껴안으며 앞다퉈 말을 해댄다. 내가 저녁 식사를 준비할 때에도 내 옆에 붙어 서서 재잘대거나 도와주겠다고 설치기 때문에 나는 손주들을 주방에서 몰아내지 않을 수 없다. 그들은 저마다 하고 싶은 말이 있고, 그래서 나는 동시에 두세 아이의 이야기를 들어야 할 때가 많다. 나는 자상한 할머니이지 '깐깐한 숙모'가 아니다.

우리와 '깐깐한 숙모'와의 관계와 내 손주들과 그들의 자상한 할머니와의 관계의 차이는 '사랑'이라는 한 단어로 요약할 수 있다. 내 어린 손주들은 내가 그들을 사랑하며 늘 환영한다는 것을 안다. 사랑은 그들이 나를 편안해하도록 만든다. 나는 손주들에게 비웃는 투로 말하지 않고 그들을 꼭 껴안아준다. 그들은 내 사랑을 확신하기 때문에 내게 달려와 안기며 우스갯소리를 늘어놓고 사탕을 달라고 조른다. 그리고 힘들었던 이야기도 서슴없이 털어놓는다. 그들의 이야기를 들어줄 것을 알기 때문이다. 그들은 내가 그들을 사랑한다는 것을 알기에 나를 편안해하고 또 사랑한다.

'깐깐한 숙모'에게 기도하기

우리 대부분은 기도와 관련해 죄책감을 느끼곤 한다. 기도해야 한다는 것, 하나님께 우리의 청을 말씀드려야 한다는 것은 알지만 솔직히 하나님께 기도드린다는 것은 연로하고 괴팍하며 깐깐한 숙모를 방문하는 것과 비슷하기 때문이다. 물론 신학적으로는 그것이 사실이 아니라는 것을 알면서도(우리는 "하나님은 사랑"이시라는(요일 4:8) 것을 안다.) 마음속 깊은 곳에서는 우리의 기도를 확신하지 못한다. 그에게로 달려가라고? 그의 냉장고를 습격하고 사탕을 달라고 요구하라고? 하나님께?

그것은 거의 불가능하다. 우리가 어떻게 하나님을 그런 식으로 생각할 수 있겠는가? 하나님과 솔직하고 애정 깊은 대화가 어떻게 가능하겠는가? 하나님은 자상한 할머니가 아닌 것을. 하나님은 거룩하시고 우리 마음속의 모든 의도와 생각을 아시는, 하늘과 땅의 주재이시다.

> 지으신 것이 하나도 그 앞에 나타나지 않음이 없고 우리의 결산을 받으실 이의 눈 앞에 만물이 벌거벗은 것 같이 드러나느니라(히 4:13)

이 장에서는 자녀교육에 있어서의 기도의 역할에 대해 생각해보고자 한다. 그러나 그에 앞서 한 가지를 기억해주기 바란다. 바로 자녀의 구원은 부모의 신실한 기도에 달려 있지 않다는 사실이다. 자녀의 구원은 오직 우리의 신실하신 대제사장 예수 그리스도의 기도에 달려 있다. 물론 그분은 수단을 활용하시고 또 기도에 응답하시지만, 그러나 당신의 기도에 모든 게 달려 있는 것은 아니다.

그리스도인이라면 누구나 기도해야 한다는 것을 안다. 그러나 우리의 기도생활은 냉랭하고 생기가 없을 때가 많다. 기도가 습관적으로 하는 매일의 일과 중 하나가 되어버리는 것이다. 우리는 하나님과 함께 시간을 보내는 데 기쁨을 느끼지 못하기에 기도에 게을러진다. 그리고 아이들에게 수학 문제를 풀게 하는 데 성공하면 기도하려던 계획을 실행에 옮기지 못할 때가 많다. 우리가 기도하기를 싫어하는 것은 죄책감으로 기도하기 때문인가? 죄책감은 진실한 기도를 낳지 못한다. 죄책감은 사랑에서 우러난 행동을 이끌어내지 못한다.

사랑하는 아버지에게 기도하기

앤드류 머레이는 이렇게 쓰고 있다.

예수님은 효과적인 기도의 비결은 우리 마음을 하나님의 아버지 사랑으로 가득 채우는 것임을 알려주려고 하셨다. 그분은 하나님이 아버지시라는 것을 아는 것만으로는 충분하지 않으며, 아버지라는 이름이 무엇을 의미하는지를 이해해야 한다고 생각하셨다. 우리는 우리가 아는 가장 훌륭한 지상의 아버지를 택해 그가 자녀의 청에 대해 생각할 때의 자애로움과 그들의 모든 합리적인 청을 들어줄 때의 기쁨을 생각해보아야 한다. 그런 다음 하나님의 무한하신 사랑과 아버지다움을 생각할 때 하나님이 얼마나 더 큰 자애로 우리의 청을 들어주시는지 알게 될 것이다. 그리고 하나님의 사랑이 얼마나 우리의 이해를 초월해 있는지를 깨닫고 기꺼이 우리의 말을 들어주시는 하나님을 도저히 이해할 수 없다고 느끼게 될 것이다. 그때에 하나님은 우리로 하여금 그분께 다가가 마음을 열고 성령님이 주시는 하나님의 아버지 사랑을 받아들이도록 하실 것이다.[2]

기도하는 부모로서 당신에게 필요한 것은 아버지이신 하나님의 사랑을 깊이 체험하는 것이지 더 많이 기도하는 것이 아니다. 당신은 자녀 교육을 위해 기도해야 한다는 것을 안다. 당신에 대한 하나님의 사랑을 깨닫고 나면 당신의 기도 시간은 깐깐한 숙모를 방문하는 시간에서 자상한 할머니와 함께하는 시간으로 바뀔 것이다.

주님은 당신이나 당신의 자녀교육에 실망하지 않으시며, 당신의 기도에도 실망하지 않으신다. 주님은 사랑하는 자녀가 불순종하고 실패했다고 해서 그들을 실망스러운 아이로 생각하지 않으시며, 그들이 잘못을 만회할 때까지 사랑을 유보하지도 않으신다. 그분은 이미 당신에 대한 최악의 사실을 알고 계시며, 그럼에도 불구하고 당신을 사랑하고 인정해주신다. 당신의 죄는 주님을 근심하게 하지만(엡 4:30) 주님은 당신이 구석에 웅크리고 앉아 있는 것을 원치 않으신다. 주님은 당신이 환영받으리라는 확신에 차서 기쁨으로 그분께 나아오기를 원하신다. 하나님의 아들이신 예수님이 당신을 위해 기도하시고 중보하시는 까닭에 당신은 그분께 나아갈 수 있다. 하늘 아버지는 당신을 사랑하신다.

아래의 말씀을 보며 예수님의 호소가 당신을 원수에서 사랑하는 자녀로 바꿔 놓을 만큼 강력하다는 것을 믿게 해달라고 성령님께 간구하라. 내가 손주들의 목소리를 듣는 것을 즐거워하는 것과 마찬가지로 하늘 아버지는 예수님으로 말미암아 당신의 음성을 듣기를 즐거워하신다.

> 그가 자기 영혼을 버려 사망에 이르게 하며 범죄자 중 하나로 헤아림을 받았음이니라 그러나 그가 많은 사람의 죄를 담당하며 범죄자를 위하여 기도하였느니라 (사 53:12)

> 그러므로 자기를 힘입어 하나님께 나아가는 자들을 온전히 구원하실 수 있으니 이는 그가 항상 살아 계셔서 그들을 위하여 간구하심이라 (히 7:25)

> 나의 자녀들아 내가 이것을 너희에게 씀은 너희로 죄를 범하지 않게 하

려 함이라 만일 누가 죄를 범하여도 아버지 앞에서 우리에게 대언자가 있으니 곧 의로우신 예수 그리스도시라(요일 2:1)

당신은 동행한 누군가 덕분에 특별한 행사에 참석할 수 있었던 경험이 있는가? 내겐 그런 경험이 있다. 행사장 입구를 지키는 굳은 표정의 경비원에게 다가가 "이분과 일행입니다."라고 말한 후 그 경비원의 표정이 부드럽게 바뀌는 것을 지켜보는 것은 참으로 기분 좋은 일이다. 당신이 온 우주를 지으신 거룩한 왕 앞으로 걸어 들어갈 때 당신 옆에는 예수님이 계신다. 당신은 그냥 "이분과 일행입니다."라고 말하기만 하면 된다. 우리가 누구와 함께 있으며 누가 우리를 위해 중보하시는지를 잊고 있을 때 우리는 하나님께 잘 보여야 한다는 생각을 하게 된다. 그리하여 서로 자기 자랑을 하는 등 온갖 종류의 어리석은 짓을 저지르게 되는 것이다. 그러나 여기 우리 마음에 평안을 주는 사도 바울의 말씀이 있다.

그런즉 누구든지 사람을 자랑하지 말라 만물이 다 너희 것임이라 바울이나 아볼로나 게바나 세계나 생명이나 사망이나 지금 것이나 장래 것이나 다 너희의 것이요 너희는 그리스도의 것이요 그리스도는 하나님의 것이니라(고전 3:21-23)

이 말씀에 따르면 모든 게 다 우리 것이고 우리가 필요로 하는 모든 것이 기도를 통해 우리에게 주어진다! 우리 영혼이 복음의 은혜에 잠길 때, 하나님과 함께하는 시간은 이전과는 다르게 변한다. 정해진 기도 시간이 보다 편안하게 느껴지고 끊임없이 하나님과 대화를 나누게 되는 것이다. 하나님이 우리의 음성을 듣기를 기뻐하신다는 것을 알기 때문이다. 어려운 결정을 내려야 한다거나 자녀가 교정을 필요로 할 때면 편안한 마음으로 하나님께 달려가 이렇게 말씀드리게 된다.

"주님, 주님이 여기 계시다는 것을 압니다. 제게 은혜를 베풀어주세요."

성령은 우리 눈에 비치는 예수님이 커 보이는 것을 좋아하시기에 우리를 양육하시고 훈련시키시며 예수님의 은혜로운 겸손을 상기시키신다. 그리고 우리가 복음을 잊고 있을 때에는 우리를 부드럽게 교정하시고 또다시 예수님을 크게 보이게 하신다. 오늘 자녀 때문에 몹시 힘들었는가? 그렇다면 이렇게 기도하라.

"주님, 주님이 저와 함께 계시다는 것과 주님이 제게 모든 것을 주셨다는 것을 압니다. 지금 주님을 만날 수 있게 도와주세요."

당신은 기도할 때 확신을 가질 수 있다. 하늘 아버지께서 당신을 사랑하시기 때문이다. 그분이 당신을 사랑하시는 것은 당신이 그의 사랑하는 아들 안에 있기 때문이기도 하지만 그분이 당신을 사랑하기로 결정하셨기 때문이기도 하다. 왜 그런 결정을 내리셨느냐고? 그건 나도 모른다. 손주들이 내게 왜 그들을 사랑하느냐고 물으면 나는 그들이 사랑받을만한 구체적인 행동을 대지는 못한다. 그냥 "너희들은 너희들이기 때문이야. 그래서 너희들을 사랑한단다."라고 말할 뿐이다. 어떤 면에서는 하늘 아버지도 당신에 대해 이렇게 느끼실 것이다. 하지만 하늘 아버지는 당신이 태어나기 전부터 당신을 사랑하셨다. 사실 그분은 창세전부터 사랑 안에서 우리를 그분의 자녀 삼기로 예정하셨다(엡 1:4-5). 그분은 시간의 터널을 통해 당신을 보실 수 있었고 "너를 사랑한단다."

하고 말씀하실 수 있었다. 사도 요한은 우리에 대한 하나님의 측량할 수 없는 사랑을 이렇게 묘사하고 있다.

> 그 날에 너희가 내 이름으로 구할 것이요 내가 너희를 위하여 아버지께 구하겠다 하는 말이 아니니 이는 너희가 나를 사랑하고 또 내가 하나님께로부터 온 줄 믿었으므로 아버지께서 친히 너희를 사랑하심이라(요 16: 26-27)

> 내가 비옵는 것은 이 사람들만 위함이 아니요 또 그들의 말로 말미암아 나를 믿는 사람들도 위함이니 …… 곧 내가 그들 안에 있고 아버지께서 내 안에 계시어 그들로 온전함을 이루어 하나가 되게 하려 함은 아버지께서 나를 보내신 것과 또 나를 사랑하심 같이 그들도 사랑하신 것을 세상으로 알게 하려 함이로소이다(요 17: 20, 23)

> 보라 아버지께서 어떠한 사랑을 우리에게 베푸사 하나님의 자녀라 일컬음을 받게 하셨는가, 우리가 그러하도다(요일 3:1)

바울이 우리의 이해를 넘어서는 것, 즉 그리스도 안에서 우리를 사랑하시는 하나님의 사랑을 이해할 수 있게 해달라고 기도한 것도 당연한 일이다. 우리를 향한 하나님의 사랑은 끝이 없다. 우리는 결코 그 사랑의 깊이에 도달하지 못할 것이고, 영원 속에서도 날마다 하나님의 은혜에 놀랄 것이다. 바울은 우리가 "능히 모든 성도와 함께 지식에 넘치는 그리스도의 사랑을 알고 그 너비와 길이와 높이와 깊이가 어떠함을"

깨닫기를 기도했다(엡 3:18-19). 우리의 모든 불신앙에 비추어볼 때 하나님이 우리를 사랑하신다는 것을 믿으려면 참으로 하나님이 주시는 힘이 필요하다. 우리에게 이 확신, 우리의 행위가 아니라 하나님의 은혜로부터 비롯된 확신이 있다면 기도하고 싶은 마음도 커질 것이다. 하나님은 깐깐한 숙모가 아니라 우리를 사랑하시는 아버지이다. 이 대목에서 다시 한 번 앤드류 머레이의 귀한 글을 인용하고자 한다.

> 우리는 아버지가 병약한 자녀의 말에 귀 기울일 때의 그 모든 연민과, 이제 막 말을 시작한 자녀의 더듬거리는 소리를 들을 때의 그 모든 기쁨과, 생각 없이 행동하는 자녀를 참아줄 때의 그 모든 부드러운 인내심으로 기꺼이 우리가 하는 말을 들으려 하시는 하나님의 마음을 살펴야 한다. 그리하면 하나님은 우리가 마음을 열고 성령님이 주시는 하나님의 아버지다운 사랑을 받아들이게 하실 것이다.3)

절망은 기도하는 부모를 만든다

아버지 하나님이 진정 우리를 사랑하시고 우리의 기도를 들으러 하시느냐의 문제와는 별도로 우리가 기도하지 않는 또 다른 이유는 진정으로 절망하지 않았기 때문이다. 오늘 우리가 유순한 자녀를 둔 까닭에 만족하고 있다면 기도할 필요성을 많이 느끼지 못할 것이다. 그리고 먼 훗날 『일상 기도』의 저자 폴 밀러와 함께 이렇게 고백하게 될 것이다.

> 혼자의 힘으로 자녀를 키우는 것은 불가능하다는 사실을 깨닫기까지

17년이 걸렸습니다. 이것은 무슨 대단한 영적 깨달음이 아니라 현실적인 생각일 뿐입니다. 내가 매일 아침 식구들의 이름을 부르며 간절히 기도하지 않았더라면 그들은 아마 서로를 죽이고 말았을 겁니다. 나는 그들의 마음속에 들어갈 수 없었고, 그래서 절망했습니다. 게다가 자기 확신에 가득 찬 마음을 변화시킬 수 없었습니다. …… 나는 기도를 통해 최선의 자녀교육을 할 수 있었습니다. 그리하여 자녀에게 하는 말은 더 줄어들고 하나님께 드리는 말씀은 더 늘어났습니다. 그것은 참으로 마음이 편해지는 경험이었습니다.4)

주님은 친절하셔서 우리로 하여금 절실히 그분을 찾게 만드시지만, 우리는 절망적인 상황에서도 기도를 하지 않을 때가 많다. 우리는 무릎을 꿇고 하늘 아버지의 은혜를 구하기보다는 책을 꺼내 들고 우리가 무엇을 잘못했는지를 알아보려 한다. 그리고 자녀가 우리가 시키는 대로 하게 하기 위해 애쓰느라 기도할 시간이 없다고 느낀다.

우리는 부모 역할을 하느라 바쁘게 움직이다보면 기도할 시간이 없는 것처럼 느껴진다는 것을 안다. '기도하라고? 숨 쉴 틈조차 없는걸!' 하지만 그렇다 하더라도 당신이 하나님께 은혜를 청하면 주님은 당신으로 하여금 하루 종일 마음속으로 그분과 대화를 나눌 수 있게 해주실 것이다. '주님, 지금 우리에게 자비를 베푸소서. 아이들의 말다툼에 부드럽게 대처할 수 있도록 은혜를 베풀어 주옵소서. 주님, 이러한 상황 속에서 십자가를 바라보는 지혜를 주옵소서.' 마음속으로 하는 이러한 기도는 당신이 자신보다 하나님을 더 의지할 수 있도록 도와줄 것이다.

이제 선교사처럼 기도하라

모든 그리스도인 부모는 선교사나 마찬가지이다. 우리는 자녀에게 하늘 아버지의 사랑을 알게 하고 또 이를 믿게 할 임무를 부여받았다. 우리는 자녀가 구원의 필요성을 알 수 있도록 율법에 대해 이야기해주어야 하고 또 그들을 율법의 저주에서 자유롭게 하신 구원자에 대해서도 이야기해주어야 한다. 그러나 이 기념비적인 과업은 우리 혼자만의 힘으로는 달성할 수 없다. 우리에게도 구원이 필요하고 구원자가 필요하다. 따라서 도움을 청하는 기도를 드려야 한다. 우리가 부모로서 흔히 하기 쉬운, '주님, 저 아이들이 얌전히 굴 수 있게 해주세요.' 라는 기도를 드리는 데서 벗어나 그리스도의 대사로서 우리의 소명을 보다 분명히 드러내주는 기도를 드리게 할 것이다.

바울의 기도는 우리에게 새로운 깨달음을 준다. 각기 다른 교회들을 위한 바울의 기도에는 비슷한 패턴이 있다. 우리는 이 기도의 패턴을 주목해야 할 것이다. 나(제시카)는 바울이 드린 기도의 앞부분이 늘 그가 편지를 써 보낸 교회의 교인들에 대한 감사로 가득하다는 것을 알게 되었다. 사실 그는 놀라운 말들로 그들에 대한 사랑을 이야기하며 감사를 표현한다. 그가 빌립보 교인들에게 한 따뜻한 말을 들어보지. 그는 "내가 예수 그리스도의 심장으로 너희 무리를 얼마나 사모하는지"(빌 1:8)라고 쓰고 있다. 또한 바울은 데살로니가 교인들을 만나고 싶어하며 "너희를 위하여 능히 어떠한 감사로 하나님께 보답할까"(살전 3:9)라고 말하고, 로마 교인들에 대한 감사의 마음으로 가득 차 그들과 함께 있고 싶어한다(롬 1:8, 11). 에베소 교인들에게는 기도 안에서 그들을 기억하고 그들로 말미암아 감사하기를 그치지 않는다고 말한다(엡 1:16).

바울은 그리스도 안에서 그의 자녀 된 자들에 대한 지극한 사랑으로 기도하기를 주저하지 않았다. 마찬가지로 자녀를 위한 우리의 기도에도 감사가 넘쳐야 한다. 물론 바울은 우는 아기에게 젖을 먹이려고 새벽 3시에 일어나거나 하루에 14번씩 아이들의 싸움을 뜯어말리거나 화가 난 십대의 잔인한 말들을 참아내거나 하지는 않아도 되었다. 비록 그런 일들을 할 필요는 없었지만 바울은 모든 교회를 자기 자녀처럼 사랑했다. 그는 교인들을 꾸짖기도 해야 했고 그들이 그에 대해서나 서로에 대해 지은 죄를 참아내기도 해야 했다. 바울이 편지를 써 보낸 교회들은 완벽한 교인들이 다니는 모범적인 교회가 아니라 하나님의 자녀, 즉 은혜를 필요로 하는 죄인들로 구성된 교회들이었다. 바울은 그리스도의 관점에서 그들을 보려 했고 자신이 사랑받은 대로 그들을 사랑하려 했다.

마찬가지로 우리도 그리스도가 하신 것처럼 큰 소망과 사랑을 가지고 자녀를 볼 수 있게 해달라고 성령께 간구해야 한다. 우리가 '은혜의 발견자들'이 되게 해달라고, 또한 자녀가 잘못한 것보다는 주님이 그들의 삶 속에 어떻게 역사하시는지에 대해 더 잘 알게 해달라고 청해야 한다. 나는 내 아이들을 위한 기도를 다음과 같은 말로 시작하려고 노력하고 있다.

"주님, 감사합니다. 주님이 조니 안의 어디쯤에서 역사하시는지 알 수 있게 도와주옵소서. 그 아이의 생명을 유지시켜 주시니 감사하고, 그 아이가 믿음이 깊은 체하지 않게 해주시니 감사합니다. 그 아이가 여전히 집에서 생활하게 해주시니 감사합니다."

바울은 교인들에 대한 감사를 표현한 후 그들을 위한 그의 기도에 대해 말한다. 그는 우리가 흔히 드리는 것과 같은 일상적인 기도를 드린다. 그는 교인들이 그들의 소명에 걸맞은 사람이 되고, 선을 행하고, 지식과 지혜로 충만하게 해달라고 기도한다. 그리고 그들이 서로를 더 많이 사랑하고 주님과 온전한 교제를 나눌 수 있게 해달라고 기도한다. 이러한 기도는 내가 우리 아이들을 위해 했던 기도와 비슷하다. 나는 주로 아이들의 행동에 초점을 맞춰 기도하곤 했다. "주님, 오늘 조시가 얌전하게 굴고 스스로 절제할 수 있게 도와주세요." 하는 식으로 말이다. 물론 자녀의 구원이나 그들의 미래의 배우자를 위해 기도할 수도 있겠지만 나는 아이들의 행동으로 범위를 제한해서 기도하곤 했다.

이 두 가지 단계가 지나고 나면 바울의 기도는 내가 평소에 드리는 기도와 달라진다. 바울은 교인들이 서로를 사랑하게 해달라고 기도하되 늘 그들이 사랑받은 것에 비추어 서로를 사랑하게 해달라고 기도한다. 바울은 그들이 지식과 영감으로 가득하게 해달라고 기도하되 늘 그들을 향한 그리스도의 사랑에 대한 지식과 영감으로 가득하게 해달라고 기도한다. 그리고 그들이 자기 안에서 역사하시는 예수님의 능력을 알게 해달라고 기두한다. 그렇다. 바울은 그들이 선을 행하게 해달리고 기도하지만, 그것이 그가 선해 보이기 위해서도 아니고 그들을 위해 열심이기 때문도 아니다. 바울은 그들이 예수 그리스도에 대해 감사하는 마음을 갖게 해달라고 기도한다. 그는 그들이 깨끗하고 흠이 없게 해달라고 기도하되 오직 하나님이 그들을 이미 깨끗하고 흠이 없다고 일컬으셨다는 사실에 비추어 깨끗하고 흠이 없게 해달라고 기도한다.

우리에게 구원받지 못한 자녀가 있다면 열정적으로 하나님을 부르며 그들이 그리스도의 은혜의 부요함을 볼 수 있게 해달라고 탄원해야 한다. 사실 우리는 가족 모두가 그리스도의 은혜를 믿게 해달라는 기도를 끊임없이 드려야 한다. 또한 우리의 기도는 바울의 기도를 닮아야 하며, 따라서 우리 아이들이 천지를 창조하셨으면서도 우리 영혼 하나 하나를 세심하게 돌보시는 하나님의 영광스러운 권능에 눈뜰 수 있기를 간구하는 기도가 되어야 한다.

바울의 모든 기도에는 하나님이 교회 안에서 역사하시리라는 확신이 배어 나온다. 가만히 그의 기도를 들어보면 바울이 자신의 기도가 이미 결실을 맺었음을 믿고 있다는 것을 알 수 있다. 이 같은 확신은 동료 성인(聖人)들에 대한 믿음에서 비롯된 것이 아니다. 바울은 그들의 실패에 대해 잘 알고 있었기 때문이다. 그의 확신은 하나님에게서 온 것이다. 신실하신 주님의 능력에 의해 바울은 주님이 교인들을 세우고 보호하시리라는 것을 알고 있었다. 그는 교인들 한 사람 한 사람이 "성령으로 말미암아 능력으로 강건하게"(엡 3:16) 되도록 기도했다. 그들을 "부르시는 이는 미쁘시니 그가 또한 이루실"(살전 5:24) 것이기 때문이다. 바울은 그리스도가 십자가 상에서 하신 말씀을 믿었기에 확신을 가지고 기도했다. 예수님이 "다 이루었다"(요 19:30)는 영광스러운 두 단어를 말씀하셨을 때 그것은 "너희 안에서 착한 일을 시작하신 이가 예수 그리스도의 날까지 이루시리라는"(빌 1:6) 것을 의미했다.

성령님은 내게 아들아이가 달라지리라는(내가 기도나 자녀교육에 열심이어서가 아니라 하나님이 그렇게 역사하시기 때문에) 확신을 가지고 기도할 수 있음을 상기시키기도 하신다. 그러나 아이 때문에 화가 날 때면 나는 혼자라는 느낌이 들면서 도대체 자녀교육을 어떻게 해야 하는 것인지 알 수 없게 되어버리고 만다. 완전히 혼란에 빠지는 것이다. 그러나 사실 나는 혼자가 아니다. 내겐 조력자가 있고 그 조력자는 나 자신의 능력이 아니라 그의 능력에 확신을 가지라고 가르친다.

부모들은 자녀를 위해 감사와 의도와 확신을 가지고 기도할 수 있으며, 스스로를 위해서도 그렇게 할 수 있다. 자녀로 인해 절망할 때, 자녀가 우리가 말한 모든 것을 잊은 듯이 보일 때 우리는 하나님이 우리를 위해 이미 하신 일을 알게 해달라고 기도함으로써 하늘 아버지와의 대화를 시작할 수 있다. 우리는 하나님이 우리 자녀와 우리 안에 역사하신 것들로 인해 감사드릴 수 있으며, 일단 하나님의 크신 사랑을 알고 나면 하나님께 우리의 눈을 열어 그분이 얼마나 위대하신지 보게 해달라고 기도할 수 있다. 하나님은 우리를 사랑하시고 그의 사랑하는 자녀라 일컬으셨다. 하나님의 사랑으로 인해 우리는 자녀를 사랑할 수 있고 자녀 또한 사랑을 배울 수 있다. 하나님이 "우리 가운데서 역사하시는 능력대로 우리가 구하거나 생각하는 모든 것에 더 넘치도록 능히 하실 이"(엡 3:20)임을 기억하면 우리 마음을 끓이는 모든 것('주님이 진정 이 아이를 구원하실 수 있을까?', '이 아이에게 그분의 사랑을 가르치실 수 있을까?', '과연 아이들이 진정으로 하나님의 사랑을 알고 또 믿게 될까?' 등)을 기도로 아뢸 수 있을 것이다.

하나님은 늘 아들의 기도를 들으신다.

그러므로 우리에게 큰 대제사장이 계시니 승천하신 이 곧 하나님의 아들 예수시라 우리가 믿는 도리를 굳게 잡을지어다 우리에게 있는 대제사장은 우리의 연약함을 동정하지 못하실 이가 아니요 모든 일에 우리와 똑같이 시험을 받으신 이로되 죄는 없으시니라 그러므로 우리는 긍휼하심을 받고 때를 따라 돕는 은혜를 얻기 위하여 은혜의 보좌 앞에 담대히 나아갈 것이니라(히 4:14-16)

예수 그리스도는 우리를 위해 천국으로 가는 길을 여셨다. 그분은 피를 흘리고 살을 찢기심으로써 우리가 하늘 아버지 앞으로 나아가는 길을 영원히 열어놓으셨다. 예수 그리스도는 우리가 우리의 기도에 응답하시는 아버지가 계시는 곳, 지성소에 들어가는 데 방해가 되는 모든 장애물을 없애셨다. 그분은 날 때부터 아버지 하나님을 전적으로 의지하고 끊임없이 아버지와 대화하며 감사하고 순종하는 삶을 사셨다. 예수님은 육신의 옷을 입고 살아가는 날마다 눈물을 쏟으셨기에 그의 기도생활은 하나님을 온전히 의지하고 순종하는, 전적으로 의로운 것이었다. 예수님이 이렇게 하신 것은 아버지와 대화하는 것을 좋아해서이기 하지만 아버지 앞에서 우리가 온전히 순종하고 기도하도록 하기 위해서이기도 했다.

우리가 스스로 충분히 경건하거나 매우 진지하다는 것을 입증하기 위해 애써 기도할 필요는 없다. 우리는 아버지께서 우리의 기도를 들으시리라는 것을 확신하기에(우리의 기도는 하나님의 사랑하는 아들 예수 그리스도의 입술을 통해 전달되므로) 기도한다. 우리의 기도가 힘이 없고 일관성이 없으며 자기중심적인가? 물론 그럴 것이다. 만약 그렇지 않다고 생각한다면 우리의 기도는 예수님이 누가복음 18장에서 경고하신 자기 의에 사로잡힌 기도를 닮아갈 위험이 있다. 하지만 그럼에도 불구하고 우리 마음속의 외침은 늘 우리의 대제사장이신 예수 그리스도의 목소리로 전달되기에 우리는 용기를 낼 수 있다.

그러므로 예수님께 기대라. 예수님께 기대지 못할까 두려워하지 마라. 당신이 신학적으로 올바른 관점에서 적절한 어조로 적절한 단어를 말하지 않았다고 해서 예수님이 당신을 심판하시리라고 생각하지 마라. 당신의 집안이 콩가루 집안이어서 예수님이 당신의 요청에 코웃음을 치시리라고 생각하지 마라. 이런 일들은 결코 일어나지 않는다. 우리가 드린 기도는 이미 오래전에 기록되었기 때문이다. 우리가 기도할 때 하늘 아버지는 그의 사랑하는 아들에게서 신학적으로 올바르고 완벽한 어구로 표현된 흠잡을 데 없는 기도를 들으신다.

우리는 예수님이 우리의 기도를 정화시켜서 그의 마음에 합하는 청원으로 변화시키리라는 것을 알기에 우리 마음을 하늘 아버지께 자유롭게 쏟아놓을 수 있다. 당신이 자유롭고 기쁨이 넘치며 솔직한 기도를 드린다면 당신의 자녀도 그런 식으로 기도하는 법을 배울 것이다.

자녀에게 하나님이 결코 함부로 대해서는 안 될 천국의 지고하신 왕이라는 것을 가르치라. 그리고 믿음이 약한 그들이 마지막 수단으로 힘없이 중얼대는 기도까지도 기쁘게 들으시는 아버지라는 것도 가르치라. 가서 당신의 마음속에 있는 모든 것을 아버지께 아뢰라. 당신을 기다리시는 하늘 아버지와 대화하라. 두려워하지 마라. 주 예수께서 우리 모두를 위해 중보하고 계신다.

9. 연약한 부모, 그러나 강하신 구주

나는 자녀교육을 통해 나의 강함을 보여줄 수 있으리라 여겼다.
그것을 통해 나의 약함을 드러내 보이려는 하나님의 뜻을 깨닫지 못한 채. 데이브 하비 1)

"다시는 돌아오지 않을 거예요!"

애런은 문을 쾅 닫고 나가 버렸다. 애런의 어머니와 아버지는 또다시 눈물을 흘렸다. 그들이 원했던 것은, 그저 그들이 얼마나 애런을 사랑하고 그에게 가장 좋은 것들을 주고 싶어하는지 애런이 깨달았으면 하는 것뿐이었다. 그러나 애런은 오직 부모님이 다른 친구들의 부모님에 비해 너무 간섭이 심하고 엄격하다는 생각만 가득했다. 애런과 부모님은 서로 상대방에게 상처받았다고 느꼈으며 화가 났다. 이전에도 애런이 집을 나가겠다고 말한 적은 여러 번 있었지만 부모님은 그가 정말로 그러리라고는 생각지도 못했다. 이 사태를 교회에 어떻게 설명할 것인가? 그들 가족은 꽤 오랫동안 교회에서 매우 모범적인 가정으로 알려져 있었다. 아이들은 모두 온순하고 예의 바르고 상냥했으며 많은 사람이 그 부부를 훌륭한 부모라 칭찬했다. 그리고 그들 스스로도 그렇게 여겨왔다. 그러나 지난해부터 막내아들이 매사에 반항하기 시작했고, 부부는 어찌할 바를 몰랐다. 모든 아이를 똑같이 키웠는데 왜 애런만 부모를 그토록 미워하는 것일까?

"주님, 어디 계시나요? 우리는 주님이 우리의 노력을 축복해주시리라 믿었어요. 애런이 당신께로 마음을 돌이킬 줄 알았다고요. 그런데 이게 뭡니까? 대체 그 아이가 어떻게 되려는 걸까요?"

욕실 안에 있던 셸리는 바깥에서 일어나고 있는 일을 믿을 수가 없었다. 그녀의 쌍둥이 아들이 수천 번도 더 가지고 논 장난감 때문에 또다시 소리를 지르며 싸움을 벌인 것이다. 그 아이들은 왜 순서대로 장난감을 가지고 놀지 못하는 것일까? 이런 문제를 예방하려고 그녀가 사다준 타이머는 어쩌고? 셸리는 당장이라도 거실로 달려가 장난감을 모두 쓰레기통 속에 처넣어버리고 싶었다.

하지만 그 순간 그녀를 괴롭힌 또 다른 문제에 비하면 아이들의 싸움쯤은 아무것도 아니었다. 방금 전에 그녀는 컴퓨터에서 같은 교회에 다니는 16살 난 소년과 그녀의 14살 난 딸아이 사이에 오간 이메일을 발견했다. 어떻게 그렇게 까마득히 모를 수가 있었을까? 그녀는 딸아이에게 남자 친구가 있다는 사실은커녕 이메일 계정이 있다는 사실조차 알지 못했다. 그 이메일들은 처음엔 일상적인 내용으로 시작했지만 점차 읽기에 민망하고 화가 나는 내용으로 바뀌어 있었다. 딸아이는 그녀를 속였을 뿐만 아니라, 남자 친구에게 이런저런 선물들을 사주기 위해 그녀의 지갑에 손을 대기까지 했다. 셸리는 그 남자아이를 교회에서 몇 번 보아 알고 있었는데, 그는 딸아이와 교제는커녕 말조차 섞지 않았으면 싶은 그런 아이였다. 두 아이들의 이메일 내용을 떠올리니 속이 더욱 쓰려왔다. 셀리의 소중한 딸과 그 남자아이는 그들이 '서로를 얼마나 사랑하는지 보여주기 위해' 오늘 만나기로 되어 있었다.

셀리는 남편에게 도움을 청하고 싶었지만, 그는 출장 중이어서 사흘 뒤에나 돌아올 예정이었다. 어차피 집에 있어도 남편은 별 도움이 되지 않았다. 그는 늘 "그 애들은 아직 아이들일 뿐이야. 아이들이 뭘 어쩌겠어?" 하는 식이었다. 셀리는 욕실 바닥에 주저앉아 수건에 얼굴을 묻고 울었다. 대체 언제부터 그녀의 삶이 이렇게 뒤죽박죽이 되어버렸단 말인가. 그녀는 교회에 열심히 다녔고 아이들을 기독교 학교에 보내기 위해 온종일 열심히 일했다. 그녀는 딸아이가 자기처럼 19살에 임신해서 결혼하는 상황이 일어나지 않기를 바랐다.

셀리는 거의 매일 아이들을 위해 기도했다. 지난해까지만 해도 아이들 학교에서 학부모 기도 모임을 인도했지만 직장 일과 집안일을 병행하기가 힘들어서 기도 모임을 그만두었는데, 그것 때문에 하나님이 벌을 주신 것일까? 기도 모임에 더 적극적으로 참여했어야 할까?

하나님을 영화롭게 하기 위한 자녀교육

우리 존재의 이유는 우리의 삶으로 하나님을 영화롭게 하고 지금부터 영원까지 하나님을 즐거워하는 것이다. 간단히 말해서 하나님을 영화롭게 한다는 것은, 우주 만물에 깃들어 있는 하나님의 장엄하심을 깨닫고 우리의 말과 삶을 통해 그의 영광을 드러낸다는 것을 의미한다.

모든 참된 그리스도인은 이런 식으로 예배와 순종을 통해 하나님께 영광 돌리고자 한다. 우리 모두는 언젠가 "잘하였도다 착하고 충성된 종아"(마 25:21) 같은 축복의 말을 듣기를 원한다. 또한 모든 경건한 부모들은 자녀가 주님을 영화롭게 하기를 진심으로 바란다. 우리는 자녀가 언젠가 "착하고 충성된 종"이라는 말을 들을 수 있을 만큼의 성실한 그리스도인이 되기를 바란다. 우리가 이런 것들을 바라는 것은 옳고도 좋은 일이지만, 우리 중 그 누구도 우리가 어떻게 해서 하나님을 영화롭게 하도록 되어 있는지 알지 못하는 것이 사실이다. 주님은 그의 자녀 한 사람 한 사람을 각자가 지닌 개성에 따라 각기 다른 방법으로 사용하신다. 어쩌면 하나님은 가정 안에서 경험하는 고통을 통해 우리를 사용하시는지도 모른다. 죄와 실패를 통해, 심지어 죽음을 통해(요 21:19) 우리를 사용하시는지도 모른다.

그렇다. 모든 믿는 자들은 의식적으로 하나님께 영광 돌리도록 부름 받았다. 그러나 하나님께 영광 돌리도록 부름 받은 사람들은 우리뿐만이 아니다. 하나님은 승리하는 자녀의 삶을 통해서만 영광을 받으시기에는 너무 위대하시다. 그분은 우리의 고통과 심지어 죄를 통해서도 영광 받으신다. 하나님은 우리가 혹독한 시련을 경험할 때 그기 우리를 떠받치는 힘에 의해 영광 받으시고, 우리의 실패에도 불구하고 우리를 사랑하실 때의 그의 자비와 인내에 의해 영광 받으신다. 하나님은 너무도 위대하셔서 세상의 악을 통해서도 영광 받으신다. 이것을 바울은 다음과 같이 표현했다.

이는 만물이 주에게서 나오고 주로 말미암고 주에게로 돌아감이라 그

에게 영광이 세세에 있을지어다(롬 11:36)²⁾

만물이 일어나는 이유는 단 하나, 하나님을 영화롭게 하기 위해서이다. 하나님은 지존자로서 만물을 다스리시며 자기 이름을 높이기 위해 이방의 왕들을 종으로 삼으셨다. 거만한 왕 느부갓네살의 광기조차도 그가 하나님의 영광을 찬양하는 계기가 되었다. 주 예수께서는 우리의 가족들을 포함한 모든 것을 다스리신다. 삼위일체의 하나님은 세상 만유를 통치하시고 모든 것을 그의 뜻대로 자유롭게 다스리고 지배하심으로써 자신의 영광을 드러내신다. 우리는 하나님의 자녀로서 그분께 순종함으로써 하나님의 영광을 드러내고자 한다. 이는 바람직한 일이다. 그러나 하나님이 그의 영광을 드러내기 위해 선택하신 수단은 꼭 성공적인 가정의 모습이 아닐 수도 있다. 하나님의 목적은 우리가 스스로의 연약함과 심지어 실패한 부분까지 드러냄으로써 그분께 영광 돌리는 데 있는지도 모른다.

하나님의 기묘한 방식

이상하게 생각될지 모르겠지만 우리는 대체로 실패처럼 보이는 성공을 받아들이지 못한다. 하나님의 영광과 우리의 죄는 상호 배타적인 것처럼 보인다. 우리는 강함을 좋아하지 연약함을 좋아하지는 않으며, 승리를 좋아하지 패배를 좋아하지는 않는다. 마찬가지로 해피엔딩을 좋아하지 비극적인 결말을 좋아하지는 않는다. 그러나 이것이 성경적이라 할 수 있는가? 성경은 늘 승리하는 삶을 살고 미덕과 신실함의 표상이 될 만한 인물들만 이야기하는가? 늘 우리에게 본이 될 만한 영웅들만 나오는가? 혹 그들의 삶에 다른 무언가가 있지는 않은가?

이 대목에서 우리는 기존의 패러다임을 뒤흔드는 심오한 성경 메시지에 대해 생각해보아야 한다. 여기 처녀의 몸으로 아이를 가진 채 한밤중에 애굽으로 도망하는 여인과 어느 촌구석에서 태어나 이름 없는 사람들의 무리 앞에서 설교를 하다가 아버지에게 버림받고 십자가 상에서 비참한 죽음을 맞이한 떠돌이 설교자가 있다. 이런 사람들의 이야기가 어떻게 천지를 지으신 창조주에게 영광이 될 수 있단 말인가? 악과 죄가 승리한 듯이 보이고 모든 게 잃어버린 바 되었다. 모든 사람이 그리스도를 하나님의 사랑하는 아들로 받들고 그분을 찬미하며 그분께 순종했다는 이야기라면, 혹 하나님을 영화롭게 할 수 있을지도 모른다. 그러나 이런 이야기는? 이 이야기 속에 등장하는 설교자의 연약함은? 이런 이야기들을 통해 어떻게 하나님께 영광 돌릴 수 있단 말인가? 진정 죄가 승리를 거두었단 말인가? 그러나 하나님의 방법은 우리가 하나님의 영광에 대해 생각하는 모든 것을 뒤바꿔 놓는다.

> 우리의 타락은 하나님이 죄를 멸하시어 그의 공의를 드러내 보이실 기회를 제공하고, 뿐만 아니라 그의 의에 위배되지 않게 죄를 용서하심으로써 그의 자비를 영광스럽게 드러내 보이실 기회를 제공했다. …… 전능자가 죄의 잔해 위에 세우신 기념비는 그러한 것이었다.[3]

우리의 타락은 하나님께 스스로를 영화롭게 할 기회를 제공했다. 놀라운 은혜로 베푸신 한 기념비적인 행위를 통해 하나님은 완전한 패배로 보이는 것을 그를 영화롭게 할 위대한 승리로 바꿔 놓으셨다. 하나님이 "죄의 잔해 위에 세우신" 기념비가 놀랍지 아니한가! 하나님은 그의 자비와 공의, 지혜를 드러내 보이기 위해 우리의 죄와 실패를 사용하신다. 유다와 베드로, 가야바, 본디오 빌라도, 피에 굶주린 군인들과 생각 없이 행동하는 군중의 죄는 하나님이 그 어느 때보다 더 자신을 영화롭게 하기 위한 수단이었다.

> 과연 헤롯과 본디오 빌라도는 이방인과 이스라엘 백성과 합세하여 하나님께서 기름 부으신 거룩한 종 예수를 거슬러 하나님의 권능과 뜻대로 이루려고 예정하신 그것을 행하려고 이 성에 모였나이다(행 4:27-28)

하나님은 늘 아버지의 영광을 위해 일하시는 아들 예수 그리스도의 잔인한 처형과 관련된 로마인과 유대인들의 죄를 예정하셨으므로 그들의 죄는 하나님을 영화롭게 한다. 이는 우리가 영원토록 하나님을 찬양할 수 있도록 하나님이 그의 은혜와 자비, 공의, 사랑을 보여주시기 위한 수단이었다. 바로 이 점을 되새겨 보라. 우리가 죄를 지은 적이 없다면 하나님의 자비를 결코 알 수 없었으리라는 것을.

이제 사람들로 하여금 죄를 짓고 싶게 만든다고 우리를 비난하며 이 책을 집어던지기에 앞서 몇 가지를 분명히 해두자. 우리는 누구에게도 죄를 지으라고 부추긴 적이 없다. 하나님은 죄를 싫어하시며, 우리도 죄를 싫어해야 마땅하다. 또한 어떤 일이 실제로 이루어지기 전까지는 그것이 하나님의 뜻인지 여부를 알 수 없으므로 하나님은 늘 우리의 불순종보다는 순종으로 인해 영광 받기를 원하신다고 생각해야 한다. 우리는 끊임없이 온 힘을 다해 "이것이 없이는 아무도 주를 보지 못"할 (히 12:14) 거룩함을 추구해야 한다.

게다가 하나님이 자신을 영화롭게 하기 위해 우리의 실패를 사용하신다고 해서, 우리의 구원을 위해 예수님이 하나님의 진노를 감당하셔야 했다는 사실이 무효가 되지는 않는다. 죄는 심각한 것이다. 죄는 하나님의 아들로 하여금 고난을 당하시게 했다. 우리는 당신에게 죄를 지으라고 말하는 게 아니라 죄를 짓지 않도록 노력하고 자녀 또한 죄를 짓지 않도록 가르치라고 말하고 있는 것이다. 그러나 불가피한 일이 발생할 때, 당신과 자녀가 어찌할 수 없이 죄를 지을 때, 그리하여 참담한 실패를 경험할 때 당신은 하나님이 당신의 죄를 통해 스스로에게 영광 돌리신다는 사실을 알아야 한다. 하나님이 하시는 모든 일은 그의 영광을 위해서이며, 하나님은 이 세상의 모든 것을 완전히 지배하신다. 그분은 우리와 우리 자녀의 죄를 사용하셔서 자신의 영광을 드러내신다. 만약 그렇지 않다면 우리는 죄를 짓지 않을 것이다.[4]

자녀교육에 대한 거의 모든 책들은 죄가 없어 보이는 성공적인 자녀를 둔 성공적인 부모가 되는 법을 이야기한다. 개인의 성공담에 환호하는 현 사회의 세태는 영적 거인을 만들어내는 방법을 알려주는 수많은 책에도 분명하게 드러난다. 가정교육과 예배를 권하든 공립학교를 권하든 세상 문화에 융화될 것을 권하든 초원 위의 작은 집으로 이사할 것을 권하든 그 무엇을 권하든 간에 성공적인 부모로서 성공적인 자녀를 키우는 것만이 우리가 받아들이고자 하는 유일한 패러다임인 듯하다. 그러나 우리가 성공의 잣대가 잘못되어 있다면 어찌할 것인가? 성공에 대한 우리의 생각이 우리나 우리 가족에 대한 하나님의 계획과 다르다면? 하나님이 우리의 실패나 자녀의 반항을 사용하셔서 우리로 하여금 고통 중에 있는 다른 부모들을 위로하게 하심으로써 자신의 영광을 드러내고자 하신다면?

하나님이 우리를 다니엘보다는 예레미야의 사역으로 부르신다면? 인간의 연약함과 실패가 하나님을 영화롭게 한다면 당신의 자녀교육 패러다임에는 연약함과 실패가 들어설 여지가 있는가? 이것은 참으로 어려운 질문이다. 자녀에 대한 우리의 간절한 바람은 그들이 신실함과 참된 순종으로 하나님께 영광 돌리는 것이다. 이러한 바람이 이루어지지 않는다면 우리의 가슴은 무너져 내릴 것이다.

그러나 일이 어떻게 진행되든 우리가 자녀를 양육하는 가장 큰 목적은 우리 자신이 훌륭한 부모로서 영광 받는 데 있지 않고 하나님께 영광 돌리고 영원히 그분을 즐거워하는 데 있다. 그렇지 않은가?

연약함을 자랑하기[5)]

성경에 등장하는 대부분의 인물들과 마찬가지로 바울 역시 세상적인 성공과는 거리가 먼 사람이다. 바울은 고난과 실패 속에서 주님으로부터 직접 연약함의 가치를 배웠다. 예컨대 바울이 어두운 밤에 범죄자처럼 몰래 다메섹 성 밖으로 빠져나온 것은 주님의 뜻이었다. 위대한 사도 바울은 박해를 피해 도망 다니던 도망자였다.

바울이 사역을 함에 있어서 중요시한 것들 중에 '성취'라고 할 만한 것은 들어 있지 않았다. 그는 성취를 자랑하는 대신 "환난과 궁핍과 고난과 매 맞음과 갇힘과 난동과 수고로움과 자지 못함과 먹지 못함"(고후 6:4-5) 속에서 드러나는 그의 연약함을 자랑했다. 혹시 당신은 바울의 소통의 기술에 뭔가 부족한 게 있지는 않은지 의아해한 적이 있는가? 어쩌면 그에게는 사람들과 어울리기 위한 노력이 부족했는지도 모른다. 최고의 삶을 사는 법을 알려주는 책이 필요했는지도 모른다. 그렇지 않고서야 진심을 다해 하나님을 섬기는 그가 왜 그토록 많은 고난을 겪어야 하는가 말이다.

바울은 그에게 진정한 사도의 표식이 있음을 자랑한다.

> 내가 수고를 넘치도록 하고 옥에 갇히기도 더 많이 하고 매도 수없이 맞고 여러 번 죽을 뻔하였으니(고후 11:23)

그는 "여러 번 여행하면서 강의 위험과 강도의 위험과 동족의 위험과 이방인의 위험과 시내의 위험과 광야의 위험과 바다의 위험과 거짓 형제 중의 위험을 당하고 또 수고하며 애쓰고 여러 번 자지 못하고 주리며 목마르고 여러 번 굶고 춥고 헐벗었"으며 그러고도 날마다 그의 안에 "눌리는 일이 있으니 곧 모든 교회를 위하여 염려하는 것"이었디(고후 11:26-28).

자녀교육에 있어서 이런 정도의 고통을 겪는 부모에게 우리는 뭐라고 말할 것인가? 자녀교육에 더욱 힘쓰라고 말할 것인가? 그들 앞에서 우리의 자녀나 자녀교육 방법을 자랑할 것인가? 하나님이 그의 모든 연약함을 없애주셔서 모든 일이 순조롭게 풀리리라고 확신시켜줄 것인가? 바울은 우리와 꼭 마찬가지로 연약했으며 시련을 당했다. 바울과 우리의 확연한 차이점은 바울은 연약함을 자랑한 데 반해 우리는 연약함을 숨기려고 한다는 것이다. 우리는 한 치의 빈틈도 없는 완벽한 자녀교육이야말로 하나님을 영화롭게 할 수 있는 유일한 것이라고 생각한다. 하나님을 너무 작게 만들고 우리의 소망을 너무 크게 만드는 것이다.

바울은 큰 환상과 계시를 본 후 그가 본 것으로 인해 자만하지 않도록 하나님이 주신 가시를 지니게 되었다. 상상해보라. 여기 엄청난 영적 은사를 지니고 있고 오늘날 우리에게 본이 되는 기도를 드린 위대한 사도가 있다. 그런데 주님은 가시를 제거해달라는 그의 기도를 들어주지 않으셨다. 다시 상상해보라. 바울이 가시를 없애달라고 세 번이나 기도했지만 주님은 그의 청을 들어주지 않으셨다. 우리는 바울의 가시가 무엇인지는 모르지만 그것이 꽤나 고통스러운 것이었으리라는 것은 안다. 위에서 인용한 성경 구절로 미루어 바울은 고통에 익숙했던 것이 분명하지만, 그러나 이 가시는 훨씬 더 큰 고통을 주었다. 이 가시는 바울이 겸손하고 연약하여 하나님을 의지할 수 있도록 하기 위해 하나님이 주신 것이다.

바울은 또한 이 가시가 사탄의 사자임을 알아차렸다. 여기 놀라운 사실이 있으니, 바로 바울이 교만의 죄를 짓지 않도록 하기 위해 하나님이 사탄을 사용하셨다는 사실이다. 하나님은 사탄을 늘 그의 목적을 이루고 그의 사람들을 섬기도록 하는 데 사용하신다. 하나님은 바울에게 하신 것처럼 우리에게도 사탄을 사용하셔서 우리 안에 있는 경건함을 이끌어내신다. 그렇다. 우리는 원수의 공격에 맞서 싸워야 하고 사탄의 공격으로부터 우리 가족을 보호해주시기를 주께 간구해야 하지만, 그러한 공격은 우리가 교만이나 자력에 의지하는 것과 같은 죄를 범하지 않도록 하나님이 우리의 삶 가운데에서 사용하시는 도구일 수도 있다.

당신이 부모로서 하는 모든 수고와 자녀의 당신에 대한 미움과 반항은 당신이 하나님께 더 가까워지도록 하기 위해 하나님이 주신 가시이다. 가시를 원하는 사람은 아무도 없으며, 특히 그 가시가 사랑하는 자녀의 모습을 취하고 있을 때에는 더욱 그러하다. 우리 중에 연약해 보이거나 무능해 보이기를 원하는 사람은 아무도 없으며, 특히 집안의 골치 아픈 문제와 관련해서는 더더욱 그러하다. 자녀교육에 성공했다 자랑하지 못하는 것은 속상한 일이지만, 주님이 우리에게 특정한 시련을 보내주신 것은 그것이 주님을 영화롭게 하기 때문임을 믿는 믿음 안에서 우리는 더 성장할 수 있다. 주께서 우리에게 주님을 영화롭게 할 방법을 선택할 특권을 주셨는가? 우리가 택한 길이 우리와 우리 자녀를 죽음의 골짜기로 내모는가? 우리가 평생 그 골짜기를 피하기 위해 애쓴다면 하나님이 그 골짜기 안에서 우리를 떠받치실 때의 그 위로를 어떻게 경험할 수 있겠는가? 가시는 (그 누구보다 더 은혜에 입각하여 글을 쓴) 사도 바울에게 은혜의 필요성을 깨닫게 해주었다.

우리 가족의 실패와 죄는 우리에게도 은혜가 필요하다는 것을 알게 해준다. 하나님은 그런 암울한 자비를 통해 우리에게 겸허히 그분을 의지할 것을 가르치신다. 그리고 바울의 고난은 우리의 가시에 대해 그 의미를 재해석하게 한다. 우리는 가시를 저주로 여기는 대신 우리를 "하나님께 더 가까워지게 해주는"[6] 것임을 알아야 한다.

다음은 고난당하는 형제 바울이 자신의 가시를 없애달라는 기도가 거절당한 뒤에 한 소중한 말씀이다.

(주님이) 나에게 이르시기를 내 은혜가 네게 족하도다 이는 내 능력이 약한 데서 온전하여짐이라 하신지라 그러므로 도리어 크게 기뻐함으로 나의 여러 약한 것들에 대하여 자랑하리니 이는 그리스도의 능력이 내게 머물게 하려 함이라(고후 12:9)

바울은 개인적인 성공이나 강함이 하나님의 은혜를 경험하는 데 방해가 됨을 이해했다. 하나님의 능력은 우리의 연약함과 실패를 통해 드러나고 전개되며, 그 밖의 다른 무언가를 통해 전개되는 일은 없다. 그리스도의 능력은 그것이 필요 없다고 생각하는 부모들이 아니라 자신의 개인적인 연약함을 받아들이고 이를 자랑하는 부모들을 통해 흘러넘친다. 물론 우리 모두는 재빨리 그리스도의 능력이 필요하다고 고백할 것이다. 그러나 우리의 확신에 찬 고백들은 우리와 우리 자녀의 연약함과 실패에 대한 우리의 반응을 통해 시험을 받을 것이다. 우리는 이러한 시련을 하나님이 주신 선물로 여기는가? 자녀의 방황을, 주께서 우리의 삶 속에 풍성한 은혜를 주시려고 우리에게 다가오시는 것으로 여기는가? 그리스도의 은혜가 우리를 통해 가족들에게 흘러넘치게 하기 위해 우리가 이 고통을 겪는 것이라고 믿는가? 그토록 그리스도의 은혜를 원하는가? 진심으로 그분을 영화롭게 하고자 하는가?

좋든 싫든 간에, 혹은 이해의 여부를 떠나 하나님이 우리의 강함과 능력, 그리고 우리 각자의 방법들에 대한 확신을 무너뜨리는 것은 그가 우리에게 친절을 베푸시는 것이다. 물론 그 당시에는 이것을 친절로 받아들이지 못할 것이다. 사랑하는 아들이 믿음을 저버리는 것을 보거나 딸이 또다시 주일학교에 지장을 주는 행동을 했다는 이야기를 듣는 것은 매우 고통스러운 일이다. 자녀에게 복음을 설명하려고 아무리 애를 써도 그들이 지루하고 화난 표정으로 우리를 빤히 쳐다볼 때면 억장이 무너진다. 그렇다. 하나님이 우리에게서 자력에 의지하려는 마음을 앗아가셨을 때 이것은 그가 우리에게 베푸신 친절이다. 우리를 지탱해주시는 하나님의 은혜를 경험하는 것은 우리의 마음이 공허하고 상처투성이일 때이기 때문이다. 우리는 스스로의 연약함을 깨달을 때에만 그리스도의 놀라운 능력을 발견한다. 우리는 옹색하고 경직된 자기 의에서 벗어날 때에만 그리스도의 의로 말미암은 진정한 위로와 따스함을 경험할 수 있다.

하나님의 능력과 우리의 연약함

우리는 스스로의 연약함을 깨달을 때 비로소 하나님의 능력에 의지하는 법을 배운다. 우리가 믿을 수 있다고 생각했던 모든 것이 사라졌을 때, 우리가 필사적으로 도움을 찾아 헤맬 때 주님은 우리의 환경 속으로 들어와 그의 능력을 보여주신다. 주님은 환경을 변화시키시고 우리로서는 도저히 이룰 수 없었던 것을 기적처럼 이루셔서 자신의 능력을 보여주실 때도 있으며, 우리를 지키는 그의 은혜로 우리가 도저히 견딜 수 없을 것만 같은 상황들을 어떻게 견딜 수 있는지를 보여주실 때도 있다. 우리가 고통받는 중에 그의 강한 두 팔이 우리를 지키고 있다고 느끼게 하실 때도 있고, 비록 우리가 느끼지는 못할지라도 그의 팔이 늘 우리를 떠받치고 있다는 믿음을 가지고 앞으로 나아가도록 가르치실 때도 있다. 우리가 하나님의 위대하심과 우리를 지키시는 하나님의 은혜, 그리고 우리로서는 상상도 할 수 없는 방법으로 자신을 영화롭게 하시는 하나님의 능력에 대해 알게 되는 것은 이러한 다양한 환경 속에서이다.

우리는 유순한 자녀를 통해 하나님의 은혜와 복음에 대해 가장 잘 배울 수 있으리라 생각하며, 또 사실이 그렇기도 하다. 유순하고 믿음이 좋은 자녀는 하나님의 친절하신 성품을 그대로 반영할 때가 많기 때문이다. 그러나 주님은 또한 다루기 힘든 자녀를 통해서도 우리에게 그의 은혜와 복음을 가르치신다. 그들을 통해 우리는 하나님이 사랑하신 것처럼 사랑한다는 게 어떤 것인지를 배우고 하나님의 발자취를 따라 걷는 법을 배운다. 그리고 우리의 개인적인 '다락방'에서 우리를 배신한 사람들의 발을 씻겨주는 법을 배운다. 우리가 반항적인 자녀로 인해 무릎을 꿇을 때 하나님의 참된 능력이 드러난다. 유순한 자녀의 삶은 우리가 훌륭한 부모이기에 그 아이가 착한 자녀가 되었다는 식의 거짓말을 하지만, 다루기 힘든 자녀의 삶은 진실 곧 하나님은 원수를 사랑하시고 우리에게 은혜를 베푸셔서 우리 또한 자녀를 위해 목숨을 바치도록 하신다는 진실을 말한다. 우리는 죄인이기 때문에 죄성이 강한 자녀를 두었지만 하나님은 죄인들을 사랑하신다는 점에서 다루기 힘든 자녀의 반항은 복음을 증거한다. 상황이 아무리 절망적일지라도 우리가 죄와 용서의 메시지를 꼭 붙들면 우리의 실패를 통해 하나님의 능력이 드러나게 되어 있다.

그리스도를 위해 기뻐하기

그러므로 내가 그리스도를 위하여 약한 것들과 능욕과 궁핍과 박해와 곤고를 기뻐하노니 이는 내가 약한 그 때에 강함이라(고후 12:10)

바울은 우리에게 어려움을 참아내는 데서 어려움을 기뻐하는 데로 옮겨가라고 권하고 있다. 여기서 "기뻐하노니"는 바울이 금욕주의적인 초연함으로 반응하도록 스스로를 훈련시켰다는 것만을 의미하지 않는다. 그것은 그가 이러한 것들에서 '기쁨을 느낀다'거나 이러한 것들을 '받아들인다'는 것을 의미한다. 바울은 그의 연약함을 자랑할 뿐만 아니라 그의 연약함을 기뻐한다. 사실 "기뻐하노니"라는 그의 말은 하나님이 아들이신 예수 그리스도를 가리켜 "내 기뻐하는 자"(마 3:17; 12:18; 17:5, 막 1:11, 눅 3:22)라고 하실 때 사용한 단어와 같은 단어이다. 바울의 연약함과 그가 겪은 능욕과 궁핍과 박해와 곤고는 바울을 미소 짓게 했다. 왜 그랬을까? 바울은 왜 그의 연약함과 그가 겪은 고난을 기쁘게 받아들였을까? 그는 "그리스도를 위하여" 이런 것들을 기뻐했다.

바울의 전 생애는 예수 그리스도와 예수 그리스도가 십자가에 못 박혔다고 하는 한 가지 사실을 선포하는 데 집중되었다. 바울에게는 그 밖의 다른 목적이 없었고, 삶을 통해 영광스러운 복음의 메시지를 드러내는 것 이외의 다른 소망이 없었다. 또한 그는 그의 삶의 모든 국면을 하나님이 주권적으로 통치하신다고 믿었고, 따라서 모든 시련과 배신과 자신의 모든 연약함을 하나님이 세상 사람들 앞에서 그분에 대해 배우고 그분 안에서 기뻐할 기회를 주시는 것으로 여겼다. 그렇기 때문에 다음과 같은 말들을 할 수 있었던 것이다.

> 지금도 전과 같이 온전히 담대하여 살든지 죽든지 내 몸에서 그리스도가 존귀하게 되게 하려 하나니(빌 1:20)

> 오직 성령이 각 성에서 내게 증언하여 결박과 환난이 나를 기다린다 하시나 내가 달려갈 길과 주 예수께 받은 사명 곧 하나님의 은혜의 복음을 증언하는 일을 마치려 함에는 나의 생명조차 조금도 귀한 것으로 여기지 아니하노라(행 20:23-24)

> 나는 주 예수의 이름을 위하여 결박 당할 뿐 아니라 예루살렘에서 죽을 것도 각오하였노라(행 21:13)

> 우리 살아 있는 자가 항상 예수를 위하여 죽음에 넘겨짐은 예수의 생명이 또한 우리 죽을 육체에 나타나게 하려 함이라(고후 4:11)

> 나는 이제 너희를 위하여 받는 괴로움을 기뻐하고 그리스도의 남은 고난을 그의 몸된 교회를 위하여 내 육체에 채우노라(골 1:24)

고난에 대해 이런 식으로 반응함으로써 바울은 십자가에 못 박히기에 앞서 "지금 내 마음이 괴로우니 무슨 말을 하리요 아버지여 나를 구원하여 이 때를 면하게 하여 주옵소서 그러나 내가 이를 위하여 이 때에 왔나이다 아버지여, 아버지의 이름을 영광스럽게 하옵소서"(요 12:27-28)

라고 고백하신 구주 예수 그리스도의 발자취를 따르고 있다.

아버지여, 아버지의 이름을 영광스럽게 하옵소서

당신은 어떤 희생이 따르더라도 하나님이 당신과 자녀의 삶 가운데에서 그의 이름을 영광스럽게 하시기를 기도하겠는가? 그리스도의 능력이 당신에게 머물고 하나님 아버지에게 영광 돌릴 수만 있다면 당신의 연약함과 온갖 역경에도 미소 짓겠는가? 이것이 마음을 괴롭히는 질문이라는 것을 안다. 우리도 이러한 질문들을 접하면 마음이 괴로우며, 그렇기 때문에 하나님의 자비에 몸을 맡기고 시련을 겪을 때마다 하나님께 은혜 베풀어주시기를 간구한다. 예수 그리스도의 삶과 죽음과 부활이 주는 모든 유익이 우리 것이 될 때 하나님은 우리의 눈을 열어 우리를 기다리고 있는 기쁨을 보게 하실 것이다.

우리는 현재 우리가 살아가는 환경이 연약함과 고난으로 점철되어 있음을 안다. 하지만 늘 그런 것만은 아니다. 비록 예수께서 "약하심으로 십자가에 못 박히셨으나" 이제는 "하나님의 능력으로 살아 계시"기 때문이다(고후 13:4). 우리가 사랑하는 모든 것이 원수의 손에 넘어가는 것처럼 보이는 게 끝이 아니다. 우리는 '이미 일어난 일들'과 '아직 일어나지 않은 일들'의 두 세계 사이에서 살고 있다. 하나님이 우리의 모든 원수들에 대해 이미 승리하셨는가? 그렇다! 하나님은 그의 모든 자녀를 안전하게 본향으로 인도하실 것인가? 물론이다!

히브리서의 저자는 아버지 하나님이 만물을 예수 그리스도의 발 아래 복종하게 하셨으며 "복종하지 않은 것이 하나도 없어야"(히 2:8) 하리라고 말한다. 지금 우리는 만물이 그리스도의 발 아래 복종하고 있는 것을 보는가? 아니다. 그러나 우리는 "천사들보다 잠시 동안 못하게 하심을 입은 자 곧 죽음의 고난 받으심으로 말미암아 영광과 존귀로 관을 쓰신 예수를"(히 2:9) 본다. 우리는 만물이 예수 그리스도의 영광을 위해 그의 발 아래 복종하는 너무도 당연한 일을 아직 보지 못했음을 시인한다. 우리나 우리의 자녀가 전적으로 예수 그리스도의 통치하에 있지는 않지만, 그러나 우리가 믿음의 눈으로 본다면 예수 그리스도를 볼 수 있다.

> 예수를 너희가 보지 못하였으나 사랑하는도다 이제도 보지 못하나 믿고 말할 수 없는 영광스러운 즐거움으로 기뻐하니 믿음의 결국 곧 영혼의 구원을 받음이라(벧전 1:8-9)

우리는 당신의 연약함과 자녀교육의 어려움을 받아들이라고 말하고자 한다. 그것들은 당신이 주님의 은혜로운 능력에 익숙해지도록 하기 위해 주께서 사용하시는 수단이기 때문이다. 하지만 연약함과 고난이 전부가 아니다. 오늘 우리는 "말할 수 없는 영광스러운 즐거움으로 기뻐"할 수 있다. 주께서 우리의 영혼을 구원하셨으며 우리 자녀의 영혼도 구원하실 만큼 충분히 강하시다는 것을 믿기 때문이다.

그러므로 용기를 내라. 성공적인 부모가 되기 위해 노력하라. 믿음으로 자녀를 감독하고 양육하고 훈련시키고 교정해주라. 그들에게 (그들의 마음을 변화시킬 수 있는) 하나님의 귀하신 약속을 가르치라. 그들의 구원을 위해 기도하고, 그들이 주님의 사랑을 알고 또 믿을 수 있게 되기를 기도하라. 당신의 모든 수고와 기도와 계획에 대해 여유를 가지라. 그리고 당신 삶의 모든 국면을 통해 아버지께서 영광 받으시기를 소망하라. 어쩌면 하나님은 당신과 당신의 예의 바르고 순종적인 자녀를 그의 은혜를 증거하는 놀라운 예로 삼고 싶어하시는지도 모른다. 아니면 그와는 정반대로 당신 가족에 대해 연약함과 박해와 고난을 계획하고 계신지도 모른다. 그러나 당신에 대한 주님의 계획이 어떠하든 당신은 주님이 그의 영광을 위해 늘 은혜로 당신에게 힘을 주시리라는 확신 속에서 쉼을 누릴 수 있을 것이다.

10. 은혜 안에서 안식을 누리라

그러므로 은혜의 말씀에 귀를 기울이고 신실하고도 일관되게
그 말씀을 붙들지 않는 한 나와 여러분은 안식을 누리지 못할 것이다. 마르틴 루터[1]

정말 힘든 아침이었다. 남편은 직장에서 일고 있는 변화에 대한 걱정과 함께, 좁아터진 집 안에서 일곱 명이 부대끼며 내는 혼란에 시달리다 출근을 했다. 게다가 지난밤부터 온 비 때문에 아이들은 거의 온종일 집 안에 있을 테고, 그렇게 되면 벽장을 정리하려던 그녀의 계획은 다시 연기해야 할 것이다. 사내아이 둘은 또 싸움을 하는 중이었고 큰아이는 오늘도 소파에서 잠이 들었으며, 이제 막 걸음마를 시작한 딸아이는 또다시 공주님 드레스에 주스를 쏟았다.

그녀는 지금 느끼는 오한과 두통이 감기의 조짐은 아닌지 걱정이 되었다. 아이들에게 은혜를 베풀라고? 하! 지금으로서는 은혜만큼 그녀의 마음과 거리가 먼 것도 없었다. 싸우고 있는 두 아이를 서로 떼어놓기는커녕 절망감에 빠지지 않은 채 15분을 버티기만 해도 다행스러운 일이었다. '도대체 내가 쉴 수 있는 때는 언제란 말인가! 방 한구석에서 15분간만이라도 평화롭게 휴식을 취할 수 있다면 얼마나 좋을까!'

이 이야기에 공감이 가는가? 아무리 신실하고 잘 훈련되어 있을지라도 우리는 죄 많은 세상에서 다른 죄인들과 함께 살아가는 죄인들일 뿐이며, 우리가 무슨 일을 해도 그 사실에는 변함이 없다. 예수님의 솔직한 진단에 의하면 우리는 좀과 동록과 도둑들에 에워싸여 있다(마 6:19). 그렇다. 모든 것을 새롭게 해야 한다. 그러나 그러한 변화를 성취할 사람은 우리가 아니다(계 21:3-5). 우리는 약속된 것들을 멀리서 바라보고 반기는 외국인과 나그네들(히 11:13)이다.

모든 것이 제자리를 찾는 새날이 도래할 것이다. 하지만 그 아직 오지 않은 세상을 살아가는 동안에는 은혜가 필요하다. 그것도 조금이 아니라 넘치도록 풍성한 은혜가 절실히 필요하다. 매일 매시간 필요하다. 우리에게 은혜가 필요하다는 것을 떠올릴 때에도 필요하고 눈에 보이는 것이라곤 오직 헛되고 괴롭고 실망스러운 것뿐일 때에도 필요하다. 그러므로 이제 이 책을 마치기에 앞서 몇 가지의 은혜로운 생각들을 함께 나누고자 한다.

당신은 이 책을 마지막 장까지 읽어왔으므로 아마도 하나님의 은혜의 복음이 자녀교육에 미치는 영향을 이해하기 위해 진지하게 노력하는 사람이라고 간주해도 무방할 것이다. 우리가 아이들과 손주들에게 은혜를 베풀고 싶어하는 것과 마찬가지로 당신도 당신의 자녀에게 은혜를 베풀고 싶어할 것이다. 당신이 자녀에게 하나님 이야기를 들려주고 또 하나님의 은혜로 자녀가 변화되는 것을 보고 싶어하리라는 것을 안다. 당신이 자녀를 사랑하고 그들에게 가장 좋은 것들을 주고 싶어하며 하나님이 맡기신 '자녀교육'이라고 하는 어려운 일에 헌신하리라는 것을 안다.

은혜를 받아들이기

이제까지 읽은 내용에 환호하며 벌써부터 죄책감과 두려움이 사라지는 것을 느끼는 사람도 있을 것이다. 주님이 당신을 사랑하시고 그의 영광을 위해 당신을 사용하신다는 것, 그리고 우리의 자녀교육 때문이 아니라 우리의 자녀교육에도 불구하고 우리 자녀를 구원해주신다는 것은 당신의 지친 영혼에 매우 기쁜 소식이 될 것이다. 하나님의 은혜는 당신의 메마른 영혼을 적셔주고, 이제 당신은 하나님의 은혜 안에서 진정한 쉼을 누리기 시작했다. 물론 당신은 늘 이렇게 은혜로운 휴식을 취할 수는 없으리라는 것을 알고 있으며 또한 그렇기에 당신에게는 구원자가 필요하고 실제로 구원자가 계시다는 것도 알고 있다. 이 얼마나 다행스런 일인가!

또한 우리가 한 말이 사실이기만을 바라는 독자들도 있을 것이다. '일에 치이지 않고 하나님의 은혜 안에서 쉼을 누릴 수 있다고요? 참으로 근사한 이야기이긴 하지만 좀처럼 믿어지지가 않는군요.' 하고 그들은 생각한다. 수많은 부모와 대화를 나눠보았기에 이러한 반응이 일반적이라는 것을 안다. 그들은 자신들이 책임감 있는 부모라는 확신만 있으면 주님을 믿고 긴장을 늦출 수 있을 것이다. 그들에게는 '아이가 기도를 하지 않으면 어쩌나, 용서를 구하지 않으면 어쩌나' 하는 등의 걱정이 끊이지 않는다.

그들은 자녀에 대한 사랑과 행여 그들이 잘못되면 어쩌나 하는 두려움 때문에 모든 상황에 대처할 수 있는 확실한 방법을 알고 싶어한다. 그들은 경건한 부모가 되기 위해 진지하게 노력한다. 그리고 은혜 안에서 쉼을 누리는 것이 자기 몫을 다하지 못하는 것과 같다고 느끼는 경우 은혜 안에서의 안식을 누리려하지 않는다. 그들에게는 자녀교육과 관련한 거래란 없다는 사실을 믿을 수 있는 은혜가 필요하다. 만약 거래라고 하는 게 있다면 그들이 아무리 노력해도 자기 몫을 다하지 못할 것이기 때문이다. 자녀교육에는 계약도 없고 공로도 없으며, 오직 은혜만이 있을 뿐이다. 자녀교육은 이런저런 일들을 하겠다는 계약이 아님을 기억하라.

최근에 나는 자신의 자녀교육 방식 및 부모의 책임을 붙들고 씨름하는 한 어머니와 대화를 나눌 기회가 있었다. 그녀는 자신이 자녀교육과 관련한 책을 너무 많이 읽었음을 인정했다. 그녀는 좋은 엄마가 되고 자녀의 모든 필요를 충족시키려고 애쓰느라 지칠 대로 지친 상태였다. 그녀는 자녀교육을 하나님과 맺은 계약으로 여겼다. 그리하여 직접 아이들을 가르치고 빵을 굽고 옷을 지어 입혔다. 그녀의 가족들은 TV도 보지 않았고 책은 1800년대의 책들만 읽었다. 지금 그녀는 누적된 피로와 고통의 한가운데에서 은혜를 받아들이려고 하지만 그러면서도 여전히 두려움과 죄책감에 시달린다.

"그 책들을 읽지 않았더라면 얼마나 좋았을까요? 저는 늘 죄책감과 피로에 시달린답니다."

내가 "자녀교육에 관한 책들을 읽지 않고 성경만 읽었다면 자녀를 어떻게 키웠을 것 같은데요?" 하고 물어보자 그녀는 이렇게 답했다.

"글쎄요, 그들을 사랑하고 훈육하며 예수님에 대한 이야기를 들려주었겠죠."

나는 미소 지으며 말했다.

"그렇군요."

자녀교육에 관한 무수히 많은 책들

교회가 태동한 이래 여러 세기 동안 부모들은 오직 성경만을 활용하여 자녀를 길렀다. 인쇄기가 발명되고 현대적인 출판 문화가 정착되기 전에는 부모들이 기댈 데라곤 그들의 부모와 지역 사회, 그리고 교회가 전부였다. 1940-50년대까지만 해도 부모들은 자녀를 성공적으로 양육할 새로운 방법을 배우는 데 시간을 투자하지 않았다. 예외적인 몇 권의 책을 제외하곤 자녀교육을 주제로 한 책이 없었기 때문이다. 확실히 동네 대형 마트에서는 자녀교육의 최신 기법이 소개되어 있는 책을 살 수가 없었다. 사실 1946년 벤자민 스포크 박사의 『유아와 육아』가 나오기 전까지는 부모들이 자신들이 양육된 것과 같은 방식으로 자녀를 양육했다. 그들은 자녀를 사랑하고 훈육했으며, 그리스도인인 경우 예수님에 대한 이야기를 들려주었다.

1950-60년대까지도 그리스도인 저자들이 써낸 자녀교육서가 드물었다. 그리스도인 부모들은 성공적인 자녀교육의 비결을 찾아다니지 않았다. 그들은 그냥 자녀를 사랑하고 훈육하며 예수님에 대한 이야기를 들려주었을 뿐, 다른 무언가를 찾지는 않았다. 그들은 자녀교육이 어려운 일이고 또 자녀가 늘 부모의 기대대로 자라주지는 않는다는 것

을 알고 있었지만 그럼에도 큰 탈 없이 자녀를 양육할 수 있으리라 여겼다.

요즘은 어떤지 알아보기 위해 아마존 웹사이트에서 1970-2010년 사이에 간행된 그리스도인을 위한 자녀교육서를 검색해보았다. 총 2,150권이 출간되었으며, 2009년 한 해에만도 무려 142권이 출간되었음을 알 수 있었다. 여기에는 자녀에게 무엇을 먹여야 하느냐에서부터 자녀의 대입 점수를 높이기 위해서는 어떻게 해야 하느냐에 이르는 세부적인 내용이 담긴, 비그리스도인 저자의 자녀교육서는 포함되어 있지 않다. 자녀교육에 관한 책들은 이렇게 그 수가 늘어났는데 그 결과 우리는 무엇을 얻었을까? 자녀를 더 잘 키워낼 수 있게 되었을까? 부모와 자녀 모두 더 행복하고 더 믿음이 깊어졌을까? 자녀가 복음을 더 많이 사랑하게 되었을까?

물론 우리는 이 책이 점차 늘어가는 수많은 자녀교육서의 하나일 뿐이라는 것을 안다. 이렇게 말한다고 해서 우리가 자녀교육서의 수가 늘어나는 것을 비판하려는 것은 아니다. 우리는 책을 사랑한다. 그리고 주님이 그리스도인 형제자매들에게 다른 사람들과 공유할 지혜를 주신 것을 기쁘게 생각한다. 책을 쓰고 출판하고 읽는 것은 잘못된 것이 아니다. 우리는 복음의 진실을 더 잘 적용하고 더 소중히 여길 수 있도록 해준 모든 책들에 대해 고맙게 생각하고 있으며, 유익한 책을 쓰는 데 많은 시간을 바친 모든 그리스도인 저자들에게 감사한다. 그렇다. 우리는 진심으로 고맙게 생각한다. 그 책들이 복음의 진실을 흐리지 않는 한은 말이다.

그렇다면 그리스도인을 위한 자녀교육서가 복음의 메시지를 흐리는 경우는 어떤 경우인가? 부모들이 순전히 의지력만으로 자녀를 성공적으로 양육할 수 있다고 주장하는 경우가 여기에 해당한다. 물론 이런 책들에서는 그 의지력을 '부모의 의지력'이라 부르지는 않는다. 그보다는 '자녀의 가장 깊은 필요를 충족시키는' 자녀교육이라든가, '일관된' 자녀교육, '헌신적인' 자녀교육 등의 표현을 쓰고 있다. 자녀교육에 관한 책에서 다음과 같은 구절을 발견하면 그 책은 은혜와는 거리가 멀다는 것을 알아차려야 한다.

"만약 당신의 자녀교육 방식이 잘못되었다면 재빨리 바로잡는 게 좋다. 그렇지 않으면 자녀의 가장 깊은 정서적 필요를 충족시킬 기회를 놓치게 될 테니까. 그들의 영혼을 울릴 무조건적인 존경과 사랑과 헌신의 감정을 표현할 방법을 찾아서 평생 그들에게 영감을 주라."[2]

이 베스트셀러 자녀교육서의 밑바탕이 되는 메시지가 들리는가? 그것은 바로 자녀의 성공은 전적으로 올바른 방식으로 그들과 소통할 수 있는 부모의 능력에 달려 있다는 것이다. "우리가 부모로서 이런 가치들을 심어주는 책임을 다한다면 우리 아이들은 무슨 일을 하든 성공할 것이다."[3] 이것이 복음에 나타난 하나님의 은혜에 뿌리를 두지 않은 모든 자녀교육서의 메시지이다. 기도에 관한 책에 대제사장으로서의 예수 그리스도의 중보와 용서에 대한 깊은 확신이 언급되어 있지 않다면 본질적으로 기독교 서적이라 할 수 없는 것처럼, '기독교적인' 자녀교육서의 기본적인 메시지가 율법이라면 그 책은 기독교적이라 할 수 없다. 책의 메시지의 뿌리가 당신과 자녀가 죄인임에도 불구하고 사랑받는다는 진실에 근거하고 있지 않다면 그 책은 사실상 부모의 노력과 의지력을 영화롭게 하는 책 이상의 그 무엇도 아니다. 사람이 다른 누군가의 마음을 변화시킬 수 있다는 생각은 부모의 어깨에 죄의식과 두려움이라는 짐을 지워준다는 점을 제외하곤 헛웃음만 나오는 터무니없는 생각일 뿐이다. 자녀의 마음을 변화시킨다고? 그것은 오직 하나님만이 하실 수 있는 일이다.

많은 양심적인 부모들은 이러한 유사 기독교적인 방법들에 빠져 있기에 그러한 방법들로 자녀를 조종하는 행위를 그만두어야 한다는 말을 들으면 두려움에 사로잡힌다. 그러나 모든 것은 하나님이 다스리시기에, 부모들은 두려운 마음의 짐을 내려놓고 하나님이 그들을 인도하시고 자녀를 구원해주시리라는 것을 믿어야 한다. 신약에 나오는 자녀교육에 관한 성구가 단 두 구절이라는 사실을 기억하라. 단 두 구절이다! 우리의 자녀교육을 하나님이 정하신 것보다 더 복잡하게 만든다면 우리는 스스로에게 감당할 수 없는 짐을 지우게 될 것이고, 또한 의도치 않게 복음만으로는 충분하지 않다는 가정을 하게 되는 셈이다.

다시 한 번 하나님의 은혜를 기억하며

때로는 자녀에게 복음에 대해 들려줄 방법을 생각해내는 것은 차치하고 복음을 기억하는 것 자체가 불가능할 때가 있다. 예수님이고 십자가고 아무 생각도 나지 않을 때가 있는 것이다. 그리고 아무 단서도 없이 우왕좌왕하는 우리 자신을 발견할 때면 스스로의 기대에 부응하지 못했다는 죄책감에 사로잡히게 된다. '은혜의 복음과 이를 자녀교육에 적용하는 법을 알면 내가 변화되리라 믿었는데 나는 여전히 예수님이 하신 일을 잊은 채 예전처럼 살고 있어.' 하고 생각하게 되는 것이다.

복음에 대해 잊어버리고 이로 인해 죄의식을 느낀다면 우리는 복음의 요점을 완전히 놓치고 있는 셈이다. 부모로서 우리의 궁극적인 기쁨은 자녀를 잘 양육하는 우리의 능력에 있지 않다. 그리고 우리를 향한 하나님의 미소는 그의 사랑하는 아들이 한 일 이외의 다른 무엇에도 좌우되지 않는다. 하나님은 예수님이 우리를 위해 이미 모든 것을 완수하셨다는 우리의 믿음을 보시고 미소 지으신다. 간단히 말해서 은혜란 예수님의 보혈과 의 안에서 쉼을 누리는 것을 뜻한다.

당신이 이 장의 서두에 나왔던, 가정 생활과 자녀교육에 지친 부모의 이야기들에 공감한다면 당신에게도 은혜가 필요하다는 것을 알아야 한다. 은혜를 베푼다고 해서 자녀가 경건해진다거나 배우자가 그 즉시 협조적으로 나온다는 보장은 없다. 은혜는 늘 기억해야 할 무언가가 아니며, 설령 기억한다고 해도 그것이 매 상황에서 어떻게 작용하는지 알 수 있는 것도 아니다. 은혜는 하나님이 예수 그리스도로 말미암아 당신에게 베푸시는 호의이지, 당신이 늘 기억한다고 해서 주어지는 게 아니다. 은혜는 물건이 아니며 측량할 수 있는 물질이나 유통시킬 수 있는 상품도 아니다. 그것은 "주 예수 그리스도의 은혜"(고후 13:13)이며, 본질적으로 예수 그리스도 그 자체이다.[4]

은혜는 예수 그리스도가 우리를 위해 성취한 삶과 죽음, 부활과 승천을 통해 나타난다. 그것은 그리스도였고, 그리스도이며, 그리스도가 될 모든 것이다. 그리스도는 당신을 대신하여 완전하게 사랑하셨다. 그리스도는 늘 순종하셨다. 그리고 이제 우리의 신실한 형제이자 대제사장으로서 우리를 위해 중보하신다. 그분은 우리가 하늘 아버지의 마음에 닿을 수 있는 길을 여셨다. 은혜는 그가 우리에게 베푸신 것으로, 우리로서는 공로 없이 얻은 참으로 귀한 호의이다. 그리스도는 우리에게 은혜와 더불어 자녀교육에 따르는 온갖 시련을 견뎌낼 힘을 주신다. 은혜는 성공적인 자녀교육을 보장하는 새로운 선전 문구 같은 것이 아니다. 그것은 선전 문구보다 훨씬 더 나은 무엇이며, 아무런 자격이 없음에도 하나님이 측량할 수 없는 사랑으로 축복하시기로 한 반역자들을 향한 하나님의 호의적인 태도이다.

하나님이 우리를 그의 사랑하는 자녀로 보실 때 그분은 우리가 기억하든 못하든 삶의 모든 시련을 견뎌내는 데 필요한 힘과 은혜를 베푸신다. 은혜는 그것을 얻기 위한 우리의 노력에 의해 생겨나지는 않으며, 바로 그렇기 때문에 '은혜'인 것이다. 바울은 은혜로 구원받은 유대인들에 대해 쓰면서 이 점을 분명히 했다.

> 만일 은혜로 된 것이면 행위로 말미암지 않음이니 그렇지 않으면 은혜가 은혜 되지 못하느니라(롬 11:6)

은혜 안에서 자녀를 양육한다는 것은 우리의 한결같은 복음중심주의에 기초하여 자녀를 양육한다는 의미가 아니다. 오히려 그 반대이다. 그것은 오직 그리스도의 한결같은 완전함에 기초해서 자녀를 양육한다는 뜻이다.

우리 중 그 누구도, 심지어 이 책의 저자들조차도 언젠가 알게 될 은혜의 모든 것을 다 알지는 못한다. 우리는 빈번하게 복음을 잊어버리고 결코 복음적이지 않은 자녀교육 방법으로 재빨리 돌아간다. 그러나 은혜에 대한 이해가 부족한 사람은 우리뿐만이 아니며, 베드로가 "하나님과 우리 주 예수를 앎으로 은혜와 평강이 너희에게 더욱 많을지어다"(벧후 1:2)라고 쓰고 있는 것도 그 때문이다. 베드로는 또한 이렇게 덧붙이고 있다.

> 오직 우리 주 곧 구주 예수 그리스도의 은혜와 그를 아는 지식에서 자라 가라 영광이 이제와 영원한 날까지 그에게 있을지어다(벧후 3:18)

믿음 안에서 자라가는 것은 어떤 면에서는 복음에 대한 지식이 자라가는 것과도 같다. 다시 말해서 예수님이 우리를 위해 이미 하신 일에 대해 더 많이 생각하면 할수록 은혜를 더 잘 이해하게 된다. 그리고 이러한 이해는 궁극적으로 우리의 자녀교육 방법을 변화시킬 것이다. 우리는 많은 은혜를 받았기에 자녀에게도 사랑과 배려를 베풀 것이다. 우리는 자녀의 죄를 보면서 우리 죄를 의식하게 될 것이고, 좋은 부모로서의 평판을 쌓으려고 애쓰는 것을 그만둘 것이다. 하나님이 우리를 많이 참아주셨기 때문에 우리도 자녀를 많이 참아주게 될 것이고, 하나님이 우리를 진정으로 사랑하셨기에 우리도 자녀를 진정으로 사랑할 것이다. 은혜에 대한 이 같은 이해는 우리 자신과 자녀에 대한 우리의 기대와 희망, 바람 등을 서서히 변화시킬 것이다. 우리가 은혜를 잊고 있을 때에도 은혜는 우리의 모든 것을 변화시키기 때문이다.

은혜는 피 묻은 십자가를 보여줌으로써 우리의 큰 죄를 깨닫게 해주며, 그리하여 우리의 자녀교육 방식을 변화시킨다. 우리가 부모로서 행한 모든 죄는 예수님과 함께 십자가에 못 박혔다. 은혜는 예수님이 우리를 위해 치르신 희생을 드러내 보이는만큼 자비를 크게 확대해서 보여준다. 우리는 정죄를 받아 마땅하나 하나님은 우리에게 자비를 베푸셨다. 은혜는 하나님의 위대한 자비를 크게 확대해서 보여준다. 은혜는 모든 의를 이루시고(마 3:15) 버림받으신(마 27:46) 예수님의 상상을 초월한 고통을 보여주기 때문이다. 은혜는 예수 그리스도를 확대해서 보여주고 우리의 나약함을 깨닫게 해준다.

그리스도 안에서 겸손한 동역자 되기

우리가 몹시 연약한 상태가 되어 그 상황에서 은혜나 복음이 어떻게 적용되는지 감조차 잡을 수 없을 때에는 그냥 조용히 기다려도 무방하다. 아이들은 복음이나 은혜를 이해하지 못할 때가 많으므로 우리 스스로에게조차 아무런 울림을 주지 못하는 이야기로 자녀에게 복음을 환기시키려 애쓰지 않아도 되는 것이다. 우리는 자녀의 동역자들이다. 우리도 그들과 마찬가지로 많은 사랑을 받은 죄인들이기 때문이다. 아이들은 늘 복음을 이해하지는 못하기에 자신에게 본질적으로 잘못된 게 없다는 사실을 알고 나면 마음이 편안해질 것이다.

반대로 우리가 실수할까 봐 두려워하고 다시금 지력에 의지하려는 경향을 보이게 되는 것은, 우리가 적절한 때에 적절한 말을 하고 있는지 그리고 자녀의 마음에 변화가 일고 있는지 여부에 온 신경을 곤두세우고 있을 때이다. 모든 게 우리에게 달렸다고 생각할 때 우리는 사랑하는 동료 죄인들로서의 자녀와 어떻게 동역해야 할지를 알지 못한다. 대신 그릇되게도 그들이 하나님을 믿고 마음에 변화를 일으키도록 하는 것이 우리 책임이라고 생각한다. 그러나 우리는 그들의 마음을 알 수 없으며 심지어 자신의 마음조차 알지 못한다.

　은혜 안에서 자녀의 동역자가 된다는 것은 그들과 함께 성령을 의지하는 법을 배우는 것을 의미한다. 자녀에게 우리도 복음이 어떻게 우리를 변화시키는지 알려고 애쓰는 중이며 또한 지금 복음이 어떻게 그들에게 믿음을 가르치고 있는지 알지 못한다고 고백하는 것은 우리가 늘 확신에 차서 있고 복음을 명확하게 이해하고 있지는 못하다는 것을 뜻한다. 때로 우리는 희망의 빛이 보이기만을 기다리며 자녀를 감독해야 할 때도 있다. 그럴 때는 그냥 솔직하게 우리의 상태를 말할 수 있을 것이다. 자녀와 주님 앞에서 우리가 처한 상황을 솔직하게 고백할 때 처음에는 좌절감과 자괴감을 느낄 수도 있겠지만 궁극적으로는 자유와 은혜를 경험하게 될 것이다. 우리가 자녀의 마음을 변화시킬 그 어떤 말이나 행동도 할 수 없음을 진정으로 이해하는 바로 그 순간, 우리는 약속된 은혜를 경험하게 해줄 유일한 열쇠인 겸손에 도달하게 된다.

> 젊은 자들아 이와 같이 장로들에게 순종하고 다 서로 겸손으로 허리를 동이라 하나님은 교만한 자를 대적하시되 겸손한 자들에게는 은혜를 주시느니라 그러므로 하나님의 능하신 손아래에서 겸손하라 때가 되면 너희를 높이시리라 너희 염려를 다 주께 맡기라 이는 그가 너희를 돌보심이라 근신하라 깨어라 너희 대적 마귀가 우는 사자 같이 두루 다니며 삼킬 자를 찾나니 너희는 믿음을 굳건하게 하여 그를 대적하라 이는 세상에 있는 너희 형제들도 동일한 고난을 당하는 줄을 앎이라 모든 은혜의 하나님 곧 그리스도 안에서 너희를 부르사 자기의 영원한 영광에 들어가게 하신 이가 잠깐 고난을 당한 너희를 친히 온전하게 하시며 굳건

하게 하시며 강하게 하시며 터를 견고하게 하시리라 권능이 세세무궁하도록 그에게 있을지어다 아멘(벧전 5:5-11).

하나님은 스스로의 노력으로 자녀교육을 성공적으로 해낼 수 있다고 여기는 교만한 부모들을 대적하시지만, 또한 모든 걱정과 근심을 그분께 내려놓고 스스로의 연약함과 곤궁함을 시인하며 겸손하게 그분 앞에 엎드리는 부모들에게는 은혜를 베푸신다. 오직 겸손만이, 우리의 필요에 대한 투명한 고백만이 어린 죄인들을 양육하는 데 절실히 필요한 은혜를 가져다줄 것이다.

우리는 자녀에게 마땅히 베풀어야 할 만큼의 사랑을 다 베풀지는 못할 것이다. 신약에 나오는 자녀교육에 관한 성구는 단 두 구절에 불과하지만 그럼에도 우리는 결코 주님의 교훈과 훈계로 자녀를 양육하지 못할 것이다. 우리는 자녀를 완벽하게 양육하지 못할 것이고 일관성 있게 양육하지도 못할 것이다. 우리가 할 일은 단순히 어려울 뿐만이 아니라 불가능하다. 주님이 약속하신 은혜가 우리 안에서 가장 강력한 힘을 발휘할 때는 바로 그러한 순간들, 즉 우리가 스스로의 실패와 불신앙에 할 말을 잃고 주님 앞에 무릎 꿇을 때이다. 우리가 완전히 절망에 빠졌을 때, '나는 결코 이 일을 잘해내지 못할 거야. 노력해도 잘 안 될 거야.' 하고 생각할 때야말로 원수를 대적할 은혜를 받게 될 것이고, 주께서 우리를 친히 온전하게 하시며 굳건하게 하시며 강하게 하시며 터를 견고하게 하시는 것을 보게 될 것이다.

때로는 실패도 있어야 한다. 실패는 우리를 겸손하게 하며, 우리는 실패를 통해 하나님이 은혜가 어떻게 겸손한 자들에게 임하는지를 보게 되기 때문이다. "모든 은혜의 하나님 곧 그리스도 안에서 너희를 부르사 자기의 영원한 영광에 들어가게 하신"(벧전 5:10) 같은 구절이 우리의 영혼에 깊은 위로와 큰 기쁨을 주는 때는 바로 그런 때이다. '오, 주님. 지금은 제가 당신을 볼 수 없지만, 그리고 저 자신이 매우 연약하고 부족하게 느껴지지만, 당신께서는 제가 그리스도 안에서 당신의 영원한 영광에 들어가게 되리라고 약속하셨습니다. 주님, 감사드리며 겸손하게 당신 앞에 무릎 꿇습니다. 제가 이 약속을 굳게 붙잡을 수 있게 도와주옵소서.'

은혜의 복음이 자녀를 압도하게 하라

우리 아이들에게 정말로 필요한 것 하나는 은혜의 복음이다. 아이들은 그리스도와 같은 방식으로 고통당하고 그리스도와 같은 방식으로 용서하고 그리스도와 같은 방식으로 축복하는 그런 사랑에 압도당할 필요가 있다. 마르틴 루터는 우리로 하여금 죄를 용서하고 마음의 평안을 누리게 하는 것은 은혜라고 하면서, 유혹에 빠져 있는 동안에는 "오직 은혜로 죄를 용서하고 하나님과 화목하게 되었다고 확신하는 것만큼 어려운 일도 없다"[5]고 말했다.

은혜 안에서 살아가고 자녀를 양육하기란 쉬운 일이 아니다. 사실 은혜의 약속 안에서 쉼을 누리는 것은 해야 할 일의 목록을 작성하고 그대로 해나가는 것보다 더 어렵다. 어떤 부모들은 자녀에게 은혜를 베푸는 것이 그리 어렵지 않을 것이라고 생각하지만, 사실은 그 반대이다. 자녀에게 은혜를 베푼다는 것은 믿음을 구사하는 것이고, 믿음의 구사는 늘 일보다 어렵다. 그것은 우리 중 누구도 날 때부터 타고나지 못하는 성격적 특성인 겸손으로부터 비롯된다. 대부분의 사람들이 믿음을 구사하지 못하는 것은 바로 그 때문이다. 그리스도의 압도적인 사랑을 자녀에게 말할 때 당신은 가장 어려운 일을 하고 있는 셈이다.

그러므로 용기를 내라. 그리스도의 십자가로 자녀를 압도하라. 자녀가 성공할 때 은혜를 베풀고 실패할 때에도 은혜를 베풀라. 그리스도가 어린아이들을 얼마나 사랑하셨는지 알게 하라. 자녀가 그리스도의 무릎에 앉아서 그들의 두려움과 기쁨을 이야기하게 하라. 그리스도께서 그들을 기뻐하신다는 것을 확신시키라. 그리고 그들이 실패하거나 죄를 지었을 때 늘 이렇게 말해주라.

"우리 주님께 달려가자. 예수님은 죄인들을 사랑하신단다. 그분께 우리 죄를 말씀드리고 우리가 그분을 더욱더 사랑할 수 있는 은혜를 주시기를 부탁 드리자."

자녀에게 이 같은 은혜를 베풀 때 당신은 그리스도의 사랑과 은혜에 압도된 당신 자신을 발견하게 될 것이다.

▶ 이 책의 원서,
『Give them grace : Dazzling your kids with the love of Jesus』에는
자녀를 양육하며 생기는 일반적인 문제들을 다룬 부록이 한 가지 더 포함되어 있다.

그 부록은 스터디가이드와 함께 이 책의 워크북으로 따로 제작되었으며
워크북은 생명의말씀사 인터넷 서점 라이프북(www.lifebook.co.kr)에서
『자녀교육, 은혜를 만나다』를 검색하면 다운로드 받을 수 있다.

PART 3

이야기를 마치며

부록 1. 단 하나의 기쁜 이야기
부록 2. 내 생애 최고의 소식을 듣다

주

Give Them Grace

Dazzling your kids with the love of Jesus

부록_ 1

단 하나의 기쁜 이야기

옛날 옛적, 아주 행복한 나라를 다스리는 위대한 왕이 있었다. 왕국은 참으로 아름답고 살기 좋은 곳이었기 때문에 백성 모두가 행복했다. 모든 백성이 왕을 사랑하고 왕도 그들을 사랑했기에 누구도 가슴 아픈 일을 당하지 않았고 누구도 복종을 강요당하지 않았다.

이 훌륭한 왕에게는 정말 사랑스러운 아들이 있었다. 그 아들은 아버지의 뜻이라면 무엇이든 그대로 따랐다. 아버지의 일이라면 늘 좋은 일이고 또 자신을 진정으로 행복하게 해주는 일이라는 것을 알고 있었기 때문이다. 그들 부자는 여러 해 동안 대단히 즐겁고 만족스러운 매일을 이어갔다.

그러던 어느 날 아버지가 아들에게 말했다.

"네가 신부를 맞이하여, 다른 사람을 위해 스스로를 내어주는 기쁨을 맛보았으면 좋겠구나. 어떠냐? 지금 이곳에서 완벽하게 만족스럽고 행복한 삶을 누리고 있지만 다른 누군가를 위해 네 자신을 내어주고 싶은 생각은 없느냐?"

아들이 대답했다.

"네, 아버지. 신부를 맞이하여 기꺼이 그녀를 섬기겠습니다."

그리하여 한 가지 계획이 마련되었다. 아버지와 아들은 왕국의 한 작은 마을로 가서 아들이 마음에 들어하는 신부를 골랐다. 그러나 그녀가 사는 곳에는 커다란 문제가 있었다. 그녀는 위대한 왕에게 충성을 맹세한 상태였지만, 왕을 증오하는 사악한 사기꾼이 그녀를 붙잡아 노예처럼 부리고 있었던 것이다. 그녀는 비참한 생활을 해야 했으나 그럼에도 선한 왕을 찾아가 왕에게 순종하기보다는 사악한 사기꾼을 섬기기로 결정하는 잘못을 범했다. 사악한 사기꾼의 요구를 더 많이 들어주면 들어줄수록 그녀는 더 무겁고 고통스러운 짐을 지게 되었다. 그런 가운데 그녀는 자신이 노예가 아니라는 것을 입증하기 위해 위대한 왕이 금지한 일을 했다. 그 위대한 왕이 필요치 않다는 것을 입증하기 위해 스스로 선해지려고 노력한 것이다. 이러한 불순종은 그녀의 삶을 더욱 더 비참하게 할 뿐이었지만 그녀는 끝끝내 왕에게 도움을 청하지 않았다. 그러나 그러한 그녀의 행동도 왕을 단념시키지는 못했다. 왕은 여전히 그녀를 사랑했고, 그녀가 도움을 청하지 않았음에도 이미 그녀를 돕고 있었다. 왕의 사랑하는 아들이 그녀를 구하러 온 것이다.

왕의 사랑하는 아들은 대단히 지혜로워서 왕자의 복장으로 군대를 이끌고 나타나면 신부가 놀라고 두려워하리라는 것을 알았다. 그리하여 그는 백마를 탄 위엄 있는 왕자의 모습으로 오는 대신 그녀와 같은 모습으로 변장을 하고 나타났다. 그의 변장이 너무나 감쪽같아서 처음에 그녀는 왕자를 알아보지 못했다. 왕자는 사악한 사기꾼의 여느 하인들과 다를 바 없어 보였다. 그러나 그의 언행을 많이 접할수록 그에게는 뭔가 남다른 데가 있음을 알 수 있었다. 사악한 사기꾼과 달리 그는 그녀가 잘못했을 때에도 친절하고 다정했다. 그와 함께 있을 때면 사악한 사기꾼의 마수에서 벗어날 수 있으리라는 느낌이 들었으며, 사실 그와 함께 있는 것만으로도 위대한 왕에 대한 사랑이 되살아나기 시작했다. 그러한 변화에도 불구하고 그녀는 여전히 그가 위대한 왕의 아들이라는 것을 깨닫지 못했다.

그러나 사악한 사기꾼은 그가 누구인지 알아보았다. 아주 오래전, 위대한 왕에게 반란을 일으키고 아름다운 왕국에서 쫓겨나기 전부터 왕자를 알고 있었기 때문이다. 사악한 사기꾼은 노예를 빼앗기고, 반란을 일으킨 벌을 받지도 모른다는 생각에 왕에 대한 증오와 분노가 끓어올랐다. 그리하여 왕의 사랑하는 아들을 함정에 빠뜨릴 계획을 세우기 시작했다.

처음에 그는 온갖 선물로 왕자를 유혹했다. 그러나 왕자는 거절했다. 사악한 사기꾼이 약속한 온갖 선물은 그에게는 오직 독이 될 뿐이고 그의 마음을 아프게 하리라는 것을 알기 때문이었다. 사기꾼은 몹시 화가 나서 이제까시 저지른 그 어떤 일보다 더 끔찍한 일을 저질렀다. 하인 몇 명을 속여 왕자에게 맞서게 한 것이다. 사악한 사기꾼에게 속아 넘어간 자들은 위대한 왕을 섬기는 체하면서 왕자가 자신과 위대한 왕에 대해 사실이 아닌 것을 말한다고 비난했다.

물론 왕자는 그가 원한다면 아무 때나 자신의 정체를 밝힐 수 있었다. 그러나 이는 아버지의 계획에 어긋나는 일이었다. 아버지의 계획에 의하면 그는 신부의 어리석음과 죄악으로 인해 죽어야 했다. 그렇기 때문에 왕자는 신부를 사악한 사기꾼의 손아귀에서 구해내기 위해 자신의 힘을 감추고 고난을 당했다. 그때 끔찍한 일이 벌어졌다. 사람들이 왕의 사랑하는 아들을 죽인 것이다. 사악한 사기꾼이 사람들을 속였기 때문이다. 사람들은 이 끔찍한 일을 저질러야만, 왕을 섬기는 것이라고 잘못 믿고 있었다. 그들이 어리석게도 고난당하는 왕자를 조롱하는 동안 왕국의 다른 모든 백성은 이 엄청난 사건에 비통한 눈물을 흘렸다. 왕의 사랑하는 아들이 죽임을 당한 것이다! 그가 죽었다!

 다른 대부분의 이야기 같으면 여기서 비극적으로 끝을 맺었을지 모른다. 그러나 이 이야기는 다른 이야기들과는 다른 아주 특별한 이야기다. 이것은 우리가 이제까지 들어본 최고의 이야기이다. 우리는 이 위대한 왕이 모든 것을 소유하고 있으며 원하는 것은 무엇이든 할 수 있는 능력과 권리를 가지고 있음을 기억해야 한다. 그는 아들이 신부와 함께 행복하기를(비록 방금 전에 신부가 그의 아들을 죽게 두었지만) 바랐고, 그리하여 며칠 뒤에 사랑하는 아들을 다시 살려냈다. 왕의 사랑하는 아들은 자신의 죽음으로 신부가 이제까지 행한 모든 악행에 대해 대신 벌을 받았고, 왕은 아들이 이제까지 해온 모든 선행에 대한 기록을 가져다가 아들의 신부에게 주었다. 좋은 것은 전부 신부에게로 갔고 나쁜 것은 전부 신랑에게로 갔다. 이런 이야기를 들어본 적이 있는가?

 위대한 왕의 권능으로 그의 사랑하는 아들은 다시 숨을 쉬게 되었다. 왕자는 생선을 먹으며 친구들과 대화를 나눴다. 다시 살아난 것이다. 그리고 40일 뒤에 아버지의 나라로 돌아갔다. 그들 부자가 다시 만나서 얼마나 기뻐했을지 상상이 되는가? 그들은 이제 다시는 헤어지지 않을 것이다. 그렇긴 하지만 위대한 왕의 궁전으로 돌아온 아들은 전과

달라졌다. 이제 그는 한 가지를 제외하고는 신부와 같은 모습이 되었다. 그 한 가지란 그의 몸에 난 상처 자국으로, 이는 그가 신부를 위해 고난을 당하고 신부를 자기 사람으로 만들 권리를 얻었음을 입증하는 것이다. 이 상처 자국은 그의 결혼반지와도 같은 것으로, 그가 신부를 위해 무엇을 했고 얼마나 그녀를 사랑하는지를 그 자신과 신부에게 떠올리게 한다.

그때 이후로 왕자는 신부와 같은 모습이 되어 신부를 돌보고 사악한 사기꾼으로부터 그녀를 보호해주고 있다. 그리고 때가 되면 전령을 보내 신부를 그의 나라로 부를 것이다. 왕자는 신부를 홀로 내버려두지 않으며, 또 언젠가는 사악한 사기꾼이 빼앗으려 한 왕국 전체를 회복하겠노라고 약속했다. 위대한 왕의 사랑하는 아들이 한 일에 대해 모든 사람이 다 아는 것은 아니지만, 언젠가는 그들 모두가 왕자가 한 일을 알고 그를 존경하게 될 것이다.

이 이야기는 이제까지 전해져온 이야기들 중 최고의 이야기이다. 이 이야기는 당신이 이것을 믿을 때 당신을 변화시켜줄 것이다. 이 이야기는 문과도 같아서, 당신이 이 이야기를 사실로 믿을 때 왕국으로 향하는 문이 열리고 당신은 그 문 저편으로 들어갈 수 있을 것이다.

부록_ 2

내 생애 최고의 소식을 듣다

나는 21살이 되기 전까지는 복음을 이해하지 못했다. 어린 시절에 이따금씩 교회에 다니기는 했지만 그렇다고 해서 삶이 의미 있는 방식으로 변화되지는 않았으며, 주일학교에서 예수님에 대한 이야기를 여러 번 들었지만 크리스마스나 부활절의 중요성을 마음 깊이 새기지는 못했다. 그저 교회의 고풍스러운 장식을 보며 막연한 동경을 느꼈을 뿐, 복음에 대해서는 별 생각이 없었다.

나의 사춘기를 특징지을 만한 것은 좌절과 분노의 기억이다. 나는 늘 문제 상황에 처했고, 그것을 지적하는 모든 사람들을 미워했다. 숱한 밤을 착한 사람이 되게 해달라고, 아니 실은 내가 처해 있는 위기 상황에서 벗어나게 해달라고 기도했지만, 다음 날 아침이면 어김없이 실망과 분노를 느꼈을 뿐이다.

나는 17살에 고등학교를 졸업한 후 결혼을 하고 아기를 낳고 이혼을 했다. 이 모든 것이 30대가 되기 이전에 일어난 일이다. 그리고 그다음

몇 년간은 마약과 알코올에 찌들어 살았다. 나는 파티를 즐기는 것처럼 말했지만 실은 아무런 기쁨도 느끼지 못했고 몹시 비참했다.

한 번은 친구에게 내가 쉰 살은 된 것 같다는 이야기를 한 적이 있는데, 쉰 살은 당시 내가 생각할 수 있는 가장 많은 나이였다. 어쨌든 나는 몹시 피곤하고 삶에 넌더리가 나서 이제까지의 삶을 잊고 모든 것을 새롭게 시작하기로 했다. 자기 향상을 도모하기로 한 것이다. 나는 일을 하면서 전문대를 다니고 아들을 돌봤다. 그리고 새로운 출발을 위해 노력했다. 그 당시에는 내 안에서 성령님이 역사하고 계시다는 것을 알지 못했다. 그저 무언가가 달라져야 한다는 것만 알고 있었을 뿐이다. 하지만 그렇다고 해서 곧바로 내 삶이 달라진 것은 아니다. 나는 여전히 죄 가운데 살고 있었다. 다만 새로운 무언가에 눈뜬 것 같은 느낌은 들었다.

그러던 차에 줄리를 알게 되었다. 그녀는 옆집에 사는 그리스도인이었는데, 내게 늘 친절하게 대해줘서 우리는 금세 친해졌다. 그녀에게는 어딘가 끌리는 데가 있었다. 줄리는 그녀의 구주이신 예수님에 대한 이야기를 들려주었고 나를 위해 기도했으며 내게 '구원받아야' 한다고 말하곤 했다. 나는 주일학교에 다닌 적이 있어서 그런 이야기들에 익숙했지만 그녀가 하는 말에는 완전히 새로운 무언가가 있었다. 그녀는 내게 '거듭나야' 한다고 말했다.

그래서 1971년 6월의 어느 온화한 저녁에 나는 내 조그만 아파트에서 무릎을 꿇고 예수님을 영접했다. 그때에는 복음에 대해 잘 알지 못했지만 이것 하나는 분명히 알고 있었던 것 같다. 그것은 바로 내가 절망적인 상황에 처해 있으며 주님이 도와주시리라는 생각에 필사적으로 매달리고 있었다는 사실이다. 그날의 그 기도가 나의 모든 것을 바꿔 놓았다. 39년이 지난 지금도 그때 일이 마치 어제 일처럼 생생하다.

나는 구원받을 필요가 있었고 주께서 나를 구원해주시리라 믿었다. 어떤 이가 예수님의 제자들에게 "내가 어떻게 하여야 구원을 받으리이까?" 하고 물었을 때 제자들이 한 말은 간단하다.

주 예수를 믿으라. 그리하면 너와 네 집이 구원을 받으리라(행 16:31)

간단히 말해서 우리가 그리스도인이 되려면 어떻게 해야 하는가? 우리에게 구원이나 주님의 도우심이 필요하다는 것을 알아야 한다. 스스로를 변화시키려고 노력하거나 도덕적인 사람이 되어 하나님에게 좋은 인상을 심어드리려고 애쓸 필요는 없다. 하나님은 전적으로 거룩하시고 완전히 도덕적이시기에 우리가 하나님의 기준을 충족시킬 만큼 선해질 수 있다는 생각 따위는 잊어버리는 게 좋다. 이것은 나쁜 소식이지만 한편으로는 좋은 소식이기도 하다. 우리가 스스로의 노력으로 상황을 변화시킬 수 없다는 점에서는 나쁜 소식이지만, 결국에는 실패할 끝없이 되풀이되는 자기계발의 사이클에서 벗어나게 해준다는 점에서는 좋은 소식인 것이다.

우리는 또한 우리가 할 수 없는 것들(이를테면 온전히 거룩한 삶을 사는 것 등)을 주께서 우리를 대신하여 하셨다는 것을 믿어야 한다. 이것은 정말로 기쁜 소식이며, 이것이 바로 복음이다. 기본적으로 복음은 하나님이 시간의 터널 너머로 우리를 보시며 그의 백성들인 우리에게 사랑을 베푸신 이야기이다. 어느 특정한 시간에 그분은 독생자를 세상에 보내 온전히 우리와 같은 인간으로 살게 하셨다. 이것이 크리스마스에 우리가 듣는 이야기이다. 이 아기는 자라서 어른이 되었으며, 30년간의 무명 생활을 보낸 후 자신이 누구인지를 보여주기 시작했다. 그는 기적을 행하고 병자를 고치고 죽은 자를 살리셨다. 또한 하나님이 사람들에게 요구하시는 것들을 가르치고 자신의 죽음과 부활에 대해 예언함으로써 그의 신성을 드러내 보이셨다. 그리고 한 가지를 더 하셨는데, 그것은 바로 자신이 하나님이라고 주장하신 것이다.

그가 하나님이라고 주장한 까닭에 종교 지도자들과 정치 권력자들은 그에게 사형이라는 부당한 벌을 선고했다. 그는 잘못한 것이 아무것도 없었지만 채찍에 맞고 조롱을 당하고 수치스런 죽음을 당하셨다. 그는 실패한 것처럼 보이지만, 사실 이것은 하나님이 처음부터 계획하신 일이었다. 그의 시신은 서둘러 동산 안의 돌로 된 무덤 속에 안치되었다. 그리고 사흘 뒤에 제자들 몇 명이 그의 유해를 수습하러 갔다가 그가 죽은 자들 가운데서 살아나신 것을 발견했다. 제자들은 실제로 그와 대화를 나누고 그의 몸을 만지고 그와 함께 식사를 했다. 이것이 부활절에 우리가 축하하는 이야기이다. 다시 그로부터 40일이 지난 후 그는 육신의 옷을 입은 채로 하늘로 올라갔으며, 제자들은 그가 이와 똑같은 방식으로 다시 돌아오시리라는 이야기를 들었다.

나는 당신이 알고 또 믿어야 할 두 가지가 있다고 말했다. 하나는 당신에게는 다른 사람들이 제공할 수 없는 매우 중요한 도움이 필요하다는 것이다. 다른 하나는 당신에게 그런 도움을 베풀 사람이 예수 그리스도이며, 만약 당신이 그에게로 나아간다면 그는 등을 돌리지 않으시리라는 것이다. 이 이상의 훨씬 더 많은 것들을 알 필요는 없으며, 만약 진심으로 이러한 사실들을 믿는다면 그리스도의 사랑이 당신의 삶을 변화시킬 것이다.

아래에 당신을 위해 몇 가지 성구들을 적어보았다. 이 성구들을 읽으면서 마치 하나님이 당신 옆에 앉아 계시는 것처럼 그분께 말씀드리고 이 성구들을 더 잘 이해할 수 있게 도와달라고 청하라. 도움은 당신의 완벽한 이해력이나 당신이 할 수 있는 무언가에 기반하고 있지 않다는 것을 기억하라. 하나님은 당신이 그를 믿을 때 당신을 도와주겠노라 약속하셨다. 지금으로서는 그것이 당신이 알아야 할 전부이다.

모든 사람이 죄를 범하였으매 하나님의 영광에 이르지 못하더니(롬 3:23)

죄의 삯은 사망이요 하나님의 은사는 그리스도 예수 우리 주 안에 있는 영생이니라(롬 6:23)

우리가 아직 죄인 되었을 때에 그리스도께서 우리를 위하여 죽으심으로 하나님께서 우리에 대한 자기의 사랑을 확증하셨느니라(롬 5:8)

하나님이 죄를 알지도 못하신 이를 우리를 대신하여 죄로 삼으신 것은 우리로 하여금 그 안에서 하나님의 의가 되게 하려 하심이라(고후 5:21)

네가 만일 네 입으로 예수를 주로 시인하며 또 하나님께서 그를 죽은 자 가운데서 살리신 것을 네 마음에 믿으면 구원을 받으리라 사람이 마음으로 믿어 의에 이르고 입으로 시인하여 구원에 이르느니라(롬 10:9-10)

그런즉 누구든지 그리스도 안에 있으면 새로운 피조물이라 이전 것은 지나갔으니 보라 새 것이 되었도다(고후 5:17)

수고하고 무거운 짐 진 자들아 다 내게로 오라 내가 너희를 쉬게 하리라 나는 마음이 온유하고 겸손하니 나의 멍에를 메고 내게 배우라 그리하면 너희 마음이 쉼을 얻으리니 이는 내 멍에는 쉽고 내 짐은 가벼움이라 하시니라(마 11:28-29)

그러므로 이제 그리스도 예수 안에 있는 자에게는 결코 정죄함이 없나니(롬 8:1)

원한다면 다음과 같이 기도해도 좋다.

사랑하는 하나님,

제가 모든 것을 다 알지는 못하지만, 저에게 당신이 필요하다는 것과 당신께서 저를 도와주려 하신다는 것 두 가지는 압니다. 엘리즈처럼 저도 제가 어려운 상황에 처하거나 스스로에 대해 좋은 느낌을 받고 싶을 때를 제외하곤 당신을 꽤 많이 잊고 살아왔습니다. 저는 주님이나 이웃을 사랑하지 않았기에 벌을 받아 마땅하며 진정 주님의 도우심이 필요한 게 사실입니다.
하지만 저는 또한 저를 지금 이 자리에 데리고 오셔서 이 책을 읽게 해주신 분이 주님이심을 믿습니다. 주님은 기꺼이 저를 도와주실 분이고 또

제가 도움을 청할 때 빈손으로 돌려보내지 않으실 분이기 때문입니다. 당신께서 어떻게 저 대신 아드님을 벌하셨으며, 또한 그의 희생으로 말미암아 제가 어떻게 당신과 관계 맺게 되었는지를 이제 막 이해하기 시작했습니다.

아버지 하나님, 부디 저를 좋은 교회로 인도하시고 당신의 말씀을 이해할 수 있도록 도와주시옵소서. 제 생명을 당신께 드리오니 저를 받아주옵소서. 예수님 이름으로 기도드렸습니다, 아멘.

여기 생각해보아야 할 것이 두 가지 더 있다. 예수님은 우리가 이 두 가지 진리를 이해하고 실천할 수 있도록 돕기 위해 교회를 세우셨다. 당신에게 도움이 필요하고 예수님이 그 도움을 주실 수 있다고 생각한다면, 혹은 여전히 의문점은 남지만 예수님에 대해 더 잘 알고 싶다면 지역사회의 좋은 교회를 찾아보라. 좋은 교회란 우리가 선행으로 스스로를 구원할 수 없으며 구원은 오직 예수 그리스도에게서 온다는 것을 아는 교회이다.

주변 사람들에게 조언을 구하거나 인터넷에서 지역사회의 교회들을 검색해 볼 수도 있을 것이다. 대부분의 교회 웹사이트는 그 교회에 관한 정보를 자세히 안내하고 있다. 모르몬교나 여호와의 증인은 기독교 교회가 아니며, 그들은 복음을 믿지 않으므로(비록 말로는 믿는다고 하지만) 그런 곳에는 가지 않는 게 좋다. 좋은 교회를 찾기란 꽤나 힘든 일이므로 곧바로 찾지 못했다고 해서 낙심할 것은 없다. 하나님의 도우심을 믿고 계속해서 찾아보라.

둘째, 믿음을 성장하게 해주는 또 다른 요소는 하나님이 그분 자신과 우리에 대해 말씀하신 것들 곧 성경을 읽는 것이다. 신약에는 예수님의 삶에 대한 기록인 복음서가 네 권 있다. 마태복음부터 시작해서 네 권의 복음서를 읽어보기 바란다. 되도록 쉽게 풀어 쓴 성경을 구입해서 읽으면 좋겠지만 당신이 편안하게 읽을 수 있는 성경이라면 무엇이든 괜찮으니 당장 성경을 읽기 시작하라.

마지막으로 부탁하고 싶은 것은 성경을 읽는 동안 예수님을 따르고 싶은 마음이 생겼다면 내 웹사이트인 www.elysefitzpatrick.com으로 연락해달라는 것이다. 당신이 듣게 될 가장 중요한 소식에 대해 설명한 이 글을 읽어주신 데 대해 감사드린다. 주님은 당신이 그가 원하시는 대로, 곧 주께 많은 사랑을 받아 삶이 변화될 수 있도록 기꺼이 도와주실 것이다.

주

튤리안 차비진의 서문

1) Michael Horton, Christless Christianity: The alternative Gospel of the American Church (Grand Rapids, MI: Baker, 2008), 15. (『그리스도 없는 기독교』, 부흥과개혁사)

머리말 – 그리스도인 부모 맞습니까?

1) 브렌트 너클(Brent Knuckle)은 부모에게서 독립한 후 교회를 등진 젊은이들의 비율에 대해 그가 찾을 수 있는 "가장 최신 자료이자 가장 많이 인용된 자료"를 인용하는데, 여기에 따르면 The Southern Baptist Convention's Family Life Council study(2002)에는 88%, Lifeway Research study(2007)에는 70%, Assemblies of God study에는 66%, Barna study("Most Twentysomethings Put Christianity on the Shelf," 2006)에는 61%로 나와 있다. "How Many Youth Are Leaving the Chruch?" (http://www.conversantlife.com/theology/how-many-youth-are-leaving-the-church).
2) http://www.lifeway.com/lwc/article_main_page/0,1703,A=165949&M=200906,00.html.
3) Julius J. Kim, "Rock of Ages: Exdous 17:1-7," Heralds of the King: Christ-Centered Sermons in the Tradition of Edmund P. Clowney, ed. Dennis E. Johnson (Wheaton, IL: Crossway, 2009), 88. (『모든 성경에서 그리스도를 설교하라』, 부흥과개혁사)
4) Michael Horton, Joel Osteen and the Glory Story: A Case Study. 2007년 10월 14일에 방영된 CBS 프로그램〈60분〉에서의 인터뷰 후에 쓴 에세이들 중 일부.
5) Sally Lloyd-Jones, The Jesus Storybook Bible: Every Story Whispers His Name (Grand Rapids, MI: ZonderKidz, 2007), 14-17. (『스토리 바이블』, 두란노키즈)

Chapter 01

1) Gerhard O. Forde, On Being a Theologian of the Cross: Reflections on Luther's Heidelberg Disputation, 1518 (Grand Rapids, MI: Eerdmans, 1997), 23.
2) 이러한 범주들은 마르틴 루터의 갈라디아서에 관한 설교에서 처음 소개되었다. 우리가 분류한 범주는 루터의 것과는 조금 다르지만 기본적으로 그의 아이디어에서 힌트를 얻었다. Martin Luther, Galatians: Crossway Classic Commentaries, ed. Alister McGrath (Wheaton, IL: Crossway), 1998.
3) Forde, On Being a Theologian, 23.
4) 『모든 성경에서 그리스도를 설교하라(Heralds of the King)』에서 줄리어스 김은 그리스도 중심적인 설교를 하도록 훈련받은 이야기를 하는데, 그때 그를 가르친 교수들 중 하나인 더크 벅스마(Derke Bergsma)는 이렇게 말했다고 한다. "유대교 랍비도 여러분이 하는 것과 같은 설교를 할 수 있다면 여러분의 설교는 그리스도인의 설교가 아닙니다." Julius J. Kim, "Rock of Ages: Exdous 17:1-7," Heralds of the King: Christ-Centered Sermons in the Tradition of Edmund P. Clowney, ed. Dennis E. Johnson (Wheaton, IL: Crossway, 2009), 90. 정확한 유비는 아니지만 부모 역시 자녀에게 생활에 필요한 기본적인 것들을 가르쳐야 하는데, 그리스도인 부모가 가장 중요하게 가르치는 것들은 도덕적인 비그리스도인 부모들이 가르치는 것과는 근본적으로 달라야 한다.
5) Tullian Tchividian, Surprised by Grace: God's Relentles Pursuit of Rebels (Wheaton, IL: Crossway), 2010. (『나는 하나님이 정말 싫습니다』, 두란노)

Chapter 02

1) Martin Luther, Concerning Christian Liberty (Gloucestershire, UK: Dodo Press, 2008), 12.
2) Sally Lloyd-Jones, Jesus Storybook Bible: Every Story Whispers His Name (Grand Rapids, MI: ZonderKidz), 20.
3) 보편적 은총은 "그들이 어떤 사람이고 또 어떤 잘못을 했는지와 상관없이 모든 사람에게 넉넉하게 주어지는 하나님의 진실한 사랑이다. 예수께서 말씀하셨듯 하나님은 '해를 악인과 선인에게 비추시며 비를 의로운 자와 불의한 자에게 내려'(마5:45)주신다." James Montgomery Boice, "Common Grace," http//ldolphin.org/common.html.
4) Heidelberg Catechism, question and answer #60.
5) "과연 헤롯과 본디오 빌라도는 이방인과 이스라엘 백성과 합세하여 하나님께서 기름 부으신 거룩한 종 예수를 거슬러 하나님의 권능과 뜻대로 이루려고 예정하신 그것을 행하

려고 이 성에 모였나이다"(행 4:27-28).
6) 죄나 불순종이 본래 선하다고 말하고자 함이 아니다. 우리가 피치 못하게 지은 죄가 다시 한 번 우리의 시선을 예수께로 향하게 하고 그분이 우리를 위해 하신 모든 일에 감사하게 하는 계기가 된다고 말하고자 함이다.

Chapter 03

1) Gerhard O. Forde, On Being a Theologian of the Cross: Reflections on Luther's Heidelberg Disputation, 1518 (Grand Rapids, MI: Eerdmans, 1997), 127에서 재인용.
2) "Why Are Parents So Quick to Criticize Themselves?" (http://family.custhelp.com/cgi-bin/ family.cfg/enduser/prnt_faquid+698&p). Leslie Leyland Fields, "Parenting Is Your Highest Calling" And 8 Other Myths That Trap Us in Worry and Guilt (Colorado Springs, CO: Waterbrook, 2008), 5.

Chapter 04

1) Gerhard O. Forde, On Being a Theologian of the Cross: Reflections on Luther's Heidelberg Disputation, 1518 (Grand Rapids, MI: Eerdmans, 1997), 27.
2) '예수 사랑하심은'은 안나 B. 워너가 작사한 찬송가다. 가사는 1860년에 출간된 수잔 워너의 소설 Say and Seal에 삽입된 시로 세상에 처음 선보였고, 멜로디는 책을 읽다가 '예수 사랑하심은'의 본문(죽어가는 아이에게 들려주는 위무의 말로 쓰인)을 발견한 윌리엄 B. 브래드베리에 의해 1862년 완성되었다. 브래드베리는 곡을 쓰면서 "날 사랑하심 날 사랑하심"이라는 후렴구를 첨가했는데, 그 후 이 노래는 전 세계의 교회에서 가장 사랑받는 찬송가 중 하나가 되었다. (http://en.wikipedia.org/wiki/Jesus_Loves_Me).
3) Edward Mote, "My Hope is Built on Nothing Less," 1834.

Chapter 05

1) Bryan Chapell, Holiness by Grace: Delighting in the Joy That is Our Strength (Wheaton, IL: Crossway, 2002), 126.

2) 같은 책, 117.
3) 같은 책, 117.
4) 골로새서는 가족 구성원들에 대한 가르침을 이렇게 시작한다. "또 무엇을 하든지 말에나 일에나 다 주 예수의 이름으로 하고 그를 힘입어 하나님 아버지께 감사하라 아내들아 남편에게 복종하라 이는 주 안에서 마땅하니라 중략 자녀들아 모든 일에 부모에게 순종하라 이는 주 안에서 기쁘게 하는 것이니라 아비들아 너희 자녀를 노엽게 하지 말지니 낙심할까 함이라"(3:17-18, 20-21). 이렇게 모든 가족 관계는 '주 안에서' 이루어진다.
5) 바울은 주 예수 그리스도를 지칭할 때 일반적으로 '큐리오스(이 책에서는 '주' 또는 '주님'으로 번역된)'라는 단어를 사용하고 있다.
6) 디도서 1장 5-6절을 보면 이렇게 쓰여 있다. "내가 너를 그레데에 남겨 둔 이유는 남은 일을 정리하고 내가 명한 대로 각 성에 장로들을 세우게 하려 함이니 책망할 것이 없고 한 아내의 남편이며 방탕하다는 비난을 받거나 불순종하는 일이 없는 믿는 자녀를 둔 자라야 할지라" 이 글의 올바른 해석에 대해서는 의견이 분분하지만 여기서는 ESV Study Bible의 다음과 같은 설명이 도움이 될 듯하다. "'믿는 자녀'는 '신실한 자녀'로 번역되기도 한다. '믿는 자녀'로 번역하는 게 옳다고 말하는 사람들의 주된 주장은 디모데서와 디도서에서 '믿는(헬라어로 '피스토스')'이라는 단어는 거의 언제나 '구원하는 믿음'과 관련이 있다는 것이다. 반면에 '신실한 자녀'로 번역하는 게 옳다고 여기는 사람들은 어떤 아버지도 자녀의 회심을 보장할 수는 없지만 그들이 '신실하게' 행동해온 데 대해서는 보증할 수 있다고 주장한다. 비슷한 내용을 다룬 디모데전서 3장의 한 대목에도 어떤 사람이 감독의 직분을 얻으려면 그의 자녀가 공손해야 한다고 쓰여 있지, 그들의 회심이 전제되어야 한다고는 쓰여 있지 않다. 이 글의 요지는 자녀가 방탕하거나 불순종하지 않고 예의 바르고 공손해야 한다는 것이다. 그리고 여기서 '자녀(헬라어로 '테크논')'라는 말은 아직 부모의 집에서 아버지의 권위 하에 사는 자녀에게만 해당한다." (ESV Study Bible [Wheaton, IL: Crossway, 2008], 2348).
7) 같은 맥락에서 바울은 아버지가 아들을 "후견인과 청지기"에게 맡겨 그의 교육을 감독해야 한다고 말한다(갈 4:2-3).
8) 고린도전서 4장 14절 말씀 "내가 너희를 부끄럽게 하려고 이것을 쓰는 것이 아니라 오직 너희를 내 사랑하는 자녀 같이 권하려 하는 것이라"와 데살로니가전서 2장 11-12절 말씀 "너희도 아는 바와 같이 우리가 너희 각 사람에게 아버지가 자기 자녀에게 하듯 권면하고 위로하고 경계하노니 이는 너희를 부르사 자기 나라와 영광에 이르게 하시는 하나님께 합당히 행하게 하려 함이라"를 참조하라.

Chapter 06

1) Edmund P. Clowney, Preaching Christ in All of Scripture (Wheaton, IL: Crossway, 2003), 147.
2) "헬라어 성경에는 남자 둘이 걷고 있었는지 남자와 여자(아마도 부부)가 걷고 있었는지 명시되어 있지 않다." (ESV Study Bible 눅 24:25에 관한 주. (Wheaton, IL: Crossway, 2008), 2013.) 글로바의 동행이 누구인지는 알 수 없으나 예수께서 (특히 숙모인 마리아가 그의 십자가 처형 때 함께 있었기에) 숙부 내외 앞에 나타나셨을 가능성이 높다.
3) Clowney, Preaching Christ, 32.
4) Dennis E. Johnson, Heralds of the King: Christ-Centered Sermons in the Tradition of Edmund P. Clowney (Wheaton, IL: Crossway, 2009), 28.
5) Sally Lloyd-Jones, The Jesus Storybook Bible: Every Story Whispers His Name (Grand Rapids, MI: ZonderKidz, 2007).
6) 물리력을 활용한 교정이 언급된 또 다른 성경 구절들도 있지만 이는 어린아이들보다는 성인들을 위한 것이다.
7) 어떤 부모들은 매나 회초리의 사용을 선호한다. 잠언에 '매' (실은 나뭇가지나 막대기)라는 단어가 등장하고 또 많은 사람이 손을 사용하는 것이 부적절하거나 성경적이지 못하다고 여기지만 우리는 이것이 선택의 문제라고 생각한다. 어떤 사람들은 손으로 때리면 자녀가 부모의 손을 두려워하게 된다고 지적한다. 그러나 그러한 지적은 부모가 체벌을 가할 때 그 자녀가 죄된 두려움을 느낄 수도 있다는 말이나 매한가지로 그럴 법하지 않다.
8) 물론 우리가 아무리 애를 써도 말을 안 듣고 반항하는 아이들이 있기 마련이다. 이런 아이들을 다루는 데 도움이 되는 책으로 엘리즈 피츠패트릭과 짐 뉴하이저가 공저한 『착한 아이들이 잘못된 선택을 할 때(When Good Kids Make Bad Choices)』(Eugene, OR: Harvest, 2005)가 있다.
9) Martin Luther, Galathians, Crossway Classic Commentaries, ed. Alister McGrath (Wheaton, IL: Crossway, 1998), 177.
10) 같은 책, 148.
11) Bryan Chapell, Holiness by Grace: Delighting in the Joy That is Our Strength (Wheaton, IL: Crossway, 2002), 120.
12) 같은 책, 129.
13) 롬 8:12-17 참조.
14) 잠 1:8, 10, 15; 2:1; 3:1, 21; 4:10, 20; 5:1, 20; 6:1, 3, 20; 7:1; 19:27; 23:15, 19, 26; 24:13, 21; 27:11; 31:2.
15) 아버지와 어머니 모두 자녀에게 지혜를 가르칠 책임이 있다(잠 1:8; 6:20).

Chapter 07

1) John Calvin, Institutes of the Christian Religion, ed. John T. McNeill (Philadelphia, PA: Westminster Press, 1960), 3. 7. 5.
2) 우리는 홈스쿨링을 하는 가정이지만 그렇다고 해서 홈스쿨링이 모든 그리스도인 가정에 대안이 된다고 생각하지는 않는다. 여러 가지 이유로 홈스쿨링이 불가능한 가정도 있고 부모와 자녀 모두 홈스쿨링에 아주 잘 맞는 가정도 있다. 우리는 여기서 자녀교육과 관련한 다양한 대안에 대해 논할 생각은 없다. 각 가정마다 복음을 통해 알맞은 방법을 찾을 수 있으리라 생각하기 때문이다. 공립학교나 기독교 계통의 학교, 사립학교, 홈스쿨링 모두 장단점이 있으며, 한 자녀 한 자녀를 위한 부모의 모든 선택에는 십자가가 따른다. 그러나 어떤 학교를 선택하든 당신의 일차적인 목표는 이웃을 사랑하고 기쁜 소식을 전하라는 주님의 명령을 이행하는 것이 되어야 한다.
3) 출 34:16; 느 13:1-3; 스 9:2을 참조하라. "그들의 딸을 맞이하여 아내와 며느리로 삼아 거룩한 자손이 그 지방 사람들과 서로 섞이게 하는데"(스 9:2).
4) 기생 라합과 모압 여인 룻은 이방 여인과 이스라엘 민족 사이에 은혜로 이루어진 결혼과 구속의 완벽한 예다. 그러나 솔로몬과 우상을 숭배하는 후궁들과의 결혼(왕상 11:4) 같은 어리석은 결혼의 예도 있다.
5) ESV Study Bible, 고전 7:14에 대한 주 (Wheaton, IL: Crossway, 2008), 2200.
6) 또한 바울은 결혼을 하려는 사람들에게 "오직 주 안에서만"(고전 7:39) 하라고 명한다. 나는 비그리스도인과 결혼해서 고통받는 많은 여인과 상담을 한 까닭에 이 같은 명령에 순종하지 않을 경우 몹시 힘든 삶을 살아가게 되리라는 것을 안다.
7) "믿지 않는 자와 멍에를 함께 메는 것"은 이렇게 해서 비그리스도인들과의 연합을 나타내는 이미지가 되었다. 그러나 문맥상으로 보면 그것은 특히 교회 안에서 여전히 바울에 반대하는 사람들, 그리하여 놀랍게도 바울이 '믿지 않는 자' 라는 꼬리표를 달아준 사람들을 지칭한다." ESV Study Bible, 고후 6:14에 대한 주, 2231.
8) 영성과 성숙한 정도는 아이들마다 다르기 때문에 저마다에게 가장 참기 힘든 유혹이 될 만한 것이 무엇인지 아는 게 중요하다. 예컨대 자녀가 앤드루의 외설적인 농담을 몹시 따라하고 싶어한다면 몇 차례 경고를 준 뒤 관계를 끝내도록 해야 할 것이다. 그러나 하나님의 사랑하는 아들의 신부로서 우리의 목적은 스스로를 '죄인'들과 분리하는 것이 아니라 그들과 적절하면서도 사랑에 기초한 관계를 쌓아가는 것이다. 우리는 세상 "속으로" 나아가도록 명 받았다.
9) 이 인용문의 출전은 메난드로스의 희극 〈타이스〉인 듯하다. (PC Study Bible, 고전 15:33에 대한 주.)

10) 2010년 현재 미간행 상태인 데이비드 페어차일드 목사의 서신에서 인용.
11) Calvin, Institutes, 3. 7. 5.

Chapter 08

1) Andrew Murray, With Christ in the School of Prayer (London:James Nisbet, 1887), 26.(『무릎 학교』, 규장)
2) 같은 책, 43.
3) 같은 책, 25.
4) Paul Miller, A Praying Life: Connecting with God in a Distracting World (Colorado Springs, CO: NavPress, 2009), 59. (『일상 기도』, CUP)

Chapter 09

1) 데이브 하비(Dave harvey)의 미간행 설교에서 인용.
2) 시 115:1; 롬 16:27; 갈 1:5; 엡 3:21; 딤전 1:17; 딤후 4:17-18; 히 13:20-21;벧후 3:17; 유 25; 계 1:5-6;4:11;:11-13;19:6-7 참조. 하나님은 교회를 박해하던 사울을 통해서도 영광 받으셨다. "미쁘다 모든 사람이 받을 만한 이 말이여 그리스도 예수께서 죄인을 구원하시려고 세상에 임하셨다 하였도다 죄인 중에 내가 괴수니라 그러나 내가 긍휼을 입은 까닭은 예수 그리스도께서 내게 먼저 일체 오래 참으심을 보이사 후에 주를 믿어 영생 얻는 자들에게 본이 되게 하려 하심이라 영원하신 왕 곧 썩지 아니하고 보이지 아니하고 홀로 하나이신 하나님께 존귀와 영광이 영원무궁하도록 있을지어다 아멘"(딤전 1:15-17) 당신은 베드로가 세 번 주님을 부인하고도 주께 다시 받아들여지고 사랑받은 사실에 고무된 적이 얼마나 많은가? 하나님은 베드로의 큰 죄조차도 그가 얼마나 위대한 구주인지를 나타내 보이는 데 사용하신다.
3) F. W. Krummacher, The Suffering Savior (Carlisle, PA: Banner of Truth, 2004), 9-10. (『고난받는 그리스도』, 지평서원)
4) 하나님은 우리의 죄를 지배하시지만 거기에 대한 책임은 없으시다. 우리가 죄를 지은 것은 하나님이 아니라 우리의 책임이다. 그러나 우리의 죄와 하나님의 주권이 교차하는 지점이 있는데, 바로 '우연의 일치'라고 불리는 지점이다.
5) 이 섹션에서 다루는 내용의 많은 부분이 데이브 하비 목사의 설교에 기초하고 있으며, 그

의 설교는 http://metrolife.org/messages.html에서 접할 수 있다.
6) Paul Barnett, The Message of 2 Corinthians (Downers Grove, IL: InterVarsity, 1988), 178. (『고린도후서 강해』, IVP).

Chapter 10

1) Martin Luther, Galatians, Crossway Classic Commentaries (Wheaton, IL: Crossway, 2003), 33.
2) Gary Chapman과 Ross Campbell이 공저한 The Five Language of Children에 대한 아마존 서평에서 인용. 이 책은 자녀교육을 주제로 한 기독교 베스트셀러 리스트에 올라 있다.
3) Gary Chapman과 Anne Marle Ezzo가 공저한 Growing Kids God's Way: Biblical Ethics for Parenting에 대한 아마존 서평에서 인용. 아마존 서평자 중 한 사람이 이 책에 대해 한 말에 대해 저자들이 책임을 질 필요는 없지만, 이 책을 읽은 독자들에게 일관되게 나타나는 결과가 부모로서의 강한 자기 확신이라는 점은 시사하는 바가 크다. 저자들은 웹사이트에서 이렇게 말하고 있다. "이 책은 부모들로 하여금 자녀의 마음에 하나님의 성품에서 비롯한 미덕과 가치들을 심을 수 있게 도와주면서도 부모나 자녀 모두에게 스트레스를 주지 않는다."
4) Sinclair Ferguson, By Grace Alone (Lake Mary, FL: Reformation Trust, 2010), xv.
5) Luther, Galatians, 33.

사명선언문

너희가 흠이 없고 순전하여……세상에서 그들 가운데 빛들로
나타내며 생명의 말씀을 밝혀 _ 빌 2:15-16

1. 생명을 담겠습니다
만드는 책에 주님 주신 생명을 담겠습니다.
그 책으로 복음을 선포하겠습니다.

2. 말씀을 밝히겠습니다
생명의 근본은 말씀입니다.
말씀을 밝혀 성도와 교회의 성장을 돕겠습니다.

3. 빛이 되겠습니다
시대와 영혼의 어두움을 밝혀 주님 앞으로 이끄는
빛이 되는 책을 만들겠습니다.

4. 순전히 행하겠습니다
책을 만들고 전하는 일과 경영하는 일에 부끄러움이 없는
정직함으로 행하겠습니다.

5. 끝까지 전파하겠습니다
모든 사람에게, 땅 끝까지, 주님 오시는 그날까지
복음을 전하는 사명을 다하겠습니다.

서점 안내

광화문점	서울시 종로구 새문안로 69 구세군회관 1층 02)737-2288 / 02)737-4623(F)
강남점	서울시 서초구 신반포로 177 반포쇼핑타운 3동 2층 02)595-1211 / 02)595-3549(F)
구로점	서울시 동작구 시흥대로 602, 3층 302호 02)858-8744 / 02)838-0653(F)
노원점	서울시 노원구 동일로 1366 삼봉빌딩 지하 1층 02)938-7979 / 02)3391-6169(F)
일산점	경기도 고양시 일산서구 중앙로 1391 레이크타운 지하 1층 031)916-8787 / 031)916-8788(F)
의정부점	경기도 의정부시 청사로47번길 12 성산타워 3층 031)845-0600 / 031)852-6930(F)
인터넷서점	www.lifebook.co.kr